若者が考える「日中の未来」vol.4

日中経済とシェアリングエコノミー

―学生懸賞論文集―

元中国大使
宮本 雄二 監修　日本日中関係学会 編

日本僑報社

まえがき

日本日中関係学会が2017年に募集した第6回宮本賞（学生懸賞論文）の受賞論文16本を全文掲載し、皆様にお送りします。受賞論文には若者らしい斬新な切り口と興味深い分析が溢れており、これから日中関係を発展させていくうえで、貴重なヒント、手掛かりを提供してくれるものと確信いたします。

第6回宮本賞では、「学部生の部」で32本、「大学院生の部」で22本、合計54本の応募がありました。日本国内の大学のみならず、中国国内の大学からも多くの応募がありました。論文のレベルの向上も年々、著しいものがあります。

2017年12月に審査委員会を開催し、厳正な審査を行った結果、「学部生の部」の最優秀賞に、浦道雄大さん（横浜国立大学経済学部3年）の「日中経済とシェアリングエコノミー」が選ばれました。「大学院生の部」では、残念ながら最優秀賞の該当論文はありませんでした。そのほか「学部生の部」で優秀賞4本、特別賞4本、「大学院生の部」で優秀賞3本、特別賞4本をそれぞれ選びました。

第6回宮本賞の募集に際しては、大学の多くの先生方から応募学生のご推薦をいただきました。とりわけ日本大学の高久保豊先生、明治大学の郝燕書先生には、ゼミ活動の一環として多くのゼミ生に応募いただきました。東華大学の張厚泉先生には、上海を中心とした10数校にも応募の働きかけをしていただきました。また中日関係史学会、華人教授会議、立志会、九州中国研究会などの諸団体からも心強いご支援をいただきました。国際交流基金からは今回も資金面での助力をいただきました。この場を借りて皆様に厚くお礼申し上げます。

「宮本賞」のテーマは「日本と中国ないし東アジアの関係に関わる内容の論文、レポート」です。また分野は政治・外交、経済・経営・産業、文化・教育・社会、環境、メディアなどと幅広く設定しております。

「宮本賞」の特徴は、論文・レポートの水準が高いだけでなく、これからの日中関係にどのような意味を持つか、提言も含めて必ず書き入れていただいていることです。今回の受賞論文にも「シェアリングエコノミーを日中経済協力の柱に」「訪日中国人に観光地としての魅力を伝える取り組みを」など具体的な提言が多く盛り込まれていました。

日中関係は、これから日中両国にとってだけではなく、この地域全体にとってもますます重要になってまいります。とりわけ若い世代の皆さんの果たす役割は大きいものがあります。若い世代の皆さんが、日本と中国ないし東アジアの関係に強い関心を持ち、よりよい関係の構築のために大きな力を発揮していただきたい。日本日中関係学会などの諸活動にも積極的に参加し、この地域の世論をリードしていってもらいたい。「宮本賞」はそのための人材発掘・育成を目的として創設いたしました。

「宮本賞」はすっかり軌道に乗り、日中の若者による相互理解を深める上で、大きな役割を発揮し始めています。2018年も第7回宮本賞の募集を行います。皆様方のご協力を得て、よりすばらしい「宮本賞」にしていけたらと願っております。

日本日中関係学会会長・「宮本賞」審査委員長

宮本雄二

第6回宮本賞（学生懸賞論文）の実施プログラムは、国際交流基金からの助成を受けております。

目　次

特別賞

付　録

最優秀賞

日中経済とシェアリングエコノミー

横浜国立大学経済学部3年
浦道雄大

一、日中経済とシェアリングエコノミーの親和性

私は2017年夏、第36回日中学生会議に参加し、中国の学生との間で交流を深めた。日中学生会議とは、日本と中国から集まった学生が設定されたテーマに沿って、3週間近く議論することを主な活動とする学生団体である。議論は6つの分科会に分かれて行われ、私は経済分科会に所属した。この分科会で日中の学生がお互いに強い関心を持ち、テーマとして設定されたのが「シェアリングエコノミー」であり、日中双方の学生10名で熱い議論が交わされた。本論文はその議論をもとにし、発展させた内容となっている。

シェアリングエコノミーは昨今、世界経済の中で話題をさらっているものの一つである。中国ではシェア自転車を始め、カーシェアなど多種多様な分野でシェアリングエコノミーが広がりを見せている。日本では政府による規制が原因で、発展の度合いは中国に比べて遅いが、民泊法が改正されるなど着実に浸透してきている。私はシェアリングエコノミーが日中両国の経済にとって新たな成長の源泉になると考える。

日本と中国の歴史を振り返ると、両国ともに文化や経済の面で、古くから「共有」の仕組みがあり、「共有」との親和性が高いことが分かる。まず日本の歴史を遡ると、古代からシェアリングエコノミーが社会に浸透していたことが分かる。平安時代末期から鎌倉時代にかけて人口が減った時期に、「頼母子講（たのもしこう）」と呼ばれる相互扶助の保険のような仕組みが存在していた。お金の融通を目的とした民間組織で「無尽」ともいい、システムはメンバー全員が掛け金を一定期間出し合い、入札やくじ引きで当選した人が集まったお金を受け取るというものである[1]。また日本では、農作業を互いに手伝う「結（ゆい）」や共同作業を行う「催合（もあ）い」など、互助の仕組みが古くから浸透していた。つまり元来、日本にはシェアリングエコノミーの文化が根付いていたのである。

一方の中国でも歴史上、儒教思想が根付いていることを背景に、シェアリングエコノミーが浸透しやすい社会が形成されていた。中国歴代王朝は、政権を維持するために孔子を尊敬し、その教えである儒教を実践することを標榜した。現代でも共産党が儒教の理念の多くを政策綱領に取り込むなど、統治の道具として利用しており、儒教は中国国民の生活に根付いている。

儒教の理念からは「小康社会」の概念が取り入れられた。鄧小平は改革開放の初期段階で、中国現代化の目標を「いくらかゆとりのある社会」を意味する「小康社会」に定めた。そして胡錦濤・温家宝政権になってから、小康社会は「調和の取れた社会」であることが強調され、中国語でその状態を表す「和諧社会」の構築が目指された[2]。それを実現するための指針として、「人間本位主義の立場から社会全体の持続的な均衡発展を目指す」という「科学的発展観」が示されている。具体的には、「都市と農村の発展の調和」、「地域発展の調和」、「経済と社会の発展の調和」、「人と自然の調和のとれた発展」、「国内の発展と対外開放の調和」という「5つの発展」が主な内容となっている[3]。

これらは、まさに儒教の「和」の思想に基づいており、シェアリングエコノミーによって実現する調和のとれた持続可能な社会と通じるものがある。つまり、中国ではシェアリングエコノミーが発展する土台が儒教によって古くから築かれ、現代の人々も共産党の統治により、シェアリングエコノミーに通じる儒教の「和」の精神が息づいているのである。

またシェアリングエコノミーは、現在の日中経済の発展にも大きく寄与することができる。シェアリングエコノミーは少子高齢化による経済停滞が懸念される日本経済の救世主となりうる。一方で国内総生産（GDP）の年平均成長率が7%前後に落ち、「中所得国の罠」が懸念される中国経済にとっても、新たな成長の源泉になるであろう。

現在、日本は少子高齢化という深刻な問題を抱えている。2050年までには総人口が1億人を割るとの予想もあり、経済停滞は避けられない。日本は高度成長期以来、大量生産・大量消費による経済によって成長を遂げてきた。しかし、人口減少とともに市場縮小を余儀なくされ、これまでのような資本主義社会はもはや成り立たない。そのような時代だからこそ、シェアリングエコノミーを推進し、共有化によって持続可能な社会を実現していく必要があると考える。

現在、日本社会には多くの問題が顕在化している。例えば、待機児童や地方の過疎化、財政難などである。これらは、シェアリングエコノミーによって改善される可能性が高い。待機児童の問題では、育児シェアのマッチングサービスの活用で、子供を預ける育児パートナーを見つけることができる。また過疎化に直面し、交通手段に乏しい地方では、ライドシェアサービスによって交通手段の不足を補うことができる。そして財政難においては、クラウドファンディングで賛同者を募り、資金を集められる可能性がある[4]。シェアリングエコノミーによって、モノを「所有」する経済から「共有」する経済に転換を促すことで、このように日本の課題の多くを解決することが可能となる。

一方、中国経済もこれまでの急成長は大量生産・大量消費によって支えられてきた。改革開放により経済発展を遂げた中国は、「世界の工場」と言われるまでになり、世界経済にとって欠かせない存在となった。また13億人もの世界最大の人口を抱えているため、その消費量は大きく、世界の数多くの企業が中国を新たな市場ととらえて進出した。

しかし、「黄金の10年」と言われた2010年代を過ぎてからは、徐々に「新常態」と呼ばれる6～8%の中高度成長時代に移行し、以前と比べれば成長率が落ちたと言わざるを得ない[5]。また政府は、技術革新の停滞によって何十年も中所得国から抜け出せない「中所得国の罠[6]」を危惧している。そのため中国は今、新たな成長の源泉である「自主イノベーション」を見つけ出す必要がある。中国ではこれまで外国企業が最新の技術を持ち込んで生産活動をしてきたが、政府は新たに中国自身のブランドによる中国自身が開発した技術である「自主イノベーション」を重要な国策として掲げるようになった[7]。シェアリングエコノミーがその役割を果たす可能性は大いにあり、実現に向けての下地はすでに整いつつある。

現に2016年の中国におけるシェアリングエコノミーの取引額は、前年比103%増の3兆4500億元（約56兆9000億円）であり[8]、日本の取引額の360億円と比べると、中国のシェアリングエコノミーにおける市場規模の大きさが分かる。

中国でシェアリングエコノミーが急成長した理由は、儒教の存在以外にも、デジタル経済の勃興が挙げられる。GDPが2位となった経済大国中国は、インターネットビジネスを成長させた。世界の企業の時価総額の順位では、中国のIT企業で電子商取引サイト「淘宝網（タオバオ）」を扱うアリババグループが8位、電子マネーサービス「微信支付（Wechat Pay）」を取り扱う騰訊控股（テンセントホールディングス）が9位となった。この2社は、わずか数年間で世界を代表する企業になるほどの急成長を見せた。また2017年秋に開催された中国共産党大会では、習近平総書記が活動報告の中で「ネットやビックデータ、人口知能と実体経済の高度な融合を目指す」と強調した[9]。さらに若い世代ではアリババや騰訊などの成功体験が刺激となり、起業ブームを生んでいる。これら一連の動きから、今後も中国のIT分野での成長は続くと予想される。シェアリングエコノミーが発展する基盤にはITの発達が欠かせないため、今後も中国におけるシェアリングエコノミーの市場規模は上昇の一途を辿ることが確実である。

この他中国では環境問題が深刻であり、政府も環境保護の施策に力を入れている。「1つのモノを複数の人の間で何度も共有する」という特徴のあるシェアリングエコノミーは、持続可能な社会を促すため、環境問題の解決につながる。環境問題解決のためにも中国は、シェアリングエコノミーを推進していく必要があるだろう。

二、日中経済におけるシェアリングエコノミーの現状と課題

次に日本と中国のシェアリングエコノミーの現状を分析した結果について述べる。現状分析については、2017年8月に行われた第36回日中学生会議における経済分科会の議論を参考にした。議論では日本側5名、中国側5名の学生が現状を調査し、その結果を共有して話し合いながらまとめていった。

現状を分析するにあたり、まずシェアリングエコノミーを定義する必要があるが、経済分科会では議論がまとまらず、的確な定義をするのに多くの時間を費やした。それは今現在のビジネス領域において、シェアリングエコノミーという言葉が曖昧に使われており、シェアリングエコノミーというものが正確に認識されていないことに原因がある。また人によってシェアリングエコノミーの定義は大きく異なり、代金と引き替えに商品を一定期間貸し出すレンタルとも混同しやすい。

経済分科会では、シェアリングエコノミーを「インターネットを媒介として他人同士を繋げ、現存するありとあらゆる資源（人やモノ）の使用権を一

時的に譲渡することによって利益を得る、環境にやさしい新しい形態の共有型経済である」と定義することにした。

シェアリングエコノミーのビジネスとしては、大きく2つが挙げられる。1つ目はAirbnb型のシェアリングエコノミービジネスの民泊サービスである。Airbnbとは2008年にアメリカで創業された会社で、世界中のユニークな宿泊施設をネットや携帯、タブレットで掲載・発見・予約できるコミュニティーマーケットプレースである[10]。そして2つ目が自家用車を活用したUber型の運送サービスである。Uberはアメリカで創業されたスマホアプリを使ったタクシー配車サービスである。特徴はタクシーの配車から料金の支払いまで、すべてスマホアプリ上で解決できることである[11]。以上の2つのビジネスを日本と中国の企業・政府・民衆という3つの切り口からそれぞれ評価し、現状分析を行なった。

まず企業の切り口から分析する。日本のAirbnb型民泊サービスは、不足する国内宿泊施設の収容可能人数の増大に貢献している。これはインバウンド客の増大が見込める日本にとって、大きなプラスの要素である。一方中国では、Airbnb型民泊サービスがすでに開始され、ビジネスとして成長を見せている。2017年までに約8万件の物件が登録され、160万人の観光客を受け入れている。次にUber型の運送サービスであるが、日本は道路運送法により、事業が始められない状態である。それに対して中国では、タクシー配車サービス会社の滴滴出行を中心として、市場が急速に成長していることが分かった。

次に政府の立場から、シェアリングエコノミーについて分析する。Airbnb型民泊サービスにおいて、日本政府は既存業界の反対に押されて法整備を進められない状態であるのに対し、中国政府は力を入れて推進し、市場の成長を促している。またUber型において、日本政府は法律面ではタクシー業界など既存の産業を考慮し、現状では法によって規制をかけている状態である。例外は特区で、そこでは規制緩和を実施している。また、中国はUber型に対して中央政府と地方政府では異なった対応をとっている。つまり中央政府は積極的にUber型のシェアライドビジネスを推進している一方で、地方政府は市場保護の観点から慎重姿勢をとっている。

最後に民衆側の分析結果であるが、日本の民衆はAirbnb型とUber型の双方に対して、トラブル時の対処方法や安全面に不安を持っている。そのため民衆は、企業側にトラブル時の対応の向上やサービス利用方法の簡略化、近隣住民への配慮などを求めている。一方中国側では、Airbnb型ビジネスのサービスを提供する側が顧客に対し、不当な料金を請求するなどのトラブルが多発しているため、正しい価格設定を求める声が多かった。また、サイト内における情報の信憑性の向上や治安悪化対策なども求められていた。Uber型では、Airbnb型に対して持っているマイナスの評価に加え、個人情報の管理への不安や、ドライバー、利用者に提供される情報の不足などを中国の民衆が感じている、との意見が出た[12]。つまり、民衆はユーザーとホスト側に「情報の非対称性」が発生していることに不満を持っている。

表1　日本、中国におけるAirbnb型・Uber型シェアリングエコノミービジネスの現状

企業		
	Airbnb型	Uber型
日本	インバウンド客増大に伴う、国内宿泊施設の増大に貢献。	道路運送法により、ビジネスを始めることができない状態。
中国	約8万件の物件が登録され、160万人の観光客を受け入れている。	滴滴出行を中心としてライドシェア市場は急成長している。

政府		
	Airbnb型	Uber型
日本	推進したいものの、既存業界の反対により法整備が進まない。	既存産業の保護のため、規制をかけている。
中国	全面的に推進しているが、法整備が不十分で犯罪が多発している。	（中央政府）全面的に推進。 （地方政府）規制をかけている。

民衆		
	Airbnb型	Uber型
日本	トラブル時の対応や安全面に不安を抱いている。また、サービス利用方法の簡略化を求めている。	Airbnb型と同様。
中国	宿泊客とホスト側に情報の非対称性があり、不満を招いている。	Airbnb型の評価に加え、個人情報の管理への不安や、ドライバー、利用者に提供される情報の不足を感じている。

以上の現状分析から両国の課題として挙げられたことは、日本では発展の阻害となるのは「法規制」であり、逆に中国では犯罪の多発を防ぐための「法の整備」であることが分かった。また両国共通の問題は「情報の非対称性」である。シェアリングエコノミーを発展させるには、これらの問題を解決することが欠かせない。

特に「情報の非対称性」についてであるが、このようにホスト側に隠された情報があるケースは、ミクロ経済学で「逆淘汰の問題」と呼ばれる[13]。この問題が起こる市場では「宿泊する部屋が値段に適した部屋かどうか」というホスト側の問題が隠されてしまうことで、質の高い部屋を提供するホストだけが生き残る淘汰とは別に、質の悪い部屋を提供するホストだけが生き残ってしまう逆淘汰の現象が起こるようになる。こうした市場は「レモン市場」と呼ばれ、深刻な機能不全を起こす危険性がある。シェアリングエコノミーの市場を発展させるためには、このような「レモン市場」の排除が不可欠である。

経済分科会では、課題に対する解決策についても議論した。その結果、日本では法規制を取り除くため、規制緩和が必要であるとの結論に至った。具体的には、規制がより厳しいUber型で道路運送法を改正し、「自家用車」・「タクシー」の2つに分けられている現在の区分から、新たに「Uber型車両」を加えることで、事業を展開できるようにする新法案が提案された。

中国の「法整備が不十分」だという問題に対しては、企業に対しての取り締まりの強化や悪質な企業に対しての罰則のほか、顧客の情報をある程度、政府にも提供するという新規制案が考え出された。

最後に両国共通の「情報の非対称性」の問題に対しては、レモン市場排除のため、情報の不透明性が高いホスト側の信用度向上を目的としたIDチェックシステムの強化や、顧客によるレビュー制を通じた企業審査、顧客同士によるQ&Aシステムの導入が具体策として挙げられた。今後シェアリングエコノミーが発展する上で、既存産業との兼ね合いや安全性、レモン市場の発生などの問題が起こると考えられるが、政府や企業は臨機応変に対応することが求められる。

三、今後の展望

これまで、日本と中国におけるシェアリングエコノミーの現状と課題について述べてきた。以上を踏まえ、私は日中経済の新たな成長の源泉となるシェアリングエコノミーを、政府や企業、民衆が一体となって推進していくべきだと考える。そして推進にあたっては、「政府の規制緩和」、「シェアリングエコノミー発展に伴う雇用・IT環境・経済統計の整備」、そして「民衆の起業家精神の強化」の3点が必要になると考える。

とりわけ今後のシェリングエコノミーの進展には、「規制緩和」が鍵となってくる。世界的に規制緩和が進む趨勢の中で、イノベーションによる新規の市場参入で生じる競争の促進を保護することと、既存産業の適用による消費者保護の要請は、いずれも正当な政策目的である。両者を追求することにより、全体で見た消費者の利益を最適化する点が求められている。[14]

上記の現状分析の通り、日本は既存勢力の力が強い。それでも日本政府は「『日本再興戦略』改訂2015―未来への投資・生産性革命―」を策定し、「シェアリングエコノミーなどの新たな市場の活性化のために必要な法的措置を講ずる」[15]と表明、推進に向けた姿勢を鮮明にしているので、これからが期待されよう。一方中国では規制緩和は十分だが、顧客を犯罪や悪質なビジネスから保護するための法整備が必要となってくる。

次にシェアリングエコノミーの発展に伴い、社会も雇用・IT環境・経済統計の面で変化する必要がある。最大の弊害は既存の産業が衰退し、その分野の雇用者数が減少してしまうことであろう。日中両国ともにUber型サービスによりタクシー業界が、Airbnb型サービスによりホテル業界が、それぞれ大打撃を受けることは確実である。シェアリングエコノミーは多領域に広がりを見せ、短期間でイノベーションが起こりやすい。イノベーションは過去のトレンドを破壊し、社会の変化によって失業を生み出す。政府はこの変化に対応し、既存産業への新規就職を減らす政策をとるなど、雇用調整をする必要があるだろう。

また、シェアリングエコノミーはITと深く関連しており、発展のためにはIT環境を整える必要がある。幼少期の教育の段階でITを取り入れ、ネットリテラシーが低い高齢者にはIT講座を行政が設けるなど、国民全体のITスキルを高める必要があるだろう。

日中間でIT人材が競い合うという構図を作ることも効果的である。そして、シェアリングエコノミーが十分に発展した際には、現状のGDPに変わる新たな経済指標が必要になってくる。GDPの定義は、ある期間中に生産された全ての財・サービスの粗付加価値を、全ての生産主体について合計したものである。[16]シェアリングエコノミーは1つのモノを複数の人の間で何度も共有するため、個人消費を減少させ、GDPも縮小させることになる。よって新たにシェアリングエコノミーによる経済活動を加味した経済指標が求められる。

最後に、シェアリングエコノミー発展のために、民衆の起業家精神を高める必要がある。シェアリングエコノミー業界の市場では、デジタルインフラが持つ低い限界費用という特徴により、新規創業者が様々なビジネスモデルを立ち上げ、それを天井知らずと言ってもよいほどの規模に成長させることが可能となった。[17]

最たる例がITプラットフォームの形成によりビジネスを成功させた

AirbnbとUberである。現在の日本におけるシェアリングエコノミー市場も、新興のベンチャー企業が主に担っている。例えば、全国の空いている駐車場をシェアする「akippa」、家事代行サービスを運用する「タスカジ」、空き農地のシェアをする「シェア畑」などが挙げられる[18]。

中国においても自転車シェアのモバイクとオッフォが急成長を見せるなど、日中両国のシェアリングエコノミーはベンチャー企業が担っている。そのため、両国ともに民衆の起業家精神を強化し、シェアリングエコノミー関連のベンチャー企業が次々と現れるような環境を作っていかなければならない。

四、日中関係とシェアリングエコノミー

最後にシェアリングエコノミーは今後、日中の友好関係においても重要な役割を果たすと思われる。なぜならシェアリングエコノミーは、人と人との交流を生み出すからである。私は日中学生会議で日本と中国の学生の間で真の友情を築いた経験から、日中関係における民間外交の力を身を以って実感している。日中関係はマクロ的にみると政治などで冷え切った印象に思える。しかしミクロ的に見ると、日本人と中国人はどちらも温かく、親密な関係を築いている。私はミクロレベルでの人と人との交流がより盛んになることで、マクロレベルでの日中関係の改善につながると考えている。

まさしくシェアリングエコノミーは、人と人との「交流」を生み出すことに最適な経済のあり方なのである。例えば、日本に来る中国人観光客の数は年々増加しているが、訪日外国人客向けのサービスがまだ不十分である。そこで地元に詳しい人が空き時間に旅行者を案内すれば、ガイド不足の解消につながる。訪日外国人客と地元の人たちとの間に交流も生まれる。

Airbnbなどの民泊サービスは価格の安さ以外にも、人と人との交流を生み出すことが魅力の一つとなっている。ホストと宿泊客の交流が生まれれば、ホストが宿泊客にガイドマップには載っていない隠れた名店などの情報を提供することも出来るようになろう。また、日本人が中国に観光に行き、Airbnbで宿泊場所を探し、そこでホストである現地の中国人と交流すれば、そこから友情が生まれることもあるだろう。そうした交流の積み重ねが、やがて日中関係をより良いものにしていこう。

シェアリングエコノミーは両国にとって新たな成長の源泉になり、両国の経済発展に寄与すると同時に、日本人と中国人のビジネスや日常生活での交

流を加速させ、日中関係の向上にもつながる経済の新たな潮流となるだろう。

日中双方に利益をもたらすように、協働しながら推進していくことも重要になってくる。上記に述べた通り、シェアリングエコノミーは起業家精神と切っても切り離せない。起業家精神は、時代のトレンドを掴みやすい若者が持ちやすい。そのため今後、シェアリングエコノミーによって日中経済を成長させ得るかどうかは、これから社会へ出る私たち若い世代にかかってくる。

参考文献

アルンスン・ドララジャン『シェアリングエコノミー』日経BP社、2016年
丸川知雄『現代中国経済』有斐閣アルマ、2013年
一般社団法人シェアリングエコノミー協会『はじめようシェアリングビジネス』日本経済新聞出版社、2017年
井手啓二『中国経済の成長減速化と先進国化の展望』研究中国、2016年
第36回日中学生会議参加者一同『第36回日中学生会議報告書』第36回日中学生会議、2017年
関志雄『中国二つの罠―待ち受ける歴史的転機―』日本経済新聞社、2013年
マッキンゼー・グローバルインスティチュート　リチャード・ドッブズ、ジェームズ・マニーカ、ジョナサン・ウーツェル『マッキンゼーが予測する未来』ダイヤモンド社、2017年
神取道宏『ミクロ経済学の力』日本評論社、2014年
福田慎一・照山博司『マクロ経済学・入門』有斐閣アルマ、2011年
Airbnbホームページ　https://www.airbnb.jp/about/about-us
UBER Tokyoホームページ　https://www.uber.com/ja/cities/tokyo
独立行政法人経済産業研究所『中国における儒教のルネッサンス ―共産党の政権強化の切り札となるか―』 http://www.rieti.go.jp/users/china-tr/jp/110427kaikaku.html
国家信息中心「《中国分享经济发展报告2017》在京发布」 http://www.sic.gov.cn/News/79/7747.htm
首相官邸「『日本再興戦略』改訂2015―未来への投資・生産性革命―」 http://www.kantei.go.jp/jp/singi/keizaisaisei/pdf/houkoku_honbun_170210.pdf
日本経済新聞「統制と産業振興にネット活用　中国新指導部発足」2017年10月25日　https://www.nikkei.com/article/DGXMZO22672530V21C17A0EAF000/

1　一般社団法人シェアリングエコノミー協会『はじめようシェアリングビジネス』日本経済新聞出版、2017年、pp.20-21
2　関志雄『中国二つの罠―待ち受ける歴史的転機―』日本経済新聞社、2013年、p.29
3　独立行政法人経済産業研究所『中国における儒教のルネッサンス ―共産党の政権強化の切り札となるか―』 http://www.rieti.go.jp/users/china-tr/jp/110427kaikaku.html
4　一般社団法人シェアリングエコノミー協会前掲書、pp.22-23
5　井手啓二『中国経済の成長減速化と先進国化の展望』研究中国、2016年、p.4
6　関前掲書、p.37
7　丸川知雄『現代中国経済』有斐閣アルマ、2013年、p.179
8　国家信息中心『中国分享经济发展报告2017』 http://www.sic.gov.cn/News/79/7747.htm

9 日本経済新聞「統制と産業振興にネット活用 中国新指導部発足」、2017年10月25日 https://www.nikkei.com/article/DGXMZO22672530V21C17A0EAF000/
10 Airbnbホームページ https://www.airbnb.jp/about/about-us
11 UBER Tokyoホームページ https://www.uber.com/ja/cities/tokyo
12 第36回日中学生会議参加者一同『第36回日中学生会議報告書』、2017年、pp.70-72
13 神取道宏『ミクロ経済学の力』日本評論社、2014年、p.418
14 一般社団法人シェアリングエコノミー協会前掲書、p.56
15 首相官邸「『日本再興戦略』改訂2015―未来への投資・生産性革命―」 http://www.kantei.go.jp/jp/singi/keizaisaisei/pdf/houkoku_honbun_170210.pdf
16 福田慎一・照山博司『マクロ経済学・入門』有斐閣アルマ、2011年、p.3
17 マッキンゼー・グローバルインスティチュート『マッキンゼーが予測する未来』ダイヤモンド社、2017年、p.92
18 一般社団法人シェアリングエコノミー協会前掲書、pp.28-33

優秀賞

訪日中国人に伊豆の国市の魅力を伝える

～中国人留学生とのパンフレット作製を通じて～

日本大学商学部　代表 **河合紗莉亜**（3年）
魏英（3年）、**山口掌**（3年）、**有田俊稀**（2年）、
大平英佑（2年）、**影浦秀一**（2年）、**伴場小百合**（2年）、
山縣涼香（2年）、**山中舜**（2年）

はじめに

本論文の流れは、まず研究の動機、目的を述べた後、第一章で予備調査と我々が立てた仮説について述べる。第二章では実地調査から得られた知見と仮説の修正ついて言及する。第三章では地域の魅力を伝える手段を改善する一環として、留学生と協力して作成した「訪日中国人向けパンフレット」について述べる。第四章では研究を通して検討した、伊豆長岡温泉街の今後の展望についてまとめたい。

研究の動機

2016年に「爆買い」という言葉とともに、訪日中国人増加のニュースを目にするようになった。2017年8月の訪日外国人は、前年同月比20.9％増の247万7,500人（推定値）で、8月としての過去最多を更新した。特に中国人は国・地域別で過去最多の81万9,700人となり、前年同月比では21.1％増加した。[1]

しかし、増加する訪日中国人はゴールデンルート[2]という一部地域にのみ集中している。それ以外の地を訪れても、宿泊のみで観光はせず、街にお金をもたらさないケースが多い。

執筆メンバーの一人である山口掌の実家は「静岡県伊豆の国市伊豆長岡温泉街」だが、訪日中国人からの恩恵を受けていない地域のひとつとなっており、訪日中国人の姿をみかけることも少なく、多くの旅館が店を畳んでいる。こうした光景に危機感を覚えたことが、本研究を開始するきっかけとなった。

研究の目的

そこで着目したのが、日本にやってきている留学生の存在である。図表1は平成18年から平成27年までの10年間、日本を訪れた外国人留学生数と前年からの増減とその比率を示している。本データによると、東日本大震災などの影響で、平成23年～平成25年の3年間は、日本を訪れる外国人留学生の数が減少したものの、平成26年から回復を始め、平成27年には震災前を大きく上回る15万2,062人に達した。もし仮に一人の留学生が彼らの親族や友人等2人を日本に呼び込んだとしても、単純計算で約30万人の旅行客が日本を訪れることになる。

伊豆の国市の隣の市である三島市には、日本大学の国際関係学部が所在し、多くの留学生が在籍している。同学部の中国留学生交流会に確認したところ、同学部での中国人留学生はおよそ70人であった（日本大学全体での留学生数は、平成26年5月1日時点で1,277人)。その中国人留学生が親族や友人等を2人日本に呼ぶだけでも、140人の中国人が日本を訪れることになる。しかも留学生は毎年やってくるので、継続して中国人を呼び込むことができる。

つまり伊豆長岡温泉街の観光業に、「中国人留学生」という新たな要素を加えることで、その波及効果によって訪日中国人を増やすことが出来るのではないか、と考えた。そこで2016年12月から研究計画を立て、2017年1月から予備調査に入った。

図表1　留学生数と増加数、前年比

	留学生数	増加数	前年比
平成18年	117,927人	▲3,885人	▲3.2%
平成19年	118,498人	571人	0.50%
平成20年	123,829人	5,331人	4.50%
平成21年	132,720人	8,891人	7.20%
平成22年	141,774人	9,054人	6.80%
平成23年	138,075人	▲3,699人	▲2.6%
平成24年	137,756人	▲319人	▲0.2%
平成25年	135,519人	▲2,237人	▲1.6%
平成26年	139,185人	3,666人	2.70%
平成27年	152,062人	12,877人	9.30%

出所：日本学生支援機構（JASSO）平成27年度外国人留学生在籍状況調査結果から作成。

一、予備調査

1-1　伊豆の国市とは

前章で述べたように、本論文では静岡県伊豆の国市を研究対象とした。伊豆の国市は、温泉観光地として名高い伊豆長岡町、歴史資産と農産資源の宝庫である韮山町、商工業で発展をとげた大仁町が、2005年に合併して誕生した。伊豆半島の北部、田方平野のほぼ中央に位置している。東京からは100㎞圏域にあり、東海道新幹線、東名高速道路を利用すれば所用時間は2時間弱である。首都圏からのアクセスもよく、交通の便に恵まれている。長岡温泉・古奈温泉・大仁温泉・韮山温泉・畑毛温泉と多くの温泉地があり、温泉を中心とした観光業が盛んである。

1-2　伊豆の国市の現状

伊豆長岡温泉街では、旅館数が最盛期から平成29年までに半減した。旅館の減少傾向は日本全国共通で起きており、厚生労働省が発表した2015年度「衛生行政報告[3]」では「15年度末現在の旅館営業軒数は前年度比3.0％減の4万661軒と1年間で1,238軒減少した。14年度の減少数と比べると、226軒少ないものの、依然として旅館減少の流れに歯止めがかからない状況が続いている」と述べられている。

静岡県だけでみても、旅館施設軒数の調査が開始された平成8年には5,013軒だったが、その後は減り続けており、平成27年にはおよそ半数の2,769軒にまで減っている（図表2）。

図表2　静岡県の旅館施設数　　単位：軒

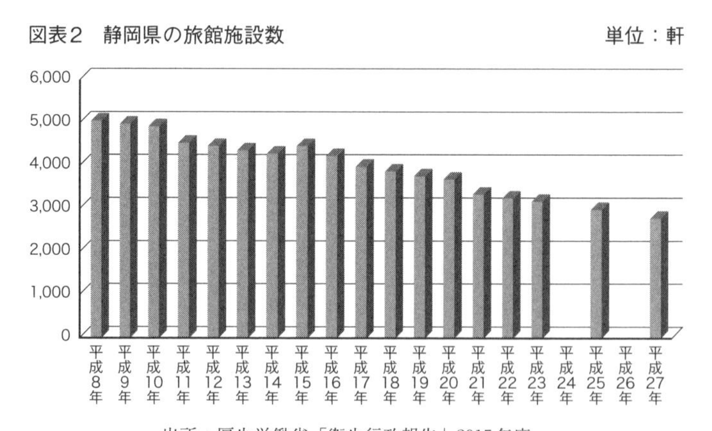

出所：厚生労働省「衛生行政報告」2015年度
（注）平成24年、26年の調査は行われていない。

図表3 伊豆半島の宿泊者数 単位：千人

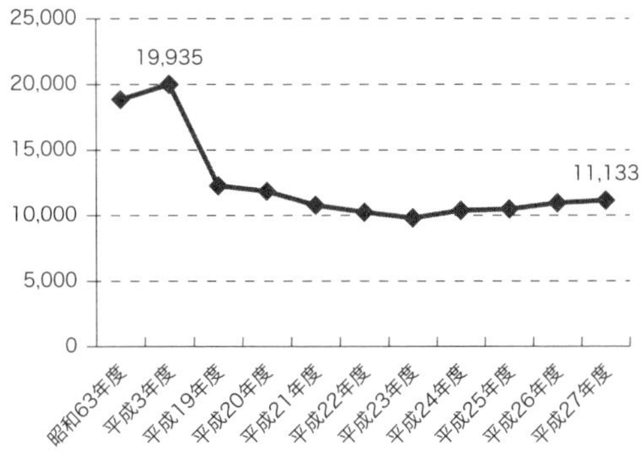

出所：静岡県文化・観光部観光交流局観光政策課2015年
「静岡県観光交流の動向」

ではなぜ、旅館数は減り続けているのだろうか。図表3をみて分かるように、宿泊者数が減り続けているからである。伊豆半島だけで最盛期の平成3年に1,993万5,000人だった宿泊者数が、近年若干の回復は示しているものの最盛期に程遠く、平成27年度には1,113万3,000人まで減少してしまっている。

次に、伊豆の国市の観光交流客数[4]の推移について触れていく。伊豆の国市観光課の分析によると、「平成27年度交流客数は増加傾向を示しており、284万7,468人を記録した」。しかし、翌年には減少に転じ、246万9,289人となってしまった。

また、平成27年度の観光レクリエーション客数[5]は、前年比約25％増の211万8,983人と大きく伸びたが、宿泊客数は72万8,485人と前年比約2％程度しか伸びていない。つまり大半が宿泊を伴わない国内の日帰り旅行客の多いことがわかる。

日帰り旅行は宿泊旅行に比べ単価が低い。そのため一度の訪問では観光地に大きな利益をもたらすことにつながらない。旅館がある温泉街のような、宿泊を前提とした観光地と施設にとっては、観光客の宿泊が必須条件となる。

1-3 訪日中国人の行動状況

訪日中国人の多くは、ゴールデンルートと呼ばれる観光周遊ルートを旅行している。観光庁の平成27年1-3月の統計によると、訪日外国人が訪れる都道府県ごとの人数は、東京都が329万人で1位、2位は大阪府の153万人、3

位は北海道の137万人、続いて千葉県の80万人、京都府の76万人、沖縄県の59万人、福岡県の50万人、愛知県の43万人、神奈川県の41万人、静岡県の35万人となっている。

静岡県は10位にランクインしたが、その多くは富士山登山が目的であり、それ以外の地域の観光や宿泊にまで結びついていないのが現状である。NHKがホームページに掲載した「外国人観光客が静岡県に殺到！その意外な理由は？[6]」によると、外国人観光客は2015年上半期だけで914万人となり、前年の1.5倍のペースの増加を見せている。とりわけ静岡県は外国人宿泊者数の伸びが日本一となっている。

それは静岡県が、「静岡空港を利用した際に、県内に一泊する条件を満たせば、支援対象とする」という訪日外国人呼び込み戦略の下、県内の空港や旅館を利用するツアーなどに総額5億円の補助金を支給。また2014年には静岡～上海便のみだった国際路線を14路線に拡大し、とりわけ中国人観光客を呼び込もうとしたからである。

一方でNHKは次のように伝えた。静岡で外国人にも人気のある伊豆長岡温泉観光協会によれば、中国からの宿泊者数が2017年は前年の4倍に急増している。

だが、伊豆長岡温泉の旅館の主人は「中国からの観光客はもちろん大歓迎」とする一方で、「売り上げはアップせず、なかなか厳しい」と話している。また、ある地元住民は「経済効果が街に広がったわけではない。中国人観光客は夕方遅くに来て、朝早く出発してしまうため、波及効果がない」と答えている。つまり静岡県が打ち出した戦略によって、確かに中国からの訪日観光客は増加しているが、次の観光地へ向かうための一種のベッドタウンとしての利用にとどまっており、ゴールデンルートのように「その土地を観光する訪日外国人」の獲得にはつながっていない。

1-4　予備調査によって浮かんだ疑問と仮説

ではなぜ、増加する訪日中国人を周遊・宿泊させて、経済効果をもたらす「観光客」とすることができないのだろうか。我々は「現在、地方の観光地に住んでいる留学生たちに、訪日中国人に向けて地方が持つ観光地としての魅力を伝えてもらえるのではないか」という仮説を立てた。

二、実地調査

2-1 留学生の伊豆の国市に対する意識調査

第一章で述べたとおり、静岡県は訪日中国人が大幅に増加している。そこで我々は研究チームに加わっている中国人と協力し、日本大学国際関係学部(静岡県三島市)の中国留学生交流会に所属している留学生にアプローチをかけ、アンケートへのご協力をお願いした。このアンケートでは、日本と伊豆の国市に関する意識調査を行った。

中国留学生交流会の留学生から寄せられた回答30件の結果を分析したところ、日本の伝統的な文化に興味を持っている学生が80%もいた(図表4)。また旅館に泊まったことがある学生も67%と多かった(図表5)。反面、家族に観光地として紹介したい場所として、伊豆長岡温泉街を挙げた回答者は誰もいなかった。

つまり我々が仮定した「現在、地方の観光地に住んでいる留学生たちに、訪日中国人に向けて地方が持つ観光地としての魅力を伝えてもらえるのではないか」という仮説は、修正を余儀なくされたのである。

そこで議論した結果、留学生、訪日中国人にとって伊豆長岡温泉街は魅力があるのか否かを、最初から今一度調査することにした。同年8月、ゼミナールの合宿で複数の中国人留学生が伊豆長岡温泉街を訪れた。その感想の中で、「静かで落ち着ける。食事がおいしい。自然が豊かで心身をいやすことができた」など好意的な評価を多く聞くことが出来た。

図表4 Q.観光の対象としての日本の伝統的な場所や事物(寺・神社・温泉・能・歌舞伎・和食・和服・着物・日本刀など)に興味はありますか？

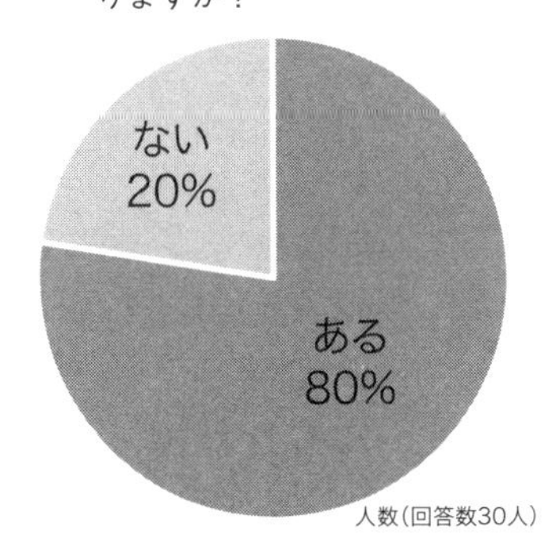

図表5 Q.あなたは日本の旅館に泊まろうと思いますか？

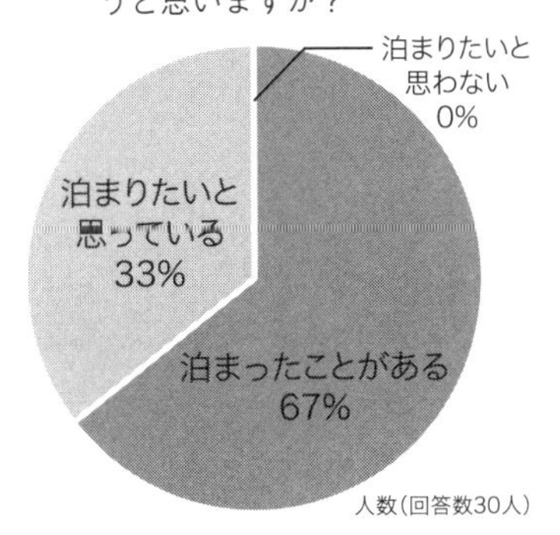

出所：「伊豆の国市にいる留学生への意識調査アンケート」から作成。

2-2 意識調査から得た知見と仮説

この調査結果によると、伊豆長岡温泉街には確かに魅力がある。だが訪問者は、伊豆長岡温泉街を観光も宿泊もしていない。この問題を解決すべく、「中国人留学生の目線を取り入れれば、訪日中国人にも伊豆長岡温泉街の魅力を伝えられるのではないか」という仮説を再度立てた。

三、仮説の実証

3-1 魅力が伝わらない原因とパンフレットに着目した理由

前章でも述べた通り、実際に伊豆の国市を観光し、旅館に宿泊した留学生10数人にインタビューをしたところ、伊豆の国市は料理がおいしく、緑豊かで落ち着ける魅力的な場所であるという回答が得られた。こうした点から、伊豆の国市は既に備えている魅力を、訪日中国人や留学生といった人々へ発信する仕組みが機能していないことが推測される。

そこで我々は観光情報の発信を行う機関への調査を行うことを決め、伊豆の国市の観光課を訪問した。

調査の中で我々は12種類のパンフレットが用意されている一方で、情報の不一致や、対応言語の少ないことに気付いた。

一方でスマートフォンなどインターネットが普及した現代において、パンフレットというある種アナログな情報媒体になお必要性があるのかどうか、についても検証してみることにした。

株式会社アイケイが行っている観光パンフレットの取り寄せサービス「みんたび」では、紙のパンフレットのメリットを次のように示している。

1. 見やすい
2. 内容が充実しており、ネットでは見つけにくい現地情報も数多く載っている
3. 自治体・観光協会が制作しており、まぎらわしい広告掲載などが少ない
4. 書き込み、印（シルシ）をつけられるので便利
5. 電子機器にありがちな充電切れなどの心配がない

さらに500人を対象としたアンケート調査では、約70%の人から旅行に行く前に現地の観光パンフレットを取り寄せたいとする回答を得ている。これ

によりデジタル時代の現代でも、パンフレットは観光をする上で重要な役割を果たし、情報媒体としてなお高いニーズが存在していることがわかる。

そこでまずは12種すべてのパンフレットを中国人留学生に自由に見てもらい、留学生目線からの意見や感想を募った。

3-2　留学生から挙げられた問題点

その中で12種のパンフレットに対し示された主な意見・感想を次にまとめる。

①情報の新しさ・正確さ

インターネット・パンフレット・案内看板などのツールは、それぞれがばらばらではなく、松村（2012）では「一貫性を持って情報を提供する」必要があると指摘されている。ところが伊豆の国市では、それらツールの情報の一貫性が確保されているとは言い難い状況だ。

ホームページは一定期間で定期的に更新している形跡が見られたが、パンフレットの情報が依然古いままであることがわかった。例えば、幕末期の近代化遺産である「韮山反射炉」は、2015年にユネスコ世界遺産として登録された。しかしパンフレットでは2017年の現在でも、登録申請中という情報のままだった。

また、2017年9月には「伊豆の国市パノラマパーク」のロープウェイの料金が、施設の改修に伴い1,400円から1,800円に値上げされた。しかし、パンフレットにはそれが反映されておらず、過去の料金のみが掲載されていた。

②言語

中国語に対応しているのは12種類のパンフレットのうち、簡体字が1種、繁体字が2種のみであった。

③掲載されている写真

10数箇所の施設を2センチ四方の写真で無造作に羅列しているが、サイズが小さく、見にくいという問題点が挙げられた。また、施設が認識できればそれで充分、と言わんばかりのサイズの写真では、魅力が十分に伝わらないとの意見も出た。

④季節感

パンフレットには、その土地を訪れた際に、その季節に合った写真や文章が掲載されていないといけないが、一年を通して見られるものばかりだった。

⑤必要情報の不備

地図は載っているものの、どう回るべきなのか、具体的なコースが提示されていない。留学生からは、これでは魅力的な観光スポットがあっても、回ってみたい気にはならない、という声があがった。

⑥機能の利便性

伊豆の国市では、地域の魅力を伝える動画を作成し、動画投稿プラットフォームの1つYouTubeに投稿し、動画のURLをQRコード化したものをパンフレットに掲載していた。しかし印刷が不鮮明で、肝心のQRコードが14個のうちの2個しか正しく読み込めなかった。

3-3　留学生目線を取り入れたパンフレットの作成

前項で上がった意見・感想を踏まえた上で、留学生の視点から見やすい観光パンフレットを制作することを目標とした。この目標を達成すべく、我々は次のような工夫を観光パンフレットに盛り込んだ。

①中国語に対応

ゼミ所属の中国人留学生が中国語への翻訳作業を担当し、固有名詞など統一すべきものに関しては、伊豆の国市観光協会の表記に準拠する。

②QRコードを掲載

Paul Armstrong（2017）は「QRコードは米国をはじめ西側諸国では普及しているとは言い難いが、アジア諸国ではここ10年間で急速に浸透した。特に中国での普及ぶりはすさまじい」と指摘している。アナリストのShen WeiはCNNの取材に「アジアでは2016年に1兆6500億ドル以上のモバイル決済がQRコード経由で行われており、その3分の1が中国でのトランザクション[7]だった」と伝えている。

そこでレンタサイクルの貸出や、無料Wi-Fiのスポットを紹介しているホームページ、また観光スポットを周回するバスのホームページなどのURLをQRコード化して掲載することで、検索の手間を省いた。

③最新の情報を取り入れ、季節ごとに制作

各施設の料金や、2017年10月に新たに導入された「歴バス乗る～ら」の1日乗車券の情報など、できる限り新しい情報を掲載した。また、今回は「2017年秋号」と題し、3カ月ごとに更新することとした。

④冊子を開いた際の大きさをA5サイズ以下に

留学生のうち、特に小さいカバンを好む傾向にある女性たちから、「冊子が大きすぎて、折りたたんでも収納しにくい」との意見が出たため、A5サイズで作成することにした。

⑤留学生が興味を示した観光地のみを掲載する

予備調査で不人気だった施設を排除し、留学生の目線で魅力がある観光スポットをピックアップしてもらい、その中から三島から伊豆長岡、修善寺を結ぶ伊豆箱根鉄道周辺の観光地を選定した。

⑥写真を見やすい大きさに

掲載する観光スポットの写真枚数を絞り込んだため、見やすい大きさに拡大するスペースが生まれた。

図表6　我々の作成したオリジナルパンフレット（中国語版の一部）

3-4　パンフレット作成の今後

以上のようなオリジナルなパンフレットを作成することで、留学生・訪日中国人に向けて、これまで伝えてこられなかった伊豆の国市の魅力を示すことができる内容に近づいた（図表6）。

12月にはこのパンフレットを基に、伊豆の国市観光協会とともに観光ツアーを行うことが決定している。参加者からはアンケートをとり、改訂版を今後も制作する予定である。

四、おわりに

本論文では、まず研究の動機、目的を述べた後、第1章で予備調査と我々が立てた仮説ついて述べた。第2章では実地調査から得られた知見と仮説の修正について言及し、第3章では地域の魅力を伝える手段を改善する一環として、留学生と協力して作成した「訪日中国人向けパンフレット」について述べた。この第4章では、研究を通して検討したこと、伊豆長岡温泉街の今後の展望についてまとめたい。

今回は、留学生の協力によって、地域の魅力を伝える情報媒体の1つであるパンフレットを改善することが出来た。だがこうした試みは、既存の観光業に「中国人留学生」という新たな要素を加えることで、これまでの伊豆の国市の観光業の変化を促した一例に過ぎない。そして、この試みは協力体制の確立や訪日中国人を呼び込む段階までは至っていない。

しかし今回の調査を通じて、伊豆長岡温泉街が訪日中国人に対して観光地としての魅力を伝えるためには、留学生と協力することが重要であるという確信が持てた。

今後の展望としては、まず魅力ある発信媒体として、基本となるパンフレットだけでなく、SNSを使って発信することが考えられる。これにより、訪日中国人のターゲットもより幅広い年齢層に拡大することが出来る。

SNSに関する留学生との意見交換から、日本人がよく知る、FacebookやTwitterでは意味がなく、中国人の利用が多い微博（Weibo）を運用する必要があることが分かった。チーム内では、協力してくれる留学生に情報の散布をお願いするだけでなく、文章も書いてもらう。また紹介する観光地自体も留学生の方に選定してもらうことで、より魅力が発信できると考えた。

さらに留学生と訪日した中国人が気軽に連絡が出来るようなSNS利用の可能性も検討した。日本に来た際に、困ったことや悩んだことがあれば、伊豆の国市と協力する留学生に連絡し、気軽に尋ねることができるというサービスの提供である。

このサービスを実現するには、いくつかの課題も見つかっている。どのくらいの対応時間であれば留学生の負担にならないか、質問された内容によっては留学生が答えられないものもあるのではないか、プライバシーの問題をいかにして守るか、などである。以上のように、伊豆長岡温泉街の魅力を伝えるには、さらなる取り組みが必要と考えられる。

したがって今後はさらなる協力体制を確立していかねばならない。留学生との協力が、訪日中国人に「伊豆長岡温泉街」の観光地としての魅力を感じとってもらうのに役立つのかどうか検証するとともに、新たな取り組みについても引き続き検討していきたい。

参考文献

デービッド・アトキンソン『新・観光立国論』東洋経済新報社、2015年

「静岡県の人口流出6390人 昨年、全国ワースト4位」日本経済新聞、2017年2月1日 https://www.nikkei.com/article/DGXLZO12362150R30C17A1L61000/（2017年10月9日アクセス）

国土交通省観光庁参事官 観光経済担当「訪日外国人の消費動向 訪日外国人消費動向調査結果及び分析 平成25年1-3月期 報告書」国土交通省観光庁、2015年4月 http://www.mlit.go.jp/common/000996498.pdf（2017年10月9日アクセス）

「伊豆の国市―概要―」伊豆の国市ホームページ、2013年8月20日 https://www.city.izunokuni.shizuoka.jp/hisyo/shisei/gaiyo/index.html（2017年10月9日アクセス）

「『観光立国推進基本計画』を閣議決定」国土交通省観光庁、2017年3月28日 http://www.mlit.go.jp/kankocho/news02_000307.html（2017年10月9日アクセス）

「旅館軒数4万661軒、減少に歯止めかからず」旬刊旅行新聞、2016年12月15日 http://www.ryoko-net.co.jp/?p=15941（2017年9月26日アクセス）

「『外国人留学生在籍状況調査』及び『日本人の海外留学者数』等について」、2017年3月31日 http://www.mext.go.jp/a_menu/koutou/ryugaku/1345878.htm（2017年9月25日アクセス）。

藤田隼平「けいざい早わかり：訪日外国人の増加と今後の課題」HUFFPOST、2016年4月9日 http://www.huffingtonpost.jp/shunpei-fujita/foreign-visitors-to-japan_b_9648572.htm（2017年9月26日アクセス）

松村光貴、梁元碩「地域情報の提供における一貫性に関する研究」、2012年 https://www.jstage.jst.go.jp/article/jssd/59/0/59_247/_pdf（2017年9月26日アクセス）。

加藤久雄「雲仙温泉における留学生とともにすすめる観光まちづくり1.（国際観光まちづくりのためのフォトマッピング）」現代社会学部紀要、2016年14巻1号、pp.33-52 http://ci.nii.ac.jp/els/contentscinii_20171009234153.pdf?id=ART0010603827（2017年9月26日アクセス）

恒松直美『交換留学生「地域国際観光プランナー」インターンシップ―新しい地域づくりと地域活性化への留学生の支援』広島大学国際センター、2014年

久保田穣「人口減少社会における交流人口拡大～インバウンド4000万人時代に向けて～」、公益社団法人日本観光協会、2017年10月4日 http://www.ieice.org/jpn/ceatec/special-symposium/2017/pdf/lecture_5.pdf（2017年10月8日アクセス）

シブ5時スタッフ「外国人観光客が静岡県に殺到！その意外な理由は？」NHK、2015年9月25日 http://www.nhk.or.jp/shibu5-blog/100/228149.html（2017年10月8日アクセス）

日本学生支援機構（JASSO）平成27年度外国人留学生在籍状況調査結果「外国人留学生の増加数及び伸び率」 http://www.jasso.go.jp/about/statistics/intl_student_e/2016/ref16_01.html（2017年10月8日アクセス）

今榮敏彦「体験型インバウンド事業の展望」、2016年 http://www.techno--create.co.jp/monthly_report/pdf/160930month_vol1602.pdf（2017年10月8日アクセス）

日本学生支援機構（JASSO）「外国人留学生受入れ数の多い大学（平成26年5月1日現在の在籍者数）」 http://www.jasso.go.jp/about/statistics/intl_student_e/2014/ref14_02.html（2017年10月8日アクセス）

「伊豆半島の温泉（泉＆効能）ご紹介 W-WOOD」伊豆観光情報公式サイト、2003年 http://www2.odn.ne.jp/w-wood/onsen.htm（2017年10月8日アクセス）。

「伊豆の国市/伊豆の国市内から富士山撮影スポットご案内」伊豆の国市公式サイト、2014年 https://www.city.izunokuni.shizuoka.jp/kankou/kanko/fujispot/fujispot.html（2017年10月8日アクセス）

産経ニュース「時代に逆行する“紙”の観光パンフレット取り寄せサービス『みんたび』が人気です。請求可能な観光パンフレットが1,200種類を突破」、2016年10月5日 http://www.sankei.com/economy/news/161005/prl1610050225-n1.html（2017年10月8日アクセス）

総務省情報流通行政局「Wi-Fi整備についての現状と課題」、2014年11月　http://www.soumu.go.jp/main_content/000322502.pdf（2017年10月8日アクセス）
後藤貞二「観光に関する最近の話題と観光地域づくり」、2017年3月18日　https://michi100sen.jp/symposium/file/goto.pdf（2017年10月8日アクセス）
厚生労働省「平成27年度衛生行政報告書の概要―統計表2主な生活衛生関係施設数年次」http://www.mhlw.go.jp/toukei/saikin/hw/eisei_houkoku/15/dl/toukei.pdf（2017年10月8日アクセス）
朝日新聞DIGITAL『訪日客247万人、8月の最多更新　中国人21％増』、2017年9月20日
国土交通省「我が国おける旅行消費の経済普及効果について」、2002年10月22日　http://www.mlit.go.jp/kisha/kisha03/01/011022/01.pdf（2017年10月8日アクセス）
Paul Armstrong「知られざるiPhoneの新機能『QRコード標準化』に見る中国シフト」Forbes、2017年9月25日　https://forbesjapan.com/articles/detail/17830（2017年10月8日アクセス）

1　朝日新聞DIGITAL『訪日客247万人、8月の最多更新　中国人21％増』、2017年9月20日

2　ゴールデンルート…東海道に沿う形で東京、箱根、富士山、名古屋、京都、大阪など日本の主要観光都市を巡る観光周遊ルート。訪日外国人に人気のある京都・大阪・東京・名古屋・富士山が含まれていることが特徴である。

3　厚生労働省「衛生行政報告書」厚生労働省ホームページ、2015年10月24日　http://www.mhlw.go.jp/toukei/itiran/index.html（2017年10月9日最終アクセス）

4　https://www.city.izunokuni.shizuoka.jp/soumu/shisei/toukei/download/documents/17_08_kankou.pdf

5　観光レクリエーション客数とは、観光施設、スポーツレクリエーション施設、行祭事及びイベント等への入場者・参加者のこと。

6　シブ5時スタッフ「外国人観光客が静岡県に殺到！その意外な理由は？」、NHKホームページ、2015年9月29日　http://www.nhk.or.jp/shibu5-blog/100/228149.html（2017年10月8日最終アクセス）

7　トランザクション…ここでは決済取引のことを示している。

優秀賞

フィールドを通じて深まる日中相互理解と協働関係構築への試み

～雲南省でのフィールドワークを例に～

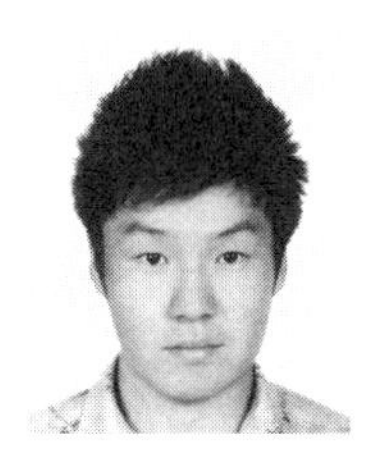

大阪大学外国語学部4年

山本晟太

はじめに

自分の五感で感じ取ること。私が中国を理解するときに心掛けていることである。私はこれまで一年間の交換留学や二度のフィールドワーク[1]を通して、中国のことを自分の目で見て学んできた。しかし大多数の日本人にとっては、大手メディアやSNSなどの作為的なレンズを通してみた「中国」が全てである。分かりやすい言葉、映像、表現で彩られた日中関係は二項対立構造に陥りやすい。例えば、歴史問題における加害者と被害者、経済における先進国と貧困国、政治における民主主義と専制主義という構造である。二項対立構造を乗り越え、未来志向の日中関係を構築するためには、中国への理解の深化及び協働関係を構築することが必要である。本稿では、日中関係という分野であまり取り上げられてこなかったフィールドワークが持っている、日中協働関係の構築においての有用性について論じたい。

第一に、フィールドワークにおいて観察者は自らの五感を駆使して調査することで、中国をよりよく理解することができる。そこで学生は「中国」という括りではなく、「地域」という文脈で理解しようとする。外部からは見えてこなかった地域に根差した特徴が見えてくるようになると、中国の持つ多様性への理解を深めることができる。

第二に、現地の人々と親密な関係性を構築し、協働できる点である。フィールドでは、観察者が被観察者の行動を観察していくうちに、観察者の存在、観察者と被観察者との相互作用が被観察者の行動に大きく影響を与える可能性がある。こうした相互作用が大きくなるにつれて、調査者・被調査者という枠組みが除去された信頼関係が構築されるようになる。一般的に、中国人は身内と他者を強く分ける傾向がある。それゆえ、いったん中国人と親密な関係を構築しないと見えてこない部分も多々ある。そのような関係を構築せずに語られる中国人像は、一面的にならざるを得ない。

本稿の構成としてはまず、私が体験した二つのフィールドワークの概要について紹介する。次に一度目のフィールドワークで、私自身の中国への理解がどのように変化したのかを述べる。さらに二度目のフィールドワークを通して、日中における協働関係の一つのあり方を提示する。最後に、日中が未来志向の協働関係を構築するために、フィールドワークが果たすべき役割を論じる。

二度のフィールドワークは大阪大学の一機関であるグローバルイニシアティブ・センターによって実施されたものである。グローバルイニシアティブ・センターは教員の研究だけでなく、学生に対する教育にも重点を置いている。それゆえ、私が行った二度のフィールドワークでは私達学生の成長が期待されていた。学生と現地の人々が共に現地の問題を解決することを通して、学生は現地の人々から学びを得られる。また、様々な専門を持つ学生がフィールドワークに参加しているので、学生間でも学びあうことができる。

まず第一章では、私が一度目のフィールドワーク以前にどのように考えていたか、フィールドを経験し、考えがどのように変わったか、現在の視点からこのフィールドで見聞きした出来事をどのように再構築したかについて述べていきたい。

一、一度目のフィールドワーク
～調査者の視線の変化～

本章は、平成27年度グローバルコラボレーション・センターによって実施されたフィールドワークについて論じたものである。学生参加者は人間科学研究科、文学部、外国語学部の計7名である。引率者は思沁夫（大阪大学教員）、上須道徳（大阪大学教員）、福田周平（大阪大学教員）、阿部朋恒（首都大学東京大学院博士課程後期の学生、ハニ族[2]の村で参与観察を行っている）である。期間は2015年3月22日から3月31日の10日間で、雲南省の紅河ハニ族イ族自治州を訪れた。フィールドワークのテーマは「観光化と地域持続性」であり、私は「少数民族と現地政府の関係」という題で報告書を作成した。

1-1 フィールドを訪れる前の仮説

私が初めてフィールドワークを行ったのは、大学二年生の春休みである。中国語を二年近く学び、中国に関する書籍も本棚で存在感を放つようになり、私は中国について理解した気になっていた。私はフィールドワークの事前学習として、引率の先生から三度にわたるレクチャーを受け、ある仮説を立てた。それは「①現地政府は観光客を呼びよせるための手段としてハニ族を認識している。②ハニ族の人々は現地政府主導の観光化に反感を抱いている」というものである。

私が①の仮説を立てたのは、事前学習の場で「政府はハニ族に民族衣装を着させる、ハニ族の都合を考えずに町を建設する」という話を聞いたからである。②の仮説は、①の仮説から「自らの『文化』に理解を示さない政府に対してハニ族は反感を抱くだろう」と考えたことと、「少数民族はいつも政府に対して反感を抱いている」という私自身の先入観によって導き出されたものである。このような先入観は、「ウイグル族やチベット族といった少数民族VS政府」という単純な二項対立を報道するメディアによって構成されたものであろう。また、「『文化』は保存する対象である」という考えは先進国的な考え方といえる。

1-2 フィールドで学んだこと

私は10日間のフィールドワークを通して、主に以下の表の人々へのインタビューを通して、前述の二つの仮説の検証を試みた。

名前	年齢	民族	職業	居住地
A氏	35歳	ハニ族	農民	紅河県
B氏	70歳以上	ハニ族	宗教職能者	元陽県
C氏	27歳	ハニ族	高級ホテル 副経営者	元陽県
D氏	60歳前後	イ族	大学教員	蒙自市

図1　ハニ棚田（2015年3月筆者撮影）

図2　「ハニ小鎮」の入り口にある看板（2015年3月筆者撮影）。ハニ族ではあまり普及していないハニ文字が用いられている

図3　「ハニ小鎮」の街並み（2015年3月筆者撮影）

その結果、「①現地政府は観光客を呼び寄せるための手段としてハニ族を考えている」という仮説は必ずしも間違いではなく、「②ハニ族は政府に対して反感を抱いている」という仮説は間違いであるという結論が出た。

仮説①の正当性を示す根拠としては、以下のような政府の政策が挙げられる。まず、「Cultural Landscape of Honghe Hani rice Terraces」という世界遺産の登録名そのものが観光を意識したものとなっている。

引率者の阿部によると、棚田が世界遺産に登録された時、「Cultural Landscape of Honghe Hani rice Terraces」と登録され、この紅河（Honghe）が河、州、県のどれを指すのかよくわからなくなっている。そうすることで、より広い地域で客を呼び込むことができると考えられたのではないだろうか。イ族も棚田を営んでいたが、90年代終わりから2000年にかけて、観光化が始まって以来、多くの学者がハニ棚田を研究しており、「棚田といえばハニ族」というイメージが定着してしまった。これを政府が利用したのである。その結果、紅河棚田だと曖昧なので、「紅河ハニ棚田」と「ハニ」を加えた、というのである。

次に、政府が作為的にハニ族の文化を表象している点である。例えば、政府が作り上げた「ハニ小鎮」という村では、ハニ族の文化とは関係のない建物がハニ族の文化を代表するものとして作られていた。これは観光客を呼び寄せるために、綺麗で清潔に見える文化を政府が作り上げた結果だと思われる。また高級ホテル副経営者のC氏へのインタビューから、「政府が景観を守るために田んぼの使用・不使用に関らず、最低百元を管理費として払っている」「イベントを行うときに、村長を通して要求すれば金銭的に援助してくれる」ことがわかった。前者は棚田の景観の保護のための、後者はハニ族の文化の保護のための補助金である。こうした補助金はハニ族の文化や棚田の景観を観光に活かすためである。以上により、仮説①には十分な根拠があると言える。

一方、仮説②は十分な検証を得ることができなかった。つまり、ハニ族は政府に対して強い反感を抱いていなかったのである。むしろ、政府の援助を肯定的に捉えていた。例えば、紅河学院大学教授のＤ氏は「政府が観光で得た資金を文化の保護に回す。それは必ずしも文化が失われるとはいえない。多くの人が入ってきて、文化の接触があるため、純粋な文化としてではなく、混じり合った文化として残していく」と話していた。また農村で暮らすＡ氏も政府に対して肯定的であり、上述のＣ氏も「政府は棚田保護費と生活保護費を支給してくれる。政府は棚田が命だということを理解してくれているだろう」と言っていた。

ハニ族の「文化」に対する考え方を自分自身の認識から解釈してしまったことこそが、誤った仮説を立ててしまった遠因である。そもそもハニ語の中に「文化」という単語は存在しないことが、事後の学習により分かった。そして、たとえ漢語からの借用語として使われる場合でも、「（文化という語はハニ族にとって）『遠い経験』に過ぎず、学者や政治家が使う言葉として感じられるようである」（稲村、2008、p.106。カッコ内筆者）。つまり、ハニ族にとって、「文化」という単語を知っていても、生活に根差したものではないということである。「文化」という言葉が分からない以上、「文化」の保護と銘打った偽文化の創出にも反感を持つことはないであろう。

1-3　現在の視点

私は2015年の3月に事前学習やフィールドワークを通して、上述の仮説の設定と検証を行った。2年半の月日が流れ、現在の視点から見ると、ある構造が見えてくる。それは「政府の政策にハニ族が同調し、観光客が求める『ハニ文化』を作り上げようとしている」という構造である。両者は経済的利益で結ばれていたため、協力関係を築けたのである。現地で参与観察を行った阿部によると、政府の進める観光化に拒絶反応を示しているハニ族も一定数は存在したのだが（阿部、2016、p.109）、政府主導の観光化はハイペースで進められていた。

私がこのように異なる視点からハニ棚田のハニ族と政府の関係性を再構築できたのは、後述の二度目のフィールドワークでの経験によるところが大きい。二度目のフィールドでは、政府と現地住民の協力関係が一度目のフィールドよりも分かりやすい形で行われていたのである。その時の経験から、多少分かりづらい形ではあるが、ハニ棚田のハニ族にも類似する構造が存在することを確認できた。

1-4　まとめ　～地域という視点～

私のハニ族と政府の関係に対する捉え方は、先入観に満ちた「対立構造」から現地の実情を考慮した「協力関係」へと移り変わっていった。この章の冒頭でも述べたように、私のフィールドワーク初期での先入観は、これまで私が得てきた情報から構成されたものである。中国に関して今まで学んできたものを忘れ去るのが不可能な以上、先入観を完全に無くすことはできない。

先入観にとらわれないためには、中国を「多様な地域の集合」と捉えることが重要となってくる。当然のことながら、雲南省は北京や上海とは気候も風土も全く異なる。また、雲南省のハニ族といっても村ごとで異なる様相をみせている。観察[3]を通してフィールドへの理解を深めることこそが、フィールドワークの醍醐味である。地域への理解が深まるにつれて、その集合としての中国の真の姿が現れてくる。こうした深い理解こそが、より強固な協働関係の構築に繋がるのである。

私はフィールドワークを通して雲南省へ愛着を持つようになった。雲南省の持つ文化的、生物的多様性への理解をさらに深めたいと思い、私は二度目のフィールドワークに参加したのである。

二、二度目のフィールドワーク
～協働を通して見えるもの～

本章は、平成29年度グローバルイニシアティブ・センターによって実施されたフィールドワークについて論じたものである。学生参加者は工学研究科、理学部、外国語学部（内1名は東大）の計7名である。引率者は思沁夫（大阪大学教員）、上須道徳（大阪大学教員）、阿部朋恒（首都大学東京大学院博士課程後期の学生）である。期間は2017年3月1日から3月10日の10日間で、雲南省のプーアルを訪れた。フィールドワークのテーマは「グローバル化・市場化の進展/文化・生物多様性の維持」であり、私は「那柯里住民の那柯里に対する認識と外部との関係」という題で報告書を作成した。この報告書は製本化された（図4参照）。

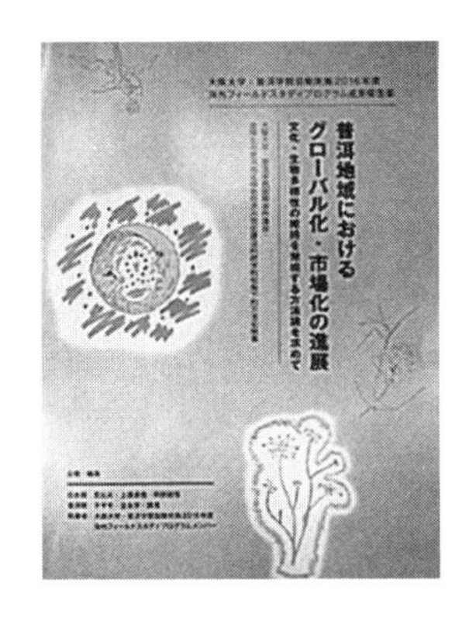

図4 フィールドワークの成果物

2-1 二度目のフィールドワークの特徴

二度目のフィールドワークは雲南省のプーアル地域を中心に行われた。一度目のフィールドワークと比べて、以下のような特徴がある。

一点目に、実際に調査に入る前に現地で、熱帯研究所の職員からコーヒーについて、プーアル学院大学の教授からプーアル市概況についての講義を受けたり、プーアル茶の生産現場を訪れたりできたことである。その結果、地域への理解を深めることができた。二点目に、現地のプーアル学院大学教員の方々に移動手段の手配やインタビューへの動向等の調査協力[4]をしていただいたため、スムーズに調査することができた。三点目に、三つのグループに分かれて調査を行ったので、短い期間で多くのデータを集めることができた。四点目に、私のグループに関しては私自身がインタビューでの通訳を行ったので、現地の方と直接話ができ、彼らの語調やしぐさ等の非言語情報を多く得られた。その結果、彼らの内部の分析をより深く行うことができ、報告書に反映することができた。五点目に、同行していただいた大学教員や現地の人々とより密接な関係を構築できたことである。

2-2 チャイニーズネスへの理解

チャイニーズネス（中国人らしさ）とは如何なるものなのだろうか。私が大学に入学後、一貫して理解しようと努めてきたものである。多くの書物に目を通し、幾人もの中国人と交流し、気付いたことが一つある。それは、チャイニーズネスの理解は演繹的ではなく、帰納的でなくてはならないことである。つまり、ある一つの「特徴」を中国人全体に当てはめるのではなく、様々な中国人と交流することを通して、一つの「特徴」を抽出する必要がある。

中国と関っていくうちに、幾多の中国研究者によって語りつくされた答えに私自身も行き着いた。それは「漢民族は身内と他者を強く分ける」傾向があるというものである。このような傾向は漢民族への同化が強いられる少数民族にも多少は当てはまるだろう。また、時代ごとの変化も存在する。千変万化する彼らを深く知ろうとする姿勢こそが、協働関係の構築に繋がるのである。

2-3　プーアル学院大学教員の方々の協力

この節では、プーアル学院大学と大阪大学の協働関係を紹介し、大学教員の方々がどのように我々に接していたのかについて論じる。

そもそもプーアル学院大学と大阪大学の共同調査は今回が二回目である。2014年の11月にもプーアル学院大学の教員の方々に大阪大学の調査班はお世話になっている。このような調査が可能になったのは、プーアル学院大学の副学長とフィールドワークの中心を担う思沁夫先生との深い交流によるところが大きい。フィールドワークを実施する前にプーアル学院大学の教員方が日本を訪れた際は、私達とも交流してくださった。以上のような積み重ねがあったため、フィールドワークが始まる前から深い関係を構築できていた。

それゆえ、調査の際には三つのグループそれぞれに最低一人はプーアル学院大学の教員がつき、自動車での送迎やインタビューの補助、現地でのガイドをしていただけることになっていた。一日のスケジュールとしては、朝早くに私達が宿泊しているロビーで集合し、昼はフィールドワークを行い、夜は白酒を交えて宴会を行うというハードスケジュールであった。

さらに、ほとんどの宴会で、プーアル学院大学の教員方の御馳走になった。私達の調査のために向こうの教員方にかなりの負担を強いる結果となってしまった。思先生はそのような状況を気兼ねしたため、フィールドワーク5日目には「今夜は自分たちだけで夕食を済ませるので、ゆっくり休んでください」と打診した。しかしながら、思先生の提案はやんわりと退けられ、その日もプーアル学院大学の方々の御馳走になった。「なぜ自らの評価や昇進にあまり関係ない調査に積極的に協力し、あまつさえ宴会の費用を全て負担してくれるのか？」という問いに答えることが、間接的には「チャイニーズネスとは何か？」という問いの答えになるのではないのだろうか。

この問いの答えとして以下のようなことが考えられる。第一に、プーアル学院大学副学長と思先生の関係性が考えられる。副学長が教員たちに私達をしっかりもてなすように促した可能性がある。第二に、数回にわたる交流を通してプーアル学院大学の教員方が私達に好意を抱いた可能性である。第三に、中国文化の影響である。中国には「朋あり、遠方より来たる。亦た楽しからずや」という言葉が強く根付いており、客人が来た場合は手厚くもてなすことが習慣となっている。実際に、私が知り合いの中国人の故郷を訪れた時も、私自身がお金を支払うことはほとんどなかった。以上をまとめると、プーアル学院大学の教員方が私達を歓迎してくれたのは、私達が「身内と他者の境界線」の内側に入り込むことができたからである。

2-4　農家の方へのインタビューを通して見えてくるもの

この節では、お茶農家の方にインタビューした際の経験から、中国人が「身内と他者の境界線」をどのように設定しているのか、また境界線の内側の人間に対してどのように接するかを紹介したい。

名前	年齢	民族	職業	居住地
E氏	56歳	漢族	お茶農家	プーアル市

私達はお茶を実際に生産している方から話を伺いたいと思ったので、E氏の親戚の紹介でE氏を訪問し、インタビューを行った。E氏は4ムーの茶畑、2～3頭の牛、数十羽の鶏、数十頭の豚を有しており、食べ物には困っていない様子だった。しかし、現金収入という面では、都市部の人には及ばない水準であった。

私達はE氏に二時間近くインタビューすることで、現地でお茶がどのように生産されているか、お茶の流通経路、お茶という商品の特殊性、さらにはE氏の家計状況等の情報を入手することができた。初対面の外国人がやってきて、自分の仕事や家計のことを根掘り葉掘り聞かれることは、E氏にとってみれば迷惑でしかないであろう。それにもかかわらず、E氏は懇切丁寧にインタビューに答えてくれた。しかも、私達が帰る際には、お土産として高価なプーアル茶を人数分用意してくれた。

なぜ迷惑をかけただけの私達に、E氏はこのような高価な贈り物をしてくれるのか？そこには中国人の人間関係の特徴が潜んでいるのではないのか。重要なのは、私達がE氏の親戚の紹介を受けたことである。知り合いの紹介を受けたことで、私達はより容易に「身内と他者の境界線」の内側に踏み入れることができた。また私達をしっかりもてなすことは、E氏の親戚の面子を立てることにも繋がるのである。

このようにフィールドワークを通じて、中国で協働関係を構築する術を学ぶことができた。日中の国民が協働関係を構築するためには、この点に関して理解を深めることが不可欠である。

図5　E氏から頂いたプーアル茶。ネットでは1500元で売買されている

三、終わりに

本稿では、未来志向の日中関係を構築するために、フィールドワークが果たす役割を、自らの経験を踏まえ論じてきた。第１章ではフィールドワークを通して、地域に存在する構造を見極め、より包括的に地域を理解したことを述べた。第２章では、プーアル学院大学の教員方との共同調査を通して、日中が協働関係を構築するための術を学んだことを述べた。以上より、フィールドワークでは「中国理解の深化」と「協働関係の構築」という利点のあることが分かった。

3-1　フィールドワークを実施する上での課題

フィールドワークには利点がある一方で、以下のような課題もある。第一に、どれほど正確に包括的に現地のことを理解できるかという点である。短期間では現地に対する理解は「走馬観花」のような表面的なものに留まってしまう可能性がある。また自らが構成したストーリーを現地に当てはめ、現実をゆがめて解釈してしまう危険性もある。それゆえ現地を正しく理解するためには、「地域性」を重視する必要がある。雲南省でも紅河とプーアルでは異なる。地域ごとの特徴に目を向けることができれば、先入観に捉われずに現地を客観視することができる。

第二に、どのように調査協力者を見つけるかである。予算が限られており、高額の謝礼を支払えない中で、熱心な調査協力者を見つけられるかどうかはフィールドワークの成否を担っている。しかも彼らの態度は私達がどのように接するかによって変わってくる。「郷に入れば郷に従え」という中国の諺にもあるように、現地のやり方で無礼のないように接する必要がある。それは共通の知人に紹介してもらうことなのかもしれない。白酒を飲むことかもしれない。いずれにせよ、現地の人々に誠実に接しなければならない。

第三に、フィールドに何を残せるかである。多くの方々に協力してもらった以上は、フィールドに発表や報告書という形で何かを残さなければならない。私自身が現地にあまり問題点を感じなかったということもあるが、執筆した報告書は現地に関する考察に留まっていた。一方、珈琲を栽培する二つの村における生活水準の違いに着目し、モノカルチャー経済の危険性やコミュニティーの重要性を提言していた学生もいた。このような有意義な発表をすることで、協力者に報いることも必要となってくる。

3-2 フィールドワークの勧め

フィールドは学びの場である。私達学生は「調査してやろう」という傲慢な気持ちでフィールドワークに挑むべきではない。現地から何かを学びとろうという気持ちを持つことで、学びが最大化され、現地に還元できる質の高い調査とすることができる。「現地を知りたい」という気持ちがあれば、より現地の実情を捉えた分析ができる。そのためには、現地の人や他の学生とディスカッションすることが重要な役割を担う。

またフィールドは、協働の場でもある。現地の人と如何にして関係を築き上げるかが問題となってくる。関係構築のためには相手の習慣や風習、考え方を知る必要がある。多くの情報が氾濫している現代社会で情報に惑わされず、すぐに理解したつもりにならずに、協働関係を構築していくことが求められる。そのような姿勢で挑めば、短い時間でも、自らの考えを修正し、現地の人々から学び、現地の人々に提案をすることができる。日中両国の国民はこのような姿勢で向かい合ってこそ、より良好な日中関係が構築されるのである。

参考文献

阿部朋恒『先住民族からみた「世界遺産」:「紅河ハニ棚田群の文化的景観」の世界遺産登録をめぐって』国立民族学博物館調査報告（136）、2016年、pp.107-121

稲村務「ハニ語と中国語の間」 塚田誠之（他）『民族表象のポリティクス（中国南部における人類学・歴史学研究）』風響社、2008年、pp.127-153

宮内洋「体験と経験のフィールドワーク」北大路書房、2005年

村上勝彦（他）「中国雲南の開発と環境」日本経済評論社、2013年

山本晟太「那柯里住民の那柯里に対する認識と外部との関係」思沁夫編『普洱地域におけるグローバル化・市場化の進展』大阪大学グローバルイニシアティブ・センター、2017年、pp.13-23

---

1 2015年3月に大阪大学グローバルコラボレーション・センターによる「雲南省元陽、紅河でのフィールドワーク」に参加した。2015年9月から2016年7月にかけては、北京大学の国際関係学院に交換留学した。2017年3月には、グローバルイニシアティブ・センター（グローバルコラボレーション・センターを基に設立）による「雲南省プーアルでのフィールドワーク」に参加した。

2 中国雲南省に住む少数民族。

3 ハニ語に精通している阿部が、雲南省プーアル市の那柯里村でハニ族と意思疎通を図ろうとしたが、方言差が大きすぎて会話ができなかった。

4 現地の大学教員に協力していただくことで、被観察者に気を使わせてしまい、インタビューの質が変容してしまう可能性も孕んでいる。その危険性については、宮内が「自らが見ている現実が、周囲の配慮により作られた『現実』であるということに気づくことなく、他の人たちにも同様に見えている現実であると見なして、それを描き論じていくということになりかねない。」（宮内 2005 p.133）と述べている。

優秀賞

中日国民関係の改善における メディアの役割

～落語「死神」からの発想～

清華大学人文学部3年

王婧瀅

一、落語から発見した認知差別

人間は絶海の孤島でたった一人で生きているのではなく、自然の中で他人と付き合っている、社会生活を営む存在だ。他人との相互交流には、ことばが重大な役割を果たしていると思われる。

中国語と日本語はともに漢字を使うとはいえ、それぞれの異なる社会発展の仕方により、別の方向で発展することになった。言語の表現形式も、構成要件も違っている。両国の国民が交流する際、相手側メディアが報道することばを一つ一つ翻訳するだけでは、理解しにくいことが多い。ことばの背後にある社会的なニュアンスや相手側の話す習慣が判らなければ、話し手の気持ちが伝わらなくなってしまう場合も多い。

シンプルな例を挙げると、上方漫才師匠の秋田実の作品『ズボン』だ。『ズボン』は「二人の男が、話しています。男の一人が、『女房とズボンと、どっちが大切だと思う？』と問うと、相手が『どっちだい？』と尋ねました。男は、『そりゃ、ズボンさ。女房なしでも表は歩けるが、ズボンなしでは表を歩けない』と答えました」という話だ。この話は日本では大受けしたが、中国人の中ではこの話が面白いと思う人は少ないようだ[1]。同じ話であっても、一国の国民が面白いと思っても、別の国の人には全然わからず、腹立たしいほど悪い印象を持つことになってしまう場合もある。その背後の原因は何かについて研究しようと思う。

国民の言語認知の特徴の一部が、その国の伝統芸能に表されていると思う。そこで今回は日本の伝統芸能である落語の言語表現に基づいて、日本語と中国語の言語表現の相違を分析する。

落語は、落語家のことばの表現力を通じ、実際にないものをお客の想像力に頼りながら存在させていこうとする芸能だ。発展していくうちに、落語は様々なバージョンに分裂する。この中の一番人気がある話のバージョンに基づいて、日本の国民が喜びやすい言語表現を見つけてみたいと思う。

古典落語の代表の一つである「死神」は、三遊亭圓朝が初めてこの話を翻案（細かい点を変えて作り直すこと）した。内容は、金に縁がない男が死神から呪文を教えてもらい、名医としてお金持ちになる。しかし、金に貪欲なために、死神との約束を破り、ある富豪の病を治す。実際にはそれは自分の寿命を他人に渡すことだと気付いた彼が、ろうそくを寿命に継ぎ足そうとしなくてはならないという話だ。

それ以来何人もの落語家が演じているが、落語家によっていくつかのパターンがある。その違いはどこかとみてみると、全部が最後のオチといわれる部分であることに気づいた。中でも有名な三人の落語家の代表的なパターンを取り上げてみよう。

一つ目は、柳家小三治の「死神」だ。ろうそくを寿命に継ぎ足しても死んでしまうパターンだ。ろうそくの火の移し替えに成功したが、風邪気味であることや粗忽者であることが原因で、ろうそくの火を吹き消してしまうというものだ。以下のように演じられた。

「はやくしろ。ふるえるじゃない」

「静かにしてください」

「震えると消えるぞ。消えるぞ」

「わぁ、もう間に合わない。あ。あ、ついた。あ、ははは、今度はついたよ。はははっは、やっち！」[2]

二つ目は立川志の輔の「死神」だ。消えた理由は異なるが、これもろうそくを寿命に継ぎ足しても生きられないパターンだ。男が死神に騙され、自分でろうそくを吹き消してしまうというものだ。

「死神さんよ、死神さんよ。ついたぜ」

「ついちゃった」

…（男がついたろうそくを持って帰ろうとする）

「どうしても持っていくのか」

「あたりまえじゃないか」

「あなた、それじゃ、お前も元気でな。あ、源平（男の名前）、そんな明るいところ、もったいない」

「あ、そっか。ふー」[3]

三つ目は三遊亭円生の「死神」だ。ろうそくを寿命に継ぎ足せなくて死ぬパターンだ。死神が「火が、ああ、消え、た」と言うのと同時に、男が倒れる。

「へへっ、震えてるぜ。震えると消えるぞ、はやくしないと消えるよ。消えるよ」

「だまってくれ。消えるよ、消えるよと言ってくる。こっち、震えるじゃねえ」

「はやくしないと消えちまうよ。消えると命がなくなるよ。消えるよ。ふふ、ふふふ、ふふ、ふ。消える。消える。消える。消える。あ、消える」[4]

落語家により、死神と主人公との対話あるいは主人公の結末は異なるが、言語的には共通しているところが存在していると思う。その共通点とは、言語を極端な形で表すということだ。日本語の表現には以下の二つの特徴があるからこそ、こうした極端な形での表現が可能になるし、異なるバージョンも可能になる。

二つの特徴の第一は、直接的な感情移入という点だ。落語は普通の小説と異なり、その話が起こった背景の紹介が異常に少ないということが分かる。引用する落語の断片には、事件のプロットについての物語の場所、時間、雰囲気などの紹介がない。そして物語が進むにつれて、登場人物の独白と対話がますます多くなる傾向が見える。特に、いちばん起伏に富んでいる部分の言語表現が、おおむね登場人物の発話という形式で存在することが多い。

「死神」を例にすると、男が死神についていく時、多くのろうそくを見つける場面はナレーターによる紹介がなく、すべて会話で表わされている。三遊亭円生の「死神」では、「ずいぶんろうそくがついてますね」という表現から、聴衆が死神、男とともに、ろうそくを目の前に見ることができる。具体的にはろうそくが何本あるのかを話す必要はなく、男のことばからその場面が感じられる。そして、その後のストーリーは全部、死神と男の対話だ。男と死神の気持ちの転換が、すべて対話によって表現されている。話の登場人物の会話として語られる言葉がいつのまにか演者自身を消し、聴衆が直接話の世界に身を置くことが可能になる。演者が話した登場人物のことばが聴衆と関わってきて、感情を見事に聞き手に伝えることができる。

実は、それは落語にしかない言語表現ではなく、日本語の本や雑誌にも聞き手あるいは読み手と深くかかわっている表現が多いと思う。『雪国』には、「国境の長いトンネルを抜けると、雪国だった」という表現がある。それは読み手が電車に乗ってトンネルを抜けている雰囲気をつくることを意図したものだ。読み手が動作の主のように行動するという効果を狙ったものと考えられる。

面白いことに、このような雰囲気が中国語に訳されたバージョンにはなくなってしまい、中国人としては、自分が誰か別の人を観察しているという客観的な感じを持っている人が多い。いつも隣から観察し、事件に参加しない言語的な認知習慣があるから、中国人にとって、中国語での登場人物の会話だけで、自分が別の人の感情を直接感じるのは珍しい。そのため、中国語では、登場人物の気持ちを聞き手に感じさせるとき、必ずその時の環境や背景を丁寧に説明しなければならない。前述の「死神」のような話は、主人公がどのような環境にいるのか、彼がどのようなろうそくを見ているのかという問題に答えなければ、中国語の聴衆が自分と物語の登場人物にかかわることが難しくなってしまう。

特徴の第二は、情報提供が短い時間で行われる、という点だ。主人公が死ぬか死なないかにかかわらず、筋の転換が落語の本題の最後の短いセンテンス（よくオチと呼ばれる）に表されるという共通点がある。前述の落語では、風邪を引いた男なら「やっち」とくしゃみをしてしまい、騙された男なら「ふー」とろうそくの火を吹き消してしまい、ろうそくを寿命に継ぎ足せない男なら死神が「消えた」と話すと同時に倒れたということも、全部短い時間で行われた転換だ。これは落語の本質が高いところから落ち、オチでその本質が極端な形で表されるということだからかもしれないが、日本の国民がそのような短い急転直下のことばの表現を好むということも分かる。

注意すべきなのは、日本人と中国人の表現習慣が違っているということだ。日本語を勉強している中国の学生は、自分の気持ちを表す際に、いつも長いセンテンスにしてしまう傾向がある。そこにその差異が見える。日本人と付き合っていると、「日本語らしい日本語」を使って、自分の気持ちを短いセンテンスで正確に表しながら話すことができない、と困る中国人は多いように思う。もう一つ例を挙げると、日本の番組『笑点』には、短い時間で観衆を笑わせるセクションがある。これは中国ではかなり不思議なことだ。

それは双方の文法的な構造に差異があるからかもしれない。お互いの理解のために、中国のセンテンスには主語が必要だが、日本語はそうではない。

例えば、志の輔の「死神」にある「ついたぜ」という表現を中国語に訳したら、必ず「ろうそくがついたぜ」と補足しなければならない。「消える」という表現も「ろうそくが消える」となる。中国人にとって叙述する場面をはっきり理解するために不可欠な主語であっても、それが日本語のセンテンスに加わったら、違和感を覚えるものになる。日本語では動詞だけあれば、相手が自分の伝えたいことがわかるのに対し、中国語では「だれがだれに何をする」という形がなければ、認知的なずれが起こる可能性が高く、動詞だけで交流できる場面もほとんどない。

まとめると、落語からわかる日本語と中国語の言語的な区別が二つの分野にある。直接的な感情移入ということと、情報提供が短い時間で行われるという点だ。

二、メディアの役割に対する提言

中日両国は奥深い歴史文化の淵源と広範な共通利益を有する隣国だ。両国の間には不幸な歴史があったが、その困難を乗り越えた末に、友好関係を再建して発展してきた。中日友好関係の発展は、双方に大きな利益をもたらすとともに、アジア地域ひいては世界の平和と発展に寄与している。

1962年、日本と中国との間で「日中総合貿易に関する覚書」が交わされ、経済交流が行われるようになった。1964年、日中双方の新聞記者交換に関する事項が取り決められた。その後の50年間、記者たちは取材活動に従事し、中日関係の発展に尽力してきた。両国のメディアは、中日両国が良い関係を築き、発展していくうえで、大きな貢献をしてきた。

ジャーナリストたちの活動は、日本の民主主義と平和主義、国際協調と善隣友好の外交政策を支えて来たといえよう。日中関係の文脈でも、相互理解と相互信頼を増強するという重要な役割を果たしてきた。

中日関係は現在、関係を改善させる上で、前に進まないと後退してしまうという重要な時期にあり、メディアの知恵と力が一層必要になっている。21世紀に入ると、マスコミの活動や人的交流の拡大もあり、中日間で行き交う情報も飛躍的に増大した。

『中日平和友好条約』締結25周年である2003年に、中日両国のマスコミ関係者が無錫に集まり、中日関係とニュース報道、経済協力とマスコミというテーマをめぐり交流した。さらに2016年には、中日両国の記者交換50周年を記念して、多くの記念活動が北京で開かれた。同年6月14日に、中日記者交換50周年記念書籍『風雨東京路』が出版され、中日の新聞交流における重要な歴史的資料となっている[5]。続いて10月25日には、第11回中日メディア関係者対話会議の報告パーティが東京で開催された[6]。双方は対話会議における成果と共通の認識を確認し、中日関係に関する客観的かつ積極的な声を伝え合い、中日関係の改善のために貢献ができるよう切に願った。中日両国の報道界がこれらのイベントを共催することには、重要な意義がある。中日両国は未来に向けて、共同で現実的、長期的な友好関係を確立すべきだ。

中国の報道界は、インターネットを使っての日本人に対する情報提供サービスを重視している。すでに、「新華網」、「人民網」を含めて4つ以上の全国的なニュース・メディアが日本語版を開設しており、そのウェブサイトに中国情勢、中日関係、経済協力、観光などの情報を載せている。

しかし、中日間の情報交流は依然として二つの巨大な挑戦に直面している。

一つは、中日間の相互理解がまだ十分ではないことである。中日両国は文化面で多くを共有しているが、同時に文化、習慣、特に前述した言語的認知における大きな相違がある。両国の国民がほとんど同じ文字を使用し、歴史的な絆も保有しているため、両国がその間の交流を順調に進めたいという決意さえあれば、十分に可能であると考える人がいるかもしれない。だが、実際には、日本人が中国について受け取る情報と、中国人が日本について受け取る情報との間には、齟齬も存在している。一つのことばに対する理解のような細かい点や、相手の国民性の認識のようなマクロな点についても、双方ともにずれがあるようだ。そのため、メディアは両国の国民が相手国を知るための重要な情報源として、大きな責任を担っている。

もう一つは、断片的な情報を基にした極端な意見が、特にインターネットの場で多く現れていることだ。21世紀の今日、インターネットは大きな変化をもたらしてきた。地域と時間の障害を打破し、一人一人の関わり合いをより緊密にし、国際交流をこれまで以上に容易で有効なものに変え、人々の生活に豊富な色彩を添えたことは確かな事実だ。

このような激動の時代に存在する中日関係が、マスコミによって大きな影響を受けるのは当然である。中日両国の国民は、お互いに相手側の国情と発展に大いに関心を寄せ、インターネット上に現れる中日関係の動きを見守っている。しかし、インターネット等を通じて断片的な情報は多く行き交っていても、それを総合し、相手を全体として正しく理解することについては、十分に行き届いていない面がある。

この二つの挑戦に対処するため、以下の諸点を提言したい。

まず、情報提供のあり方についてだ。具体的には、中日両国のメディアは自国で起こった事件を報道する際に、相手側の言語習慣に基づいて必要に応じて、適宜表現を変えなければならないということだ。以下では、中国側について簡単に考察する。

政治的な動きを報じる時、中国のメディアの報道には難解な言葉を使用し、専門用語が多く見られるという傾向がある。政治的な動きは自国民と関わるだけではなく、他国にも緊密な関係がある。中国の一般民衆にとって理解しにくい言葉であるならば、他国の国民にとってはなおさら理解しにくいのではないだろうか。報道内容が判りにくい言葉で、しかも長いセンテンスで伝えられると、感情移入しやすい日本人にとっては、報道内容が自分にどのような関係があるのか分かりにくくなる。報道内容と自分の生活に関係なさそうなことに、興味を持つ人は数少ないから、そのような報道では日本人の読者の関心を引くことができなくなる。

例えば、先般、中国共産党第19回全国代表大会が開催された。中国の政策の動きは隣国だけでなく、地域の多くの国々と深く関係しているため、今回の党大会はこれら諸国にとっても大きな関心事だろう。しかし、人民網の日本語版の党大会について紹介された部分は、おおむね難解な漢字で書かれたものだった。「社会主義」、「理論武装」などの専門用語の意味は、その漢字から読み取れるものと完全に異なることもある。

このような場合に、中国語の漢字から日本語の漢字への翻訳だけでは不十分であり、親しみを感じさせる言葉で解釈する必要がある。日本の民衆が親しみを感じるなら、中国の国情への理解を深め、両国の友好関係がうまくいくようになるだろう。当然のこととして、相手側のニュースを転載する際にも、相手側の言語習慣を理解し、尊重した上で、ニュースの本来の内容を基本的に変えないという前提のもとに、自国民の言語習慣によって適宜、表現を変えるべきだ。

次に、マスコミの誘導的役割について述べる。インターネットが普及するにつれて、一人一人の国民は自らの意見を表現し、他国の人々の意見を理解することもしやすくなった。しかし、国々の表現習慣が異なっているため、お互いの理解には大きなずれが起り、不快感を生む場合もある。特に中日の外交政策や歴史問題に関することを議論している時には、ずれが生じやすい。日本の国民がいつも通りに簡潔な表現で強い気持ちを表している言葉が、客観的に分析するのが好きな中国人には、異常に感情的な表現だと受け取られ、自らも感情的な言葉で言い返すことがある。双方が完全に異なった視点で考えるため、激しい議論が結局、言い争いに発展してしまい、相手の本当の意志を理解できなくなってしまう。こうしたケースはよくあることではないが、いったん起こってしまうと、中日の国民に対してかなり悪い影響を与えることになる。

メディアは両国の国民を誘導し、真剣に議論できる場を構築しなければならない。いま世論が盛り上がっている話題について、両国のマスコミは双方の見解を尊重しながら、相手側の国民の考え方を客観的に、しかも正確に自らの国民に伝える責任がある。例えば、「中国人は、今の日中関係をどう考えているのか」について、北京を訪問し、現地の人たちに直接インタビューを行うマスコミ関係者がいる。取材対応者の答えをそのまま番組で放送し、両国の国民の交流に貢献している。これこそがメディアがなすべきことだと思う。

これまでの歴史の中で、中日両国のマスコミは中日友好の発展に大きな貢献をしており、中日友好関係の成果が出るまで道のりは平坦ではなかった。したがってニュース報道においても、できるだけ中日友好を促進する報道を心がけるべきであろう。

参考文献

「三遊亭円生」ビクター伝統文化振興財団、1964年
「志の輔らくご」株式会社現音舎、1998年
梁爽『日本語話者と中国語話者の真の総合理解を目指した認知言語学的研究』学苑出版社、2012年
「柳家小三治、柳家小三治独演会」落語名人会、1992年
人民網日本語版サイト　http://j.people.com.cn/

1　梁爽『日本語話者と中国語話者の真の総合理解を目指した認知言語学的研究』学苑出版社、2012年、p.4
2　「柳家小三治独演会」落語名人会、1992年
3　「志の輔らくご」株式会社現音舎、1998年
4　「三遊亭円生」ビクター伝統文化振興財団、1964年
5　人民網日本語版　http://j.people.com.cn/n3/2016/0616/c94689-9073168.html
6　人民網日本語版　http://j.people.com.cn/n3/2016/1027/c94473-9133634.html

優秀賞

在中国日系企業における
現場改善活動に関する一考察

明治大学経営学部4年
張嘉琳

はじめに

近年、日本の国内市場は縮小傾向が顕著であり、中・長期的に大きな伸びは期待しにくく、海外展開による収益拡大・経営基盤強化が必要とされる。これまでアジア諸国、特に中国市場への進出を果たした日本企業は数多く存在する。中国市場に多くの日本企業が進出する最大の理由は、労働力をはじめとする安価な生産手段の存在にあった。現在、中国は世界最大の人口を抱え、国内総生産（GDP）世界第1位のアメリカに次いで第2位へと急速な経済成長を遂げている。ただし近年、人件費の高騰が発生する中、安価な生産手段の確保は難しくなっており、そうした面の優位性は失われつつある。

では、中国に進出する日系企業で成功するためには何が重要なのか。企業経営のスタイルは、自国の文化的特徴を基盤に決定される。そのため中国に進出するには、日本文化と中国文化との違いを理解した上で、文化的特徴に適合した経営方式を進めることが重要となる。

本論文の目的は、日本的経営システムの一部である改善活動が、在中国日系企業でどのように導入され、機能し、効果をもたらしているのか、その実態を明らかにするものである。本論文の目的を達成するために、在中国日系企業である上海花王有限公司、日中合弁企業である海信日立空調系統有限公司の2社を研究対象とし、実際に現場に足を運んで各企業の従業員に対するインタビューを行い、また社内資料に基づく分析を進めた。

一、先行研究

1-1 改善活動の定義・意義

初めに改善活動とはどういったものなのか、ここでは改善活動の定義・意義について先行研究を交えながら述べていきたい。

①改善活動の定義

まず先行研究から「改善活動」の定義を述べていく。遠藤功（2004）は、改善活動について「自主的に業務のあり方を考え、課題を発見し、解決を導き出す活動」と定義している。目先の業務だけにとどまることなく、部門を横断し、全社的な課題に対する取り組みも含む奥の深い活動である。現場従業員一人一人の自主性を重視し、全社的に取り組む活動だということが分かる。

またOJTソリューションズ（2014）には「全員参加で徹底的に無駄を省き、生産効率を上げるために取り組む活動」と定義されており、これが日本の製造業の強さの源泉であると強調している。また李捷生（2015）では、改善活動とは「現状の延長線上で、できるだけ金（かね）をかけずに、小さなことからコツコツと努力して、優良な状態にしていくこと」と規定されている。ここでは小さな問題からの取り組みと、小さな活動一つ一つの積み重ねが重要であることが分かる。

以上から改善活動は3つの要素に分けられると考えた。

a）「小さな活動の積み重ね」であること。現場では、目先の活動で問題意識を持ち、それを解決していくために、日々コツコツと積み重ねていくことが、結果として大きな成果につながるということである。

b）「全員参加」であること。改善活動は全社的な取り組みをしてこそ、従業員の意識変革を促すことができる。また全員で取り組むことにより、最短のスピードで改善による成果が出やすくなる。

c）「無駄を省き、生産効率を上げる」こと。常日頃から無駄と感じる活動をどう処理すれば効率化に繋がるのかを考えることが、改善活動における根本である。

以上の3つの要素を踏まえ、ここでは、改善活動とは「生産効率向上のため、組織全体で小さな課題を発見し、一つ一つ解決していく活動」と定義した。

②改善活動の意義

次に改善活動の意義について述べていきたい。改善活動には2つの意義がある。

1つは、現場作業に従事する人間にしか認識できない課題、問題点の抽出である。管理者層の従業員は企業の経営方針や戦略に従って日々の業務に従事している。しかし現場作業員にしか認識できない課題・問題点があり、それを抽出して解決策を出し、日々優良な状態に持っていくことで、生産活動の向上につながるのだ。

2つは、末端従業員である現場作業員の企業経営への「参画意識」、「協働意識」の醸成である。この点にこそ、日本的経営システムの一つとしての改善活動の存在価値があるように感じられる。それら末端の現場作業員の中から企業への参画に目覚め、高い意識を持った、現場を知る作業員が次代を担う管理者層として育っていくのだ。

1-2　日本企業における経営上の諸特質

日本的経営システムの基本的なスタンスは、安定的な労働市場環境の下で十二分な教育システムによって、長期的に人材を育成していく点にある。具体的には、内部昇進制度や評価制度、改善、QCサークルが挙げられる。このようなシステムの根底にあるものは何か。制度的側面と文化的・心理的側面の2つの面から見ていく。

まず制度的側面として「長期雇用」が特徴として挙げられる。日本企業で働く社員の大半は終身雇用、長期雇用という人事制度の中で、就職してから長い期間、1つの会社で働き続けてきた。平成25年度版の厚生労働省による労働経済の分析によると、日本では10年以上同じ会社で働く人の割合が5割を占め、3年未満の労働者は1割にも達していない。また、平成25年度の雇用動向調査によると、製造業における離職率が10.6%と他国に比べ低い数値となっており、長期雇用の慣行が存在する社会と言えるだろう。また企業側も企業組織の中に長期的に時間をかけ人材を育成する仕組みを作り上げた。そして、企業別組合を通して労使双方が協調する形で、企業の成長と従業員の雇用の安定、労働条件の維持を両立させるものとして受け入れられ、定着していくことにより、日本企業の成長、つまり日本経済の発展を支えてきたと考えられている。

文化的・心理的側面においては「集団主義」と「几帳面」の2つの特徴が挙げられる。島国で生まれ育った日本人の集団主義的志向や、伝統的な「ムラ」における閉鎖的・排他的な人間関係、「イエ」制度の下における家父長的・恩情的な人間関係が基盤となっている。これらの文化的・心理的側面の諸特質に関する優位性が強調され、個々の従業員の企業に対する忠誠心は日本企業の強みとして高く評価された。

日本的経営システムは、このような制度的側面や文化的・心理的側面に根ざして生み出されたものである。

1-3 中国企業における経営上の諸特質

中国企業の経営上の特質として、賃金形態は教育や業績や能力によってその水準が決められる成果主義が一般的であること、労働市場が短期的、流動的であること、日本と比べ教育期間の確保が困難なこと、人材の定着が難しいことが挙げられる。このような特質を生み出した中国の文化、国民性について大きく3つのキーワードを挙げる。

1つは、中国は離職率が高い「転職社会」であるということだ。中国では、継続して同じ職場で働く期間が短く、よりよい待遇を求め、キャリアアップのために転職を繰り返していくのが一般的である。平成25年度の厚生労働省における雇用動向調査において、日中の製造業の離職率を見ると、上述した通り、日本が10.6％であったのに対して、平成25年度の中国給与調査報告によると、中国は22.29％であり、日本の2倍以上の離職率となっている。

2つは、「個人主義」であるということだ。その特徴は政府や会社組織を信頼せず、自分の身は自分で守るのが習慣であること、個人を基本に様々なコミュニティを通じて生活していることだ。仕事においても、自分の決められた任務を他人と協力して成功させるのではなく、個々の力を重視して成功させようとする意識が強い。

3つは、「大胆な性格」の傾向が見られることだ。長期的な結果を求めてコツコツ小さなことを積み重ねるよりも、すぐ見える結果を求めて大きな問題に取り組むことを好む傾向がある。

1-4 仮説

改善活動は、第2節で記した、「長期雇用」・「集団主義」・「几帳面」という日本企業における経営上の諸特質を基に根付いた経営システムである。一方で、中国企業における経営上の諸特質は、第3節で記したように「転職社会」・「個人主義」・「大胆な性格」であり、日本のそれとは相反する。改善活動は「生産効率向上のため、組織全体で小さな課題を発見し、一つ一つ解決していく活動」であり、中国側の経営上の特質がこうした活動に向いているとは言い難い。そこで「在中国日系企業では、改善活動はうまく機能していないのではないか？」という1つの仮説を立てた。
この仮説の妥当性を調査するため、実際に中国に足を運んだ。

二、実証研究

中国に進出している日系企業で、改善活動がどのように導入され、機能しているのか、さらにどのような効果があるのか、その実態を調査するため、在中国日系企業を訪問調査した。訪問先は、海信日立空調系統有限公司と上海花王有限公司の2社である。研究方法としては、企業の方から説明を受けた後、実際の現場となる工場を見学した。そしてその後、副社長や各部門の部長・副部長といった管理職や、現場の労働者へのインタビューを行った。

本章は、そのインタビュー内容と社内資料の情報に基づくものである。第1節では各企業の概要を述べ、続いて第2節、第3節で両社が実際に取り組んでいる改善活動の内容について検証していく。そして第2節、第3節を踏まえて、第4節では両社の改善活動の内容を比較する。

2-1　企業概要

訪問調査1社目である海信日立空調系統有限公司（以下ハイセンス社）は、中国山東省青島市に2003年1月設立された。海信集団有限公司と株式会社日立製作所との合弁会社であり、経営面では海信集団有限公司の方式を、技術面では株式会社日立製作所の方式を取り入れている。資本金は2億元で、主に業務用の空調システムを製造している。

訪問調査2社目である上海花王有限公司（以下上海花王社）は、中国上海市に1993年1月設立された花王株式会社のグループ会社である。資本金は7800万ドルで、ビューティーケア事業やヒューマンヘルスケア事業、ファブリック＆ホームケア事業、ケミカル事業の4つの分野にわたる事業を展開している。

2-2　ハイセンス社の改善活動

ハイセンス社の改善活動に関して、ここでは①改善新聞と②改善提案の2点を取り上げる。さらにこれらの活動を促進するため、従業員に対してどのように動機づけを行っているのか、その方法を③で取り上げる。

①改善新聞

ハイセンス社が行っている改善活動の具体例として「改善新聞」が挙げられる。「改善新聞」は、問題を発見、または改善に関するアイデアを思い付いた作業員がその内容を書き込んだ紙片であり、工場内部の班ごとの掲示板に張り出される。書き込まれた「改善新聞」は、管理層である技術者が集計し、問題の等級別に等級の低いものからＤ・Ｃ・Ｂ・Ａ・Ｓの5段階に分類される。

最も低い等級のＤは、現場作業員本人で解決可能な問題であり、部品や道具の配達に関するものがこれに該当する。Ｃは班長レベルで解決可能な問題であり、工具の調整に関するものがこれに該当する。Ｂは係長レベルで解決可能な問題であり、生産プロセスの調整に関するものが該当する。Ａは部門長レベルが解決可能な問題であり、生産プロセスの調整、生産ラインの自動化等に関するものが該当する。そして最も高い等級のＳは経営者レベルが解決可能な問題であり、企業統治に関するものが該当する。

これまで提出された件数は1,209件にのぼり、このうちＤに分類されるものが489件、Ｃが514件と、8割以上はＤとＣに分類されるものであった。この「改善新聞」を作業員なら誰でも見ることのできる掲示板に張ることによって、書き込まれた問題や改善のアイデアを従業員全体で共有することが可能となる。

②改善提案

ハイセンス社では、改善活動の手段として改善提案が行われていた。その方法は、作業員が自らの仕事を通して問題を見つけ、どのように解決できたかを所定の紙に記入して班長に提出するものである。①で挙げた「改善新聞」は、問題の発見時、つまり解決前に記入するのに対して、この改善提案は、問題を解決することができた後に記入して提出する。また、工場長や技術者、部門長からなる改善評価委員会の会議が週に1回行われ、提出された改善提案から優秀提案を選出している。

改善提案は、従業員1人につき毎月1件以上提出するよう推奨されている。ハイセンス社では2009年から改善提案制度が導入された。当初は数百件にとどまっていたが、現在では7,000件から8,000件にものぼる提案が提出されている。ここ数年の提出件数はさほど変わらず、むしろ少なくなったが、優秀提案の数は増えている。提出される改善提案の質は向上している。

③動機づけ

「改善新聞」と「改善提案」は、どちらも現場において現場作業員を中心に行われている改善活動である。さらにそれらは管理層によって制度化されているが、強制力はなく現場作業員の自主性を重視している。現場作業員全員に改善活動に参加してもらい、さらに彼らの自主性を引き出すため、ハイセンス社では報奨制度も導入されていた。

報奨制度の具体的な例として、現場での改善を点数化した「ポイント制」がある。例えば、「改善新聞」に1件記入すると1ポイント、改善提案を1件提案すると2ポイント、さらに週の優秀提案に選ばれると10ポイントというように、改善活動への取り組みによってポイントが与えられる。このポイントを貯めると景品と交換することができる。これまでの全従業員の合計ポイントは46,264ポイントに達しており、約5万元のコストを削減する効果を上げている。

実際に工場で働いている現場労働者に対して、改善活動に参加している理由を尋ねたところ、「報奨がある」、「自分自身のイノベーション能力を高めることができる」といった回答を得た。

このようにハイセンス社では、報奨制度を用いて、現場作業員が改善活動に参加するための動機づけを行っており、コスト削減や現場作業員の能力向上といった改善活動による効果も表れているといえる。

2-3　上海花王社の改善活動

次に、上海花王社の改善活動に関して、①で改善提案、②でQCサークルの2点を取り上げる。さらにこれらの活動を促進するため、従業員に対してどのように動機づけを行っているのか、その方法を③で取り上げる。

①改善提案

上海花王社で行われている改善提案は、品質・安全・生産性・コストに関するもので、正社員は年間1人当たり4件提出するよう指導され、派遣社員も提出している事例がある。また、2010年は279件であった提出件数が、2013年には1170件と急激に増えた。その後も2014年に1297件、2015年には1266件と高水準を維持している。

提出件数の増加の背景としては、改善提案が行われるサイクルが確立されたことが挙げられる。そのサイクルとは、月2回、従業員から提出された改善提案を集計し、毎月1回の推進会議で提出案の採用や不採用を話し合い、報奨という形で従業員にフィードバックする流れである。

かつては改善提案箱を設置し、改善提案をそこに提出するという制度を実施したこともあった。しかし、提出した従業員に対するフィードバックがきちんと行われず、うまく機能せずに終わってしまった。

以上のことから上海花王社の改善提案において、活性化の鍵を握っているのはフィードバックであるということが指摘できる。

②QCサークル

上海花王社では、改善活動の手段として改善提案と並んでQCサークルにも力を入れていた。その理由としてQCサークルは、コミュニケーションによって価値観を共有できる場であること、品質管理による顧客の信頼の獲得に繋がること、現場を支える主体性を育てる基盤となることの3点が挙げられる。

花王中国のSMC本部本部長の安井氏は、「自分たちで考え、改善していくことが大切であり、改善活動の基本はコミュニケーションの活性化である」と述べていた。このQCサークルは、コミュニケーションを活性化させる場となるのだ。

また、安井氏からは中国のモノづくりの基盤はリーダーが中心になっているという話も聞くことが出来た。そのリーダー中心の基盤を生かして、まずリーダーが提案した規律を徹底することで、それを標準化する。次に、QCサークルという小集団活動を通じて、問題が発生した現場に行き、現実を確かめ、その上で「なぜ」を繰り返しながら問題の原因を追究し解決する。

この改善の積み重ねによって、従業員一人一人が自ら考え気づくことのできる主体性が育てられる。この流れの中で従業員は、リーダー中心の環境の下で与えられた仕事をこなす受動的な姿勢から、自ら問題を発見し解決できる能動的な姿勢へと成長することができる。つまり、上海花王社において、この自主性を重視した問題発見力と問題解決力を育てる場が、QCサークルなのだ。

このように上海花王社では、QCサークルを通して、従業員同士の場を共有したコミュニケーションが行われ、従業員の自主性が育てられていた。

③動機づけ

花王中国のSMC本部工場長の顧氏から、「QCで大切なのは(P)PDCA(A)すなわちPrepare Plan Do Check Action Achievementである」という指摘が得られた。PDCAサイクルとは、アメリカの物理学者エドワーズ・デミング博士らによって提唱された、業務を効率よく円滑に進めるための取り組みのプロセスを言う。また、上海花王社独自のPPDCAAにおいて、Planの前に付け足されたPrepareとは、「失敗を反映させる活動」、つまり、現場の知恵・経験知を盛り込むことであり、Actionの後に付け足されたAchievementとは「フィードバック」、つまり報奨を意味する。このように、上海花王社では、一般的なPDCAサイクルにPrepareとAchievementを付け足した独自のサイクルを作り出し、活動を進めていた。

また、上海花王社では、「小さな改善を積み重ねていく上で重要視しているのは、PPDCAAのAchievementである」と顧氏が述べた。

改善活動に対する報奨制度として、報酬と表彰の2つの形式が導入されていた。報酬としては、優秀または推奨と評価された改善提案を提出すると、年に1度のボーナスに反映され、さらに次年度のベース給にも影響する。また、優秀者には定期券や花王社の商品等の景品を用意している。

表彰としては、上海花王社の社内には、改善活動での優秀提案者について、取り組んだ内容と氏名が書かれた賞状が至る所で掲載されており、ある従業員は「自分の名前が載った賞状が掲示されるように頑張りたい」と意気込んでいた。

以上のように、上海花王社での改善活動では、取り組んだ改善活動に対して、報奨という形できちんとフィードバックが行われることにより、管理職と従業員の意思疎通が行われ、従業員の改善活動に対する動機づけにつながっていた。また改善活動によって、生産効率を上げるだけでなく、従業員の主体性も育てられていた。こうした点も改善活動を継続させる上で大きな効果を与えている。

2-4　比較

では、ハイセンス社と上海花王社への実地調査をもとに、両社を比較し、検証していく。2社共に様々な取り組みを通して改善活動を効果的に機能させていたが、まず共通点として、2社とも「場の共有」を大切にしているという点が挙げられる。

ハイセンス社の「改善新聞」の例のように、日々現場で見つけた問題点を共有することで、一人一人が問題に取り組んだ成果が目に見え、組織として取り組もうという風土が醸成される。一方、上海花王社では、QCサークルを通して従業員同士のコミュニケーションが進むと同時に、自主性を重視した問題発見力と問題解決力が育てられていた。このように場を共有することで、現場従業員が現場で常に改善意識を持って作業に取り組む効果がもたらされている。

次に、2社とも改善活動において「従業員の自主性」を大切にしている点が挙げられる。ハイセンス社では、作業員自らが書き込む「改善新聞」があったし、作業員が自ら見つけて解決できた問題について、所定の紙に記入して班長に提出する改善提案も、作業員主体の取り組みと言うことが出来る。また上海花王社では、作業員主体の改善提案に加えて、その主体性を育てるQCサークルにも力を入れていた。このように2社ともに、従業員の主体性に重きを置いた活動が主となっている。

最後に、2社とも報奨制度として取り入れた動機づけに非常に力を入れていた点を指摘できる。良い提案・発表に対しては必ず見返りとして報酬・表彰が行われ、誰にも平等な機会が与えられ、それがモチベーションの向上につながっている。キャリアアップを重視する中国では、自分の活動一つ一つが平等に評価される制度に上手く順応していることが伺える。当初は報酬・表彰を目標に活動していた従業員も、日々の積み重ねにより、次第に改善活動に意義を感じ始めて、より積極的に取り組んでいく。さらにそれを積み重ねて従業員個人の成長に繋げると共に、一つ一つの改善の取り組みの質も上がっていくのだ。

このような様々な制度化された取り組みが、改善活動を単に形式的なものにとどめず、継続的な活動へと繋げていた。管理職によって設定された目標に従業員が積極的に取り組み、その従業員の取り組みを管理職がきちんと評価するという、トップダウンとボトムアップの双方が備わった改善活動が行われていたのである。

終わりに

今回の実証研究を通じて、対象となった在中国日系企業における改善活動はうまく機能し、効果を上げていることが明らかとなった。また、中国の国民性の特徴を踏まえた上で導入されていたことも分かった。

先行研究で見てきていたように、日本と比較すると、中国には集団への帰属意識が薄い国民性があり、労働市場の流動性が高い特徴がある。改善活動とは「生産効率向上のため、組織全体で小さな課題を発見し、一つ一つ解決していく活動」である。上記の特徴がある中国において、改善活動がうまく機能し、効果を上げるためには、いかに多くの従業員に活動に参加してもらい、「組織全体」で改善に取り組むためにどのような動機づけを行うか、という点が重要になると考える。

今回訪問調査をした2社では、場を共有するための制度を通じて従業員に改善意識を持たせ、さらにそれぞれ独自の報奨制度を用いることで従業員の改善活動に対する動機づけとしていた。自らの改善活動に対して、その取り組み方や成果に応じた報奨を与えられることで、改善活動への意欲がさらに高まり、次の取り組みに繋がっていく。この繰り返しによって従業員個人の成長にもつながり、改善活動が質の向上を伴いながら継続されていく。つまり、報奨制度は、企業が「組織全体」で改善活動に取り組むための潤滑油の役割を担っているのだ。

日本では、企業に対する帰属意識をベースに改善活動が効果的に機能している。その基盤が充分に確立されていない在中国日系企業では、制度を用いることでそれを補い、従業員の自主性を育て、国や文化の壁を超えて、日本的手法である改善活動を機能させ、効果を上げていることが分かった。

企業の最大の目的は、「利益の追求」であり、生産効率の向上、すなわちコストの削減は改善活動で得られる効果の1つである。つまり、改善活動は企業の利益・成長にも繋がる企業活動だといえる。現場を中心に行われ、従業員の主体性で支えられた改善活動は、発見、解決する一つ一つの問題や、得られる効果は地道なものである。しかし、常に問題を発見して改善を繰り返すことによって、生産性が高まり企業の利益に繋がるだけでなく、従業員の成長にも繋がり強い現場がつくられる効果も得ることができる。改善活動こそが現場力の源泉であり、企業の競争力を支える基盤なのだ。

中国市場へ進出した日系企業の優位性が急速に失われつつある現在だからこそ、中国における日系企業は、改善活動を通して現場を育て、企業の競争力を鍛えていくことが、失われた優位性を取り戻すため、さらに重要となるのではないだろうかと考える。

参考文献

遠藤功『現場力を鍛える「強い現場を」つくる7つの条件』東洋経済新報社、2004年
(株) OJTソリューションズ『トヨタの問題解決』中経出版、2014年
任暁駟『チャイニーズドリームー中国が描く青写真』日本僑報社、2015年
李捷生他編著『中国の現場から見る日系企業の人事労務管理』白桃書房、2015年

海野素央『アジア地域と日系企業～インド・中国進出を考える企業への提言～』同友館、2008年
村松潤一『中国における日系企業の経営』白桃書房、2012年
厚生労働省HP 平成25年度雇用動向調査結果 http://www.mhlw.go.jp/toukei/itiran/roudou/koyou/doukou/14-2/
2013年中国給与調査報告 http://tnc-cn.com/2633/
厚生労働省HP平成25年度版労働経済の分析 http://www.mhlw.go.jp/wp/hakusyo/roudou/13/dl/13-1-5_02.pdf

優秀賞

日本語を専門とする中国人学生の日本語学習動機と習得状況の関係

～蘭州理工大学と南京大学の比較を通して～

南京大学外国語学院博士課程前期2年

白宇

九州大学大学院地球社会統合科学府
博士課程前期1年

坂井華海

一、はじめに

中国では、「高考」と呼ばれる全国同時実施の試験一回きりで、自分の進学先が決定する。「高考」の点数で決まるのは、自分の行く「大学のレベル」、そして「専門」である。したがって思わしくない点数を取ってしまえば、大学も専門も全く希望通りにはならないこともある。

中国の大学は、総合大学、理工大学、外国語大学、農業大学、師範大学などからなっており、特に「221」や「985」と呼ばれる全国重点大学は、多くの中国人受験生の憧れである。人々の間では「一本（一流大学）」、「二本（二流大学）」、「三本（三流大学）」の言い方で大学のレベルが囁かれており、就職の際も“大学の名前”が少なからず影響するため、皆「一本（一流大学）」を目指して受験勉強に励むのである。

日本語学科は、外国語大学はもちろん、総合大学、農業大学、理工大学、師範大学などでも設置されており、基本的に中国全土どこにでも「日本語を専門とする中国人学生」は存在する。

本稿では、蘭州理工大学と南京大学という地理的条件だけでなく大学のレベルも全く異なる2つの大学を取り上げ、両大学の学生たちの日本語学習の動機と習得状況を概観し、考察を加える。

二、先行研究

本研究調査および本稿執筆にあたって、以下2つの先行研究を参照した（表1）。

王（2013）は、中国のH大学の日本語学科1年生を研究対象として、1年間の縦断的調査を実施した。その結果、同じ学習環境にいながらも、学習者が三つのパターンに分かれていることを明らかにした。

出願時から日本語学科を希望した「パターン1学習者」は、学習動機と学習行動が繋がっている。このため終始安定して日本語を勉強しており、「勤勉」という態度を見せている。一方日本語学科を希望していなかった「パターン2学習者」は、初めは自身が日本語専攻であることに対して抵抗感を抱いている。このため専攻を転向したい意思も強かったが、やがて日本語が自分の専門であることを受け入れ、日本語学習に専念する。「パターン3学習者」は、「パターン2学習者」同様、最初から日本語専攻であることに対して抵抗感を抱いており、最終的に専攻を替えている。

中国人日本語学習者の学習動機を説明する際には、「外発的動機」より「義務的動機」で説明する方がより相応しく、この動機付けは学習過程すべての段階でみられるという。

李（2015）は、学部入学当初は「強引動機付け」（「高考」の結果、やむを得ず日本語専攻にした学生）に属していた学生のうち、更に大学院でも引き続き日本語を専門としている学習者を対象にインタビュー調査を行い、日本語学習の動機付けのプロセスを考察した。学習者の動機付けプロセスを考察する際に、学習者が置かれている社会的文脈と学習者の個人要因を総合的に把握する必要があると指摘している。

表1　二つの先行研究

作者	対象	調査方法	結果
王俊	中国のある大学の日本語学科日本語専攻学習者15名	質的データの収集法（面接、記述式質問紙、観察法など）	同じ学習環境にいながらも、学習者が三つのパターンに分かれていることが明らかになった。
李冬梅	中国の大学院で引き続き、日本語の勉強につとめている学習者4名	質的ケーススタディ	学習者が置かれている社会的文脈と学習者の個人要因を総合的に把握する必要がある。

本研究では、学習者の「学習動機」と「学習状況」把握のための質問項目を検討するにあたって、王（2013）と李（2015）のアンケート調査の過程を参照した。

王（2013）の研究は、H大学の日本語科の学生を3つのパターンに分けて、学習者の学習動機と学習行動の変化を分析したが、蘭州理工大学では専攻転向という制度がないので、「パターン3学習者」はいない。無論、蘭州理工大学の日本語科にも、自分の意思で入学した学生が少なからずいるものの、多くの学生は自分の希望が叶わず日本語学科に配属されている。入学後は、自分の専門を受け入れるしかない。

李（2015）の調査結果によると、大学院で日本語学習を継続している学生4名が学部生の時、第一希望で日本語科に入ったわけではなかった。彼らが日本語学習を継続している理由を調査した結果、動機付けプロセスに影響を与えた個人要因として、入学前の学習経験、個人の性格、自己動機付けストラテジー、自信や達成感、自己効力感、日本語や日本文化などに対する興味などが挙げている。

三、研究の背景・動機

今回の調査で、蘭州理工大学と南京大学を対象とする理由は2つある。第一に2つの大学は、日本との地理的距離、大学のレベル、日本人留学生の数において全く条件が異なる。第二に2つの大学は、本稿執筆者の一人である白宇（以後「筆者・白宇」で統一）の出身学部（蘭州理工大学）と現在所属している大学院（南京大学）である。

3-1　筆者・白宇の場合

「高考」の点数が悪かったために、筆者・白宇は希望する学科に入ることができなかった。出願当時、経済、法律、会計などの専門を希望していたが、最終的には、蘭州理工大学の日本語学科に配属された。日本語学科に入学するにあたっては、当時（2012年9月入学）の世相も影響し、両親や友人は大反対だった。しかし筆者・白宇自身には、浪人する勇気もなかったため“仕方なく”、“とりあえず”大学に入学したのである。それまで日本人や日本語に触れる機会が全くなかった筆者・白宇にとっての“日本”は、戦争ドラマに登場する“日本人”がすべてであった。

入学後、日本人教師と出会い、日本語のおもしろさに惹かれ、日本語学習を"頑張ってみよう"と考えが変わった。学年で一番の成績も収めた。その後、日本語学習の意欲が増し、日本のアニメやドラマにも関心を持つようになり、毎日早朝から夜遅くまで日本語学習に取り組んだ。一年生と二年生の時は、日本人の先生と相互学習をした。三年生になると、日本人の先生の励ましで全中国日本語スピーチコンテストに参加し、優勝して日本へ行くチャンスをもらった。四年生の時、大学院に進むと決め、日本語の勉強を続けようと思い、迷うことなく今の南京大学日本語学科に入ることにした。

「無動機→外発的動機づけ→内発的動機づけ」というプロセスで、日本語を勉強する動機が変わっていったと大学院生になって初めて気づいたのである。執筆者・白宇は、所属する大学が変わった時、周囲の学生の日本語学習に対する意識に違いがあると感じた。また南京大学に来てからは、学部生たちのレベルも、将来の進路も、学習動機も、蘭州理工大学のそれらとはいかに違うか分かるようになった。

3-2 蘭州理工大学と南京大学

ここでは調査対象としている2つの大学（蘭州理工大学と南京大学）及び両校の日本語学科の概要を記す。

①蘭州理工大学

蘭州理工大学は、中国内陸部の甘粛省の省都・蘭州市に大学の本部を構えており、日本・東京からの距離はおよそ3,200㎞である。教育部、国家国防科技工業局および甘粛省人民政府によって作られた重点大学で、エネルギー、材料、動力工程などの理学・工学の分野で高く評価されている。日本語科は2000年に設置された。一学年の定員は60名で、全学年では240名前後の日本語学習者がいる。なお、大学院は設置されていない。

蘭州理工大学の日本語科は2つのクラスに分けて授業を行う。大学卒業までに、読む、聞く、話す、訳す、書くなどの日本語能力と一定の工学分野の知識を身につけさせることが教育の主目的である。卒業後、日本語を使用する機会のある仕事に就く学生はほとんどいない。中国の民間企業に就職するか、国家公務員になることを選ぶ学生が多い。

中国の一部の大学では、希望者が定員を上回った場合には、入試の点数が比較的低い受験者を他の専攻に配属させている。蘭州理工大学の日本語学科では、その80％が配属された日本語学習者である。転科可能であれば、日本語学科の学生がいなくなるので、そういう制度もない。退学するか、日本語の勉強をするかということになる。実際毎年、2～3名が退学していることが分かった。

②南京大学

一方南京大学は、中国沿海部の江蘇省・南京市に大学の本部を構えており、日本・東京からの距離はおよそ2000㎞である。教育部によって作られた総合大学で、中国言語文学、数学、物理、化学、生物などが全国で高く評価されている。日本語科は、1975年に設置された南京大学外国語学科日本語教習室がはじまりで、江蘇省で最も早く創設された日本語専門人材の育成基地だと言われている。1977年に全中国大学入学試験が再開された際、正式に日本語専門の学部生を受け入れるようになり、1994年には日本語専門の大学院も設置された。

南京大学の日本語学科は、毎年20名を募集し、4年間で日本語の知識と運用能力だけでなく、人文科学、科学技術、貿易などの専門知識の習得も目指している。また学生たちには夏季休暇中に、工場見学やインターンの機会も与えられる。全学年の日本語専門の学生数は80名前後であるが、この大半は3年の時に日本留学を経験する。卒業後、多くの学生は日系企業へ就職し、2～3名の学生は南京大学の大学院へ進学する。

四、研究調査

本調査は、蘭州理工大学と南京大学の日本語学習者の習得状況と学習動機付けの関係を明らかにするために、「关于中国日语专业学生的日语学习动机和学习情况的相关问卷调查」と題したアンケート調査を以下の要領で行った。

調査期間：2017年9月28日～2017年10月16日
調査対象：蘭州理工大学外国語学院1年生～4年生
　　　　　南京大学外国語学院日本語学科本科1年生～4年生
調査方法：中国語アンケートWordファイルを各学年の班長に配布し、各学年で10人前後の任意回答を求めた。
総回答者数：88名
有効回答数：87名（韓国からの留学生1名は本調査の分析の対象外とした。）

4-1 調査結果(1)（回答者情報）

ここでは有効回答数に基づいた表を示しながら、結果について考察する。

表2 回答者情報① 大学別、学年別、性別集計表

		回答者数	うち男性	うち女性
南京大学	学部1年	10	2	8
	学部2年	11	4	7
	学部3年	10	2	8
	学部4年	9	4	5
	合計	40	12	28
蘭州理工大学	学部1年	10	2	8
	学部2年	11	0	11
	学部3年	11	2	8
	学部4年	17	4	13
	合計	48	8	39

表3 回答者情報② 出身地別集計表

北方	黒竜江省	2
	吉林省	0
	遼寧省	1
	北京市	0
	天津市	0
	河北省	3
	河南省	1
	山東省	7
	山西省	1
	陝西省	2
	安徽省	4
南方	上海市	1
	江蘇省	11
	浙江省	2
	福建省	1
	広東省	2
	江西省	1
	湖北省	3
	湖南省	1
	広西チワン自治区	1
	海南省	0
	重慶市	1
	四川省	3
	貴州省	0
	雲南省	0
西北	内モンゴル自治区	0
	甘粛省	39
	新疆ウイグル自治区	0
	青海省	0
西南	チベット自治区	0

表4 回答者情報③ 日本語学習経験など

			日本語学習経験者	日本語に触れた経験	親賛成	親反対	どちらでもない
南京大学		40	11	32	21	6	13
	学部1年	10	6	10	8	0	2
	学部2年	11	4	10	7	1	3
	学部3年	10	1	7	4	2	4
	学部4年	9	0	5	2	3	4
蘭州理工大学		48	1	12	25	19	4
	学部1年	10	1	7	7	3	0
	学部2年	11	0	4	6	5	0
	学部3年	10	0	1	4	6	0
	学部4年	17	0	0	8	5	4

①学部1年生

蘭州理工大学日本語科1年生の10人のうち、親の賛成を得て日本語学科に進学したのは7人、反対されたのは3人であった。入学する前に日本語に触れた経験があるのは7人で、日本語を勉強したことがあるのは1人しかいない。

親から賛成してもらった7人の理由として、現在は中日交流が深まってい

る、日本の環境がいい、建築が素晴らしい、中国に近いなどを挙げている。反対された学生が理由に挙げていたのは、日本語が将来の就職に不利だと思っている、日本語について知らない、などだった。

そして日本語に触れたことがある7人の中には、日本のアニメと歌を通して日本語と接触していた者がいた。挙げられたアニメは「君の名は」や宮崎駿の作品などである。ある学生はアニメが好きで、将来は日本へ行きたいと思って、ネットで1年間先生に日本語を習った。親からも日本語の勉強を支えてもらっている。

南京大学日本語科1年生の調査では、日本語科に入ることに対して、10人のうち親から賛成してもらったのは8人、親に反対されている人はいなくて、どちらでもないと答えたのは2人だった。10人の全員が日本語に触れたことがあり、6人が入学する前に日本語を勉強したことがある。

賛成された理由には、南京大学が有名な大学である、日本語が将来の就職に有利である、子供の選択を尊重するなどがあった。どちらでもないと思う親は、親戚からの反対、日本や日本人へのイメージの悪さなどが理由だった。

触れたことがある人はほとんど、日本のドラマ、アニメ、映画、芸能人、小説などを通してだった。日本のドラマは「朝五時から夜九時まで」と「東京タラレバ女」、アニメは「ドラえもん」と「君の名は」、宮崎駿のアニメ、映画は「恋空」と「ビリギャル」、芸能人は山下智久、小説は東野圭吾の小説などが多く挙げられた。うち2人は、しばしば日本へ行って、ホームステイと日本人との交流事業で日本語を生かした。もう1人は化粧品を通して日本語に興味を持ったという。

入学する前に6人は日本語を勉強したことがあるが、その中の2人は中学校から日本語を学んでおり、既にN1も取ったという。残りの4人は入学する前に、アプリを利用して独学で半年ほど日本語を勉強したり、ネットで日本語の先生に習ったり、日本語教室に通って半年間、標準日本語というテキストを使って勉強したりしていた。

つまり南京大学の学生は外発的学習動機が非常に高い。積極的に日本語を前倒しで勉強しておけば、あとは困らないと考えているものと推測できる。蘭州理工大学の1年生も外発的動機が南京大学ほどではないが、親の態度と日本語の接触においてそんなに差はなく、まずまず高いと言えよう。ただし、入学する前に日本語を勉強するという点において、5人の差があるということが分かった。

②学部2年生

蘭州理工大学の学部2年生の対象数は11人で、そのうち6人は親から賛成してもらい、5人は反対された。そして、入学する前に日本語に触れたことがあると答えたのは4人であった。入学する前に日本語を勉強したのは1人もいなかった。

親が賛成している理由は、親が自分の意思を尊重してくれるからである。反対されたのは、将来就職に不利だと思っているからである。日本語に触れたことがあると答えた4人は全員、アニメを見ていた。

南京大学の2年生の対象数は11人で、親から賛成してもらったのは7人で、反対されたのは1人である。どちらでもないとの答えは3人だった。入学する前に、日本語に触れたのは10人で、日本語を勉強した人は4人であった。

親から賛成してもらっている理由は、日本語が就職に有利だ、将来自分を日本へ留学に行かせたい、自分が日本語に向いていると思っている、などだ。反対された1人は親から、南京へ日本語を勉強しに行くのはおかしい、日本語は専門とは言えない、勉強するなら日本語教室に行くのがよい、専門にする必要はないと言われたのである。どちらでもいいと思っている親は、子供に好きなことをさせたいと考えている。

日本語に触れた10人は日本のドラマやアニメ、映画を見たりしていた。1人は高校時代、学校にある日本語の授業を1回受けに行った。

日本語を勉強したことがある学生は、日本語が面白い、アニメが好き、大学受験の時に日本語の歌からパワーをもらった、芥川竜之介の作品に興味を持っている、日本へ留学に行きたいと思って、独学であるいは自分の学校にある日本語の授業を受けに行ったりした。

以上の分析から、蘭州理工大学と南京大学の違いの大きいことが分かった。まず、親の認識が違う。南京の場合、ほとんどの親は自分の子供の選択を尊重し、日本語の専門についてよくわかっていて、日本語が将来の就職にも有利だと考えている。それに対して蘭州の場合、両親は日本語についてあまり知らず、日本語は将来の仕事に不利だと思っている。そして入学する前に、南京大学では日本語と触れた学生が多いのに対して、蘭州理工大学は少なかった。外発的学習動機において南京大学は圧倒的に多いということが分かった。

③学部3年生

蘭州理工大学の3年生の対象数は10人で、親から賛成してもらったのは4人で、反対されたのは6人である。入学する前に日本語に触れたことがある学生は1人で、日本語を勉強したことがある人はいなかった。

親が反対する理由として最も多かったのは、日本語専門であることが就職の際に不利だと考えているということだった。賛成する理由は、子供の選択を尊重するというものである。日本語学習者はいなかった。日本語に触れたことがある1人の学生は、黒竜江省の出身で、小さい時からアニメが好きだったという。

南京大学の3年生の対象者も10人で、うち親から賛成されたのは4人、反対されたのは2人、どちらでもないのは4人だった。日本語に接触したのは7人で、日本語を勉強したことがあるのは1人であった。

南京大学の3年生の多くは、入学前に日本語と接触したことがあり、外発的動機が高いと見られる。そして日本のアニメに非常に興味を持っていた。

④学部4年生

蘭州理工大学の4年生の対象者は17人で、うち賛成されたのは8人、反対されたのは5人、どちらでもないのは4人であった。日本語と接触した学生は1人もいなかった。勉強したことがある学生も1人もいなかった。

南京大学の場合、4年生は賛成されたのは2人、反対されたのは3人、どちらでもいいのは4人である。日本語を勉強したことのある学生は1人もいなかった。

蘭州理工大学も南京大学も、入学する前に日本語を勉強した学生が1人もおらず、親から賛成されたのも少ない。当時は日本語に親の抵抗があったためとみられる。

4-2　調査結果⑵（日本語学習において難しいと感じている点）

2つの大学の日本語科の学生に、大学1年生のときに日本語の学習において何を難しいと感じたか、3つ回答してもらった。2年生、3年生、4年生の学生には、「入学当初に難しいと感じていた点」と「現在、難しいと感じている点」の両方を回答してもらった。順位付け回答にしなかったのは、今回の調査が量的な調査方法を使って全体的な各学年の特徴を把握したいからである。表5と表6は回答の集計結果である。

表5 日本語学習において難しいと感じている点（1年時）

		1位		2位		3位		4位		5位	
南京大学	全体	聴解	16	単語	15	会話	13	発音	11	文法	11
	学部1年	単語	5	発音	5	文法	3	会話	1	仮名	1
	学部2年	聴解	8	敬語	4	会話	3	発音	2	動詞	2
	学部3年	聴解	6	文法	5	会話	4	仮名	3	単語	3
	学部4年	会話	5	単語	4	敬語	3	発音、文法、聴解、動詞、仮名、授受関係	2		
蘭州理工大学	全体	文法	20	発音	20	聴解	18	単語	12	会話	11
	学部1年	発音	10	仮名	7	会話	2	漢字、単語、趣味のなさ	1		
	学部2年	文法	8	発音	5	会話	4	翻訳	3	聴解	2
	学部3年	文法	7	聴解	5	単語	4	会話	3	発音、動詞、翻訳、仮名	1
	学部4年	聴解	11	文法	10	単語	7	敬語	4	発音	4
全体		聴解	34	発音	31	文法	31	単語	27	会話	24

表6 日本語学習において難しいと感じている点（現在）

		1位		2位		3位		4位		5位	
南京大学	全体	会話	12	聴解	11	文法	8	単語、翻訳	7	作文	6
	学部2年	会話	6	聴解	4	翻訳	3	作文	2	敬語、文法、漢字	1
	学部3年	聴解	5	作文	4	単語	3	文法	3	会話	3
	学部4年	単語	4	文法	4	古典文法	4	会話、翻訳	3	敬語	3
蘭州理工大学	全体	文法	22	聴解	18	単語	9	会話	9	翻訳	9
	学部2年	文法	7	会話	4	聴解	3	単語、翻訳	2	作文	2
	学部3年	文法	6	聴解	3	会話	3	翻訳	3	敬語、動詞、授受関係	2
	学部4年	聴解	12	文法	9	単語	6	敬語	5	翻訳	4
全体		文法	30	聴解	29	会話	21	単語	16	翻訳	16

南京大学：1年生の学生が日本語学習で難しいと思ったランキングの1位は発音、単語で、それぞれ5人だった。3位は文法の3人である。2年生が大学1年生のとき、日本語が難しいと感じた点は、1位は聴解の8人で、2位は敬語の4人、3位は会話の3人である。3年生の1位は聴解の6人、2位は文法の5人で、会話が3位の4人だった。4年生の1位は会話の5人、2位は単語の4人で、3位は敬語の3人であった。

南京大学の2年生の日本語学習で難しいと思う点は、1年生と比べて、単語から聴解に変わった。そして敬語と会話も難しいと感じている。つまり1年生は日本語を勉強し始めたばかりで、会話と聴解、敬語に触れていなかった。3年生も聴解と会話が難しいと答えた。文法が難しいと言ったのは基本的な文法ではなく、日本語の文法が数え切れないほど多く、似たような文法の細かい違いが分からないからである。4年生も会話、単語、敬語である。1年生の頃は、自分の伝えたいことを伝えられなくて苦労したそうである。

蘭州理工大学：1年生の難しいと思う点は、1位が発音の10人、2位が仮名の7人、3位は会話の2人である。2年生は、文法が8人で、発音が5人、会話が4人だった。3年生は文法（7人）、聴解（5人）、単語（4人）である。4年生は聴解（11人）、文法（10人）、単語（7人）の順だった。

蘭州理工大学は全体的に見れば、文法を重視する傾向があるようだ。1年生と2年生は発音が難しいと思っている。回答によると、「な行」と「ら行」の発音の違いが分からないという。

全体的にまとめてみると、南京大学の全学年で難しいと思う点の順位は、聴解（16人）、単語（15人）、会話（13人）である。蘭州理工大学では、文法（20人）、発音（20人）、聴解（18人）となっている。どちらの学生も聴解が難しいと思っている。聴解の難点を克服する方法を身につけさせるのが課題になるだろう。

次に「現在、日本語学習において難しいと思う点」（2～4年生）の回答は以下の通りである。

南京大学：2年生の順位は会話（6人）、聴解（4人）、翻訳（3人）で、3年生は、聴解（5人）、作文（4人）、単語（3人）、4年生は、単語（4人）、文法（4人）、古典文法（4人）であった。

蘭州理工大学：2年生は、文法（7人）、会話（4人）、聴解（3人）で、3年生は文法（6人）、聴解（3人）、会話（3人）である。4年生は、聴解（12人）、文法（9人）、単語（6人）である。

やはり南京大学の2年生でも3年生でも聴解が難しいと思っている。4年生では、新しく古典文法が出ている。

蘭州理工大学の学生は2年生、3年生、4年生ともに、文法が難しいと思っている。そして日本語の学習が進むに従って、翻訳、古典文法、敬語などの難点が出てくるのが見られる。

4-3　調査結果(3)（有効だと感じている日本語学習方法）

蘭州理工大学の学生は全体的に、アニメドラマを見る（25人）、日本人との交流（18人）、読書（16人）、聴解の練習（10人）という方法が有効だと考えているのに対して、南京大学の学生はNHK聴解の練習（21人）、単語

（16人）、日本人との交流（14人）が有効だと答えている。

蘭州理工大学の学生はアニメやドラマを見ることを通して、日本語学習への関心を高めている。日本語の聞き取りを練習する、教科書を読む、というのもいい学習方法で、よく読んで覚えられるようになれば、自然に日本語の感性が高まるという。教科書の文章の録音を繰り返して聞けば、聴解の練習になる。それよりも日本人との交流がよい方法だが、交流しようにも学校に日本人留学生がいないという声があった。

南京大学の学生は聴解を練習するときは、1年生から4年生までNHKの聴解を通して、練習したほうがよいと回答している。そして全員、単語が一番大事だと考えている。自分の知らない単語が見つかれば、いつでもメモを取れるように小さなノートを用意している。日本人との交流では、自分が日本へ留学に行った際に、多くの日本人の友達を作り、帰国してもSNSを通じて連絡を取り合っている。

両大学の学生ともに、聞き取りと日本人との交流が大事だと感じているが、事情が全く異なる。実践の方法がちがうのだ。蘭州理工大学は、「もっと日本人と交流したい」と思っても、方法が分からないか、機会が極めて限られている。

五、中国日本語教育への示唆と今度の課題

蘭州理工大学と南京大学における全学年の日本語科生を対象とした調査を通して、両大学の様々な相違点と共通点が分かった。ここで強調したいのは、両大学の学生ともに「将来自分の専門＝日本語を活かしたい」と考えているということだ。こうした学生の「希望」に前途を見出すべく、本稿の結語に変えて、今回の調査で分析・考察したことを踏まえ、日本語教師・学校・日本語学習者に向けて、いくつかの提案を試みたい。とりわけ蘭州理工大学に向けて提案したい。

5-1 日本語教師への示唆

蘭州理工大学の学習者はほとんど「強引動機づけ」に属していたが、実はその具体像が異なっていた。社会的文脈に流されて受身的な「強引動機付け」を持っている日本語学習者もあれば、以前から日本語に強い興味を持っていた学生もいる。そのため、それぞれ学生の日本語との「関係」を把握して、状

況に応じて学習者の心理的活動を十分に把握することが重要だ。(李、2015)

日本語に全く関心のない学習者、あるいは日本語に触れたことがない学習者が、「日本語はおもしろい」と感じてもらうのは重要だろう。また聴解において、南京大学の学生の多数がNHK聴解練習方法を有効だと捉え、実践していることから、蘭州理工大学の学生たちにも日本語教師が紹介するのはどうだろうか。1年生をはじめとする、日本語学習方法が分からない学生に一つの方法として紹介することは有意義だろう。

また両大学の学生ともに、日本人との交流は重要だと考えているようだ。より多くの日本人との交流の場を設けることで、学生たちの学習意欲向上が期待できることから、日本語教師もこうした機会作りに積極的に関わることが望まれる。

5-2　学校への示唆

南京大学は日本の大学との交流プロジェクトが多く、期間の長短にかかわらず日本留学を通して、日本を知り、日本語が好きになったという学生が多い。蘭州理工大学には、そのような機会はない。コスト面や一定の日本語能力などのクリアすべき課題があり、容易に実現可能なことではない。だが学生たちの学習意欲の更なる向上のためにも、日本の大学との交流プロジェクトは、期待されるであろう。

また日本語科の学習者の親は、子どもが日本語を学習することに対して、(特に蘭州理工大学において) 反対するケースが多い。その理由として、日中関係が不安定で、将来の就職には不利だと考えているからである。学校は学習者が入学する時、保護者に対して、日中の間で友好交流が盛んに行われている実態や、日本語専攻の学生の就職状況についてそれなりのポジティブな情報提供を行うことが望ましい。親の賛同や応援は重要な「外発的動機」となる。

5-3　学習者への示唆

日本語学習において、興味や達成感、自己効力感は、継続的な日本語学習動機づけに多大な影響を与えると言えよう。従って学習者自ら積極的に、「新しい日本語」に触れることが望ましい。日本のアニメやドラマ、映画などの鑑賞を通して、自分の関心の切り口を見出すことは重要である。

そして自己効力感を高めるに、入学する前 (少なくとも配属決定後から入学までの期間) に、南京大学の学習者のように、インターネットやアプリなどの日本語学習ツールを使って独学することを勧めたい。入学後、授業についていけないことで、辞めたいという気持ちになる学生もいるようだ。さらに、日本語スピーチコンクールや日本語作文コンクールに参加することも勧めたい。他者から目に見える形で評価されることで、自己効力感も上がり、更に日本語学習意欲が向上するだろう。

最後に、積極的に自分からチャンスを掴むことだ。日本人との交流機会があったら、怖がらずに参加することだ。例えば蘭州でも、毎年日本から植林ボランティアが来ているので、その活動についての情報をネットで調べることから始めてはどうか。

5-4　今後の課題について

本稿執筆にあたっては、アンケート調査を行い、両大学の日本語科の学習者の全体状況を概観し考察した。しかし一人一人の特徴を細かく把握することは難しく、加えて「その時」、「その場で」という回想によるデータ収集が避けられなかった。次回は質的調査法を行って、具体的に両大学の成功例を抽出し、それぞれ分析と考察を加えて、今後の学習者の参考になるような研究に取り組みたい。

参考文献

王俊「学習動機と学習行動の変化―中国の大学の日本語専攻学習者を中心に―」華中科技大学、2013年
李冬梅「中国人日本語学習者の動機付けプロセスに関する事例研究」日本学研究二十四、北京外国語大学、2015年
高岸雅子「留学経験が日本語学習動機に及ぼす影響」日本学教育、日本語教育学会、2000年
守谷智美「第二言語教育における動機付けの研究動向―第二言語としての日本語の動機づけ研究を焦点として―」言語文化と日本語教育、2002年
浅野志津子「学習動機と学習の楽しさが生涯学習参加への積極性と持続性に及ぼす影響」発達心理学研究、2006年
王俊「中国人非専攻日本語学習者の学習動機の変化」日本学研究二十六、2016年
黎青“外语学习者个人动机变化研究”《青海师范大学学报》、2011年
彭晶、王婉莹“专业学生与非专业学生日语学生动机及学习效果研究”《清华大学教育研究》、2003年

優秀賞

北朝鮮核問題における アメリカの外交戦略と中国と日本の役割

～強制外交及び安心供与の視点から～

東京大学大学院総合文化研究科
博士課程後期4年
徐博晨

はじめに

2017年9月に連続して発生した北朝鮮による核実験及びミサイル発射は、日本列島を物理的、かつ心理的に大きく揺るがすとともに、米トランプ政権のここ半年の対北朝鮮政策の失敗を示すものとなった。もちろん、アメリカが北朝鮮に対して武力行使を含む最終手段に踏み出す可能性は完全に否定できない。しかし「戦争を回避するための外交」という意味で、現在の日本政府がうたっているシナリオの実現は難しくなった。「すべての選択肢はテーブルの上にある[1]」と見せて、相手が屈服するのを待つ強制外交は行き詰まり、これ以上は軍事手段に訴えるか、北朝鮮に「安心供与」しながら交渉を進めるか、どちらかを選ぶしかなくなった。

本論文は、これまでの北朝鮮核ミサイル開発を巡る国際情勢を解明しようとするものである。主に国際関係のゲーム理論を用いて、現段階におけるアメリカと日本側の要求と北朝鮮の反応を「強制外交[2]」の一環としてみなし、双方の主張及び行動原理を分析する。前述のように北朝鮮核問題におけるアメリカの外交戦略は、過去と比べても負の方向に向かっており、北朝鮮の核ミサイル開発を抑止するだけの効果が期待できないと考える。本稿はその事実を論理的に説明したうえで、戦争を回避するための交渉手段として「安心供与」の必要性を説く。

本来であれば、現在進行形の国際関係を理論的に分析するのは、難易度の高い試みと言わざるを得ない。十分な資料が公開されない中で、また未来予測も含めて結論を導き出さないといけないからである。また理論を用いて現状の解釈に努めることは、逆に言えば理論論争即ち学術の発展に対して、相対的に貢献度合いが弱いということになる。しかし、「国難」とも言える現在の北東アジア安全情勢を解明することは、国際関係の研究者として社会貢献できる無二の機会であり、当然の責任でもある。この論文を通じて、北朝鮮の核ミサイル開発を止め、北東アジアの安全保障情勢を改善させる道筋を提示し、更に日本と中国それぞれの役割を明確にし、両国が連携する意味及び可能性を模索したい。

一、トランプ政権の強制外交

トランプ大統領は就任以来、北朝鮮問題の解決に意欲を見せてきた。オバマ政権の北朝鮮政策が誤りだったとし、「戦略的忍耐は終わった[3]」と繰り返し強調した。しかし、実際の行動を見ると、トランプ政権の路線はオバマ政権のそれとさほど変わらなかった。オバマ政権は北朝鮮が2009年以前の状態、即ちブッシュ政権との合意を遵守し核開発を放棄しない限り、対話はしない方針であった。その方針はトランプ政権にもしっかりと継承されている。逆に言えば、前政権を批判した手前、そこからの退却は安易に許されない状況に陥っているともいえるであろう。

一方、世界に目を向ければ、前任者とは打って変わった政策に転じたケースもある。それは「シリアアサド政権へのミサイル攻撃」や「アフガンタリバンに対するMOAB（大規模爆風爆弾）の使用」などである。北朝鮮に対しても「複数の空母打撃群（戦闘群）の派遣」などで構成された武力の誇示や、「すべての選択肢はテーブルの上にある[4]」といった武力行使の示唆も前政権とは異なるやり方である。しかし北朝鮮はそれ以降もミサイル発射を中止しておらず、更に核実験まで断行した。

また北朝鮮は「アメリカが北朝鮮への敵対的な政策を維持する限り、核開発プログラムを交渉のテーブルに乗せることはない。アメリカが自国の領土は海を隔てて安全と信じることほど、大きな間違いはない[5]」「北朝鮮はアメリカとの実質的な均衡状態を確立し、国家の主権と生存権を守り、地域の平和と安全を守る力の強化に一層努める[6]」とも発言して、核ミサイル開発を中止ないし放棄する姿勢を見せていない。本稿はこの一連の流れを、アメリカによる強制外交の試み及び北朝鮮の反応と見なし、事態の抽象化を試みる。

トランプ政権の最終目的は言わずとも北朝鮮の核ミサイル開発の放棄であり、次善の目的として開発及び実験の凍結がある。そのために経済制裁というツールも使われたが、少なくともイラン核問題など過去の経験から、制裁が効果を発揮するまでに時間がかかる。また経済制裁が核拡散を阻止し得るか否かは、①安全保障要因（アメリカに安全保障上の多くを依存する国は、核開発でアメリカとの関係を損なうことを恐れる)、②国内政治要因（国際経済と深く結びついた政権は、経済的アジェンダが核開発に優先される)、③規範的要因（制裁によって力を得た核不拡散の国際規範を前に、核開発を検討する指導者は、合理的判断と深慮の結果として自制する）によって大きく左右される[7]。

一方アメリカのトランプ政権が今回用いたのは、武力衝突の危機を作り出し、北朝鮮または中国政府にそれを回避させるインセンティブを生み出して、自国に有利な行動をとらせる「威かくによる強制外交」であった。

国際関係の交渉における威かくは、あくまで外交的手段の一つでありながら、軍事行動即ち戦争を示唆し、場合によっては断行することもありうる意味で、他の外交手段とは一線を画している。一方、威かく外交におけるトランプの目標はあくまで北朝鮮の核放棄であり、相手の抹消ではないため、単純な戦争の下準備とも違っている。このプロセスをまとめると下図のようになるが、特に空母打撃群の派遣は明白に武力行使の示唆ともいえる。

同時に、トランプ政権が提出した要求は核ミサイル開発の放棄、最低でも関連実験の中止である。また日本の安倍政権がアメリカの行動を支持すると表明している[8]ことも、ここで言及しておきたい。もし北朝鮮が要求を受け入れれば、アメリカとその同盟国は戦わずして目的を達成できたが、実際には北朝鮮が要求を飲まなかったため、今度はアメリカが武力行使するか、現状を受け入れるかという選択を迫られつつある。

図1　強制外交におけるアメリカと北朝鮮の選択及びその結果

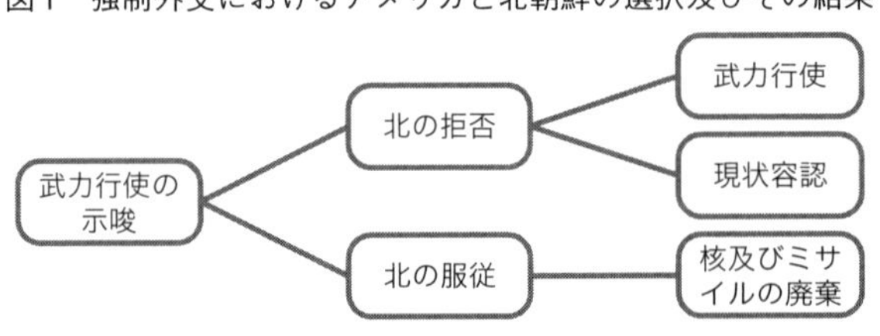

二、強制外交における米朝の選好

強制外交のみそは、双方にとって戦争は最善策ではないとの立場をとりつつも、その順番付けが不明確であるが故に、リスクをどこまで取るかという問題にある。今回の場合、北朝鮮にとって望ましい選択順位は非常に明瞭で、現状のままが最高の結果であり、一方武力行使されると現政権の崩壊及び国家そのものの消失につながるため、最悪の結果となる。核ミサイルの放棄はその意味で、両者の中間に位置するであろう。

一般的な強制外交において、軍事衝突には不確定要素が多く、戦闘の勝敗次第では双方の立場の逆転もあり得る。しかしアメリカおよびその同盟国と北朝鮮の軍事力は、同列に扱うことができるものではなく、戦争の勝敗も極めて明白である。よって、北朝鮮にとって好ましい選択順位は「現状維持＞服従＞武力行使」で確定されている。ゆえにアメリカによる武力攻撃の恐れがある場合、その威かくに服従し、核ミサイル開発を中止ないし放棄するインセンティブが実在するのである。

しかし北朝鮮の選択する条件及び結果に対する優先順位が非常に明瞭であるからこそ、今回の強制外交という方針を決めたのは、アメリカ側にとって望ましい選択順位である。北朝鮮が要求を呑んで核を放棄すれば、アメリカ政府は労せずしてその目標が達成できるため、これが一番好ましい結果になることは自明の理である。

だが北朝鮮が要求を拒否した場合、アメリカは自国の利益を詳細に検討しなければならなくなる。武力行使すれば10万人単位の死傷者が予想され、韓国の首都も大打撃を免れない可能性が大きいと考えられている[9]。更に北朝鮮政府が崩壊した後、1000万人単位で発生する難民をいかに処理し、あの国の戦後をどう再建させるかを考慮しなければならない。つまりアメリカにとって望ましい選択順位は「北の服従＞現状維持＞武力行使」になっている。さらに武力行使の結果を分解すると、アメリカは「北朝鮮問題の半永久的な解決」という利益と、人的被害や報復されるリスク、戦後再建の負担というコストを天秤にかけなければならない。

もし現状よりも武力行使の結果が好ましいとの結論に到達すれば、アメリカは北朝鮮が要求を受諾しない時に次善の策として開戦を選択できる。一方その逆の場合では、武力行使に踏み切れずに、北朝鮮の核開発を容認せざるを得ない。これを北朝鮮側の視点から見ると、5月と8月の米韓合同軍事演習、即ち北朝鮮に対する軍事作戦の条件が相対的に整い、その可能性が一番高かった時期に、アメリカにとって望ましい選択順位を見極めないといけなかったのである。

もしアメリカが本当に戦争をも辞さない決意があれば、北朝鮮政権はその破滅を免れるために、トランプ政権の要求を受け入れなければならなかった。一方、アメリカ側に戦争に踏み切るだけの条件が揃わなければ、北朝鮮はアメリカの要求を跳ね除けても戦争には至らず、「現状維持」つまり核ミサイル開発の継続という北朝鮮にとって最善の結果を期待できる。よってアメリカの威かくがブラフと判明すれば、北朝鮮はそれを無視する選択ができ、実際にもその流れが現実となったのである。

三、北朝鮮の現状認識と選択

前述した通り、アメリカの選択順のタイプ次第で北朝鮮は対応を変えなければならなかった。しかもその判断を誤れば、政権と国家の滅亡にもつながる重大な危機に直面していた。しかしながら北朝鮮がそれに対する判断材料を全く持たないままで、核開発に突き進んだとは考え難い。日本の世論で形成された「狂気の北」のイメージとは違い、本稿のモデルに基づいて観察すると、キム政権は情報を総合的に分析し、しっかりした戦略をもってアメリカの威かくに対応した事実がうかがえる。

ここで重要なのは、北朝鮮によるアメリカとの瀬戸際外交が、今回が初めてのものではなく、実に長年にわたって実践されてきたものだという事実である。特に冷戦が終結したことで、北朝鮮政権はソビエトの庇護という最大の安全保障を失い、それによって生じた生存の危機は今日に至るまで何ら変わらなかったのである。社会主義経済圏の崩壊による国内の困難も相まって、通常戦力において圧倒的に米韓同盟に劣る状態に陥った北朝鮮が、戦略兵器による報復と抑止の路線に転換し、さらに核弾頭とそれを搭載できるミサイル開発に踏み切ったことも、安全保障の観点からするとごく自然な選択といえよう。

その過程の中で、北朝鮮の核ミサイル開発または軍事的挑発を巡り、アメリカ軍ないし韓国軍と北朝鮮軍の間に緊迫した事態が幾度も発生した。しかし結論から言うと、アメリカの歴代大統領も武力行使には踏み切れなかった。アメリカ側が前述した武力行使のコストを検討した結果、北朝鮮への軍事行動は得策ではないと結論づけた。確固たる証拠がなくても、その推測を北朝鮮の政府関係者が持っていると考えても不思議ではない。しかもその間、北朝鮮は着実に中距離ミサイルを含めた戦略兵器の配備を進め、報復能力を充実させてきた。アメリカ本土に対しての打撃能力は未だ定かではないが、報復によって同盟国である韓国と日本が被る被害が、2000年前後よりも大きくなっていることは、米朝双方で一致した認識といえよう。

もちろん情勢の変化がすべて北朝鮮に有利であるわけではない。特に前述した核とミサイルの開発は、核搭載したICBMの完成という、アメリカにとって容認し難い状況に刻々と迫っている可能性もある。前述した図式における「現状維持」という選択肢はアメリカからすると、一層魅力的でなくなっていることも推測できる。となると、北朝鮮の核ミサイル開発は、いずれアメリカの軍事打撃を招く危険性があるのだ。

一方北朝鮮が近年、軍事的な挑発や過激な発言を繰り返してきたのは、戦略的にアメリカとその同盟国のボトムラインを探っていたものだと考えられる。つまり北朝鮮は意図的に危機的状況を作り出し、相手側に軍事行動のインセンティブがないことを確認しながら、核開発を進めてきたといえる。そうした経験を踏まえて、今回のトランプ政権の威かく外交が虚勢である可能性も高いと判断しているのではないか。

四、威かくを強化するシグナル

一方トランプ政権にとっても、今回の強制外交を成功させるために、北朝鮮に対してある程度の真剣さを見せなければなくなった。つまりアメリカの戦略的評価は過去と変わり、北朝鮮が要求を飲み込まなければ、武力行使を選択する用意が十分にあると示す必要が生じた。そうしない限り、強制外交による目標を達成できなかったのである。そこでトランプ政権とその同盟国が取った行動は、主に以下の三つに大別される。

まずは実際に「カールビンソン」を含めた空母打撃群を増派する[10]などして、北朝鮮に対する軍事的な圧力を増やすとともに、武力を行使しやすい状態を作り上げた。アメリカ戦力の「虎の子」である空母打撃群を派遣すること自体、多大の物質的及び人的資源を要する行為である。また間接的に他地域での戦力を弱める結果を招きかねないなど、アメリカにとっても無視できないコストが生じた。

もしアメリカが現状維持を選択すれば、この部分のコストは無駄になる。

その一方で、武力行使をする際にはどの道必要な経費となってくる。つまり、実際の作戦の下準備をすることは、前述した利益とコストのバランスを動かし、北朝鮮を屈服させる一つの要因としての意味を持っていた。

二番目として、同盟国である日本の動きも、今回の危機外交に作用している。2015年、安倍政権は集団的自衛権の行使を容認した新たな憲法解釈を閣議決定し、安保法制を成立させ、2016年3月末から施行した。この事実を背景に、安倍首相は多くの会合及び記者会見において「すべての選択肢はテーブルの上にあるとするアメリカの立場を一貫して支持する[11]」と発言してきた。北東アジアにおける日本の防衛戦力は無視できるものではなく、武力行使に際して自衛隊の協力を全面的に得られることは、アメリカ軍の被害減少につながる。そうした日本政府の外交戦略も、アメリカの武力行使のコストを軽減させる要因として、北朝鮮に対する一つのシグナルとなっていた。

最後に、トランプ大統領本人を含めて、トランプ政権の高官は北朝鮮に対して今までにない過激な発言をしてきた。まるで北朝鮮政府がもう一つ誕生したかのように、双方の間に激しい言葉の応酬が発生した。相手を「完全に破壊する[12]」と脅したトランプ大統領の発言は、本人の特異性を強調し戦争をも辞さない姿勢を示して、北朝鮮の判断を揺るがす効果があったかもしれない。

また深層にある論理として、このような発言をしておきながら、北朝鮮の核ミサイル開発を阻止できなかった場合、覇権国であるアメリカの地位そのものが低下する可能性が出てくる。即ち、トランプ政権の発言は現状を容認するコストが一層高くなった状態を作り上げ、北朝鮮に対して屈服を迫ったのである。

五、事態の収拾と安心供与の欠如

本論文の冒頭でも述べたように、以上のシグナルにもかかわらず、北朝鮮は核ミサイル開発を放棄しなかった。そして、現状でも核を廃棄する動きを見せていない。アメリカが今後軍事行動に踏み切る可能性はないともいえないが、強制外交のモデルからすると、前述したアメリカ側の威かくは現在機能していないと言えよう。むしろ、北朝鮮に更なる核開発を進めるインセンティブを与える逆効果になった可能性すらある。

北朝鮮の視点からすると、空母打撃群を動かし、国連で未曾有の発言をするなど、現実的ないし外交的なコストを払いはしたものの、アメリカは武力行使を選択できなかった。言い換えれば、アメリカの「容認できない一線」は、現在の状態よりもさらに低いのではないかと推測できる。しかも、北朝鮮の核ミサイル開発は、ICBMに核弾頭を搭載できる一歩手前まで来ている[13]。となると、キム政権が核戦力の本当の完成を目指し、最後の危険な賭けに走り出す条件も十分に揃いつつある。

現実問題として、北朝鮮の報復能力が格段に向上した現在では、アメリカ軍が北朝鮮に対して軍事作戦を実施できる可能性が日に日に減少し、武力行使の選択肢は過去よりも遠のいている。残りの選択肢として、経済制裁の強化があるものの、強制外交の負の影響は、経済制裁にまで及ぼしている。

なぜなら経済制裁の最大の鍵となる中国も、ここ半年間の強制外交の動向を見て行動してきたのである。中国にとっても北朝鮮の核武装は好ましいものではないが、制裁を厳格化させることで中朝関係をさらに悪化させることにも躊躇している。中国政府が制裁強化に踏み切る最大の要因は、「アメリカによる北朝鮮への軍事行動」といった最悪のシナリオを避けるためである。アメリカが本気で北朝鮮を滅ぼそうとしていると分かれば、中国政府も目と鼻の先で起こる戦争を回避するために、北朝鮮に強く自制を促さなければならない。一方、アメリカが実際に武力衝突を嫌がっていると判断すると、中国政府は北朝鮮との関係維持を選択するインセンティブが動く。つまり「現状維持」が強制外交の帰結であれば、中国が経済制裁に本腰を入れる必要もなくなるわけである。

強制外交によって放たれたシグナルの「負の影響」はまだある。つまり軍事的な威かくあるいは経済制裁などの圧力によって北朝鮮を外交交渉に引っ張り出し、核開発を放棄し、更にいま保有している弾道ミサイル及び中距離ミサイルを廃棄させるように要求したとしても、北朝鮮側がそれを受諾しにくくなったのである。前述した様に、キム政権にとって自国の安全保障は自身の生命にもかかわる課題であり、北朝鮮の通常戦力でそれを守り切るのは難しい。となると、もし戦略兵器を放棄した場合、アメリカ及びその同盟国から滅ぼされない保証が得られるかどうかが、北朝鮮が交渉に応じるかどうかの最大の判断基準となる。

しかし強制外交を有利に進めるためにアメリカが取った行動は、逆に言えば北朝鮮にとって安心供与が期待できない状態を作り上げたのである。北朝鮮側の視点から見れば、増強された米軍の実力は朝鮮半島の軍事バランスを更に崩すことになった。またトランプ政権及びその同盟国はブッシュ・ジュニア大統領の時代以上に、北朝鮮とキム政権に対して敵意をあらわにしている。核武装を手放した場合、アメリカが北朝鮮に対して体制転換を迫る可能性もゼロではなく、更には直接的に武力攻撃を加えられても反抗できなくなる恐れがある。実際にイラク戦争やリビア内戦でのアメリカの行動と独裁政権の末路を見てきたがゆえに、北朝鮮がいくら経済制裁をされても最後まで核開発にしがみつき、朝鮮半島の情勢が最悪のシナリオに発展する道筋も見えてきた。

終わりに そして未来へ

本論文の結論からすると、米トランプ政権が執行した北朝鮮に対する強制外交は本来の目的を達成できず、逆に朝鮮半島情勢を一層悪化させるという結果を招いたことになる。もちろん、アメリカも強制外交が機能するように様々な行動をとり、また経済制裁などの外交努力も同時に行うことで、北朝鮮の核開発とミサイル発射を一時的に阻止するなど、限定的な成果をあげてきたことも事実である。しかし、朝鮮半島での軍事行動がもたらす利益とコストのバランスを根本的に改変することはできず、結果としてその威かくは北朝鮮に跳ね除けられる形となっている。今後の問題解決に向けて、日本と中国が取りうる行動のカギは「安心供与」にあると筆者は主張したい。

日本の多くの政治家及び国民は、北朝鮮という国家をよく思っていないのであろう。願わくは消えてほしいという心情も理解できる。しかし実際に北朝鮮のミサイル攻撃の脅威を取り除くためには、軍事行動に踏み切らない限り、相手に対して生存を保証したうえで交渉しないといけない。北朝鮮が前提条件なしに、核とミサイルを廃棄してくれることなぞ、紛れもない幻想である。

一方で、北朝鮮に対して先制攻撃を仕掛けることは、日本本来の専守防衛の立場をはるかに逸脱しており、また安倍首相を含めた日本国民にとっても好ましくないはずである。そうであれば来たる対北朝鮮の交渉において、日本は北東アジアの平和と安定を強く主張し、北朝鮮に対して「安心供与」の面からアメリカを大いに補助できる役割を果たせると筆者は構想する。それこそ自衛隊を海外に投入するよりも日米同盟に貢献でき、また日本の特徴を発揮しながら国益を守る戦略である。

一方、今日の朝鮮半島における危機的状況は、中国の朝鮮半島外交政策とも決して無関係ではない。冷戦の後期から自国の防衛に専念する中国は、他国に対して安全保障を提供することを躊躇してきた。その結果、北朝鮮は「中朝友好協力相互援助条約」の不履行のリスクに常にさらされ、核開発の道を選んだ。そうした朝鮮半島の不安定化は、中国が反対している韓国のTHAAD配備にもつながった。中国自身がその遠因を作ったともいえよう。もし中国が今後も周辺に緩衝地帯を作り、アメリカによる周辺国との関係強化に抵抗していくとすれば、中国自身が周辺地域の安全保障システムを作らない限り、第二の北朝鮮核問題と第二のTHAAD配備国は必ず起こりうる。

よって北朝鮮核問題を解決し、朝鮮半島の平和と安全を守るために、北朝鮮と韓国、日本、中国、アメリカとロシアを含めた関係各国が納得する安全保障の体制を作り、互いの生存を保証し、平和への意思を確認しあわなければならない。集団的自衛権とよく混同されるが、このアプローチこそ集団的安全保障の理念である。

日本と中国は多くの分野において見解が一致しないものの、地域の安定を保ちたいという利益では一致している。遺憾ながら現在は両国とも現実にそぐわない戦略を抱いているため、朝鮮半島の問題を解決できずにいる。キューバ危機の解決を見ると、異なるイデオロギーを持つ大国と小国の共存、または核なき小国の存続も決して夢物語ではないはずだ。日本は労せずして北朝鮮を屈服できるといった幻想を捨て、中国も周辺への安全保障システム作りに本気で乗り出し、地域最大の軍事的存在であるアメリカとともに北朝鮮との交渉に臨み、核の廃棄と引き換えにしっかりとした「安心供与」を与えることこそ、事態を収拾する唯一の道であろう。

参考文献

石田淳「国際安全保障の空間的ガヴァナンス」河野勝編『制度からガヴァナンスへ——社会科学における知の交差』東京大学出版会、2006年

石田淳「外交における強制の論理と安心供与の論理——威嚇型と約束型のコミットメント」法政大学比較経済研究所／鈴木豊編『ガバナンスの比較セクター分析——ゲーム理論・契約理論を用いた学際的アプローチ』法政大学出版局、2010年

一政祐行「核不拡散と経済制裁を巡る諸問題」『防衛研究所紀要』第19巻第2号、2017年3月

遠藤誠治・遠藤乾編『安全保障とは何か（シリーズ 日本の安全保障 1）』岩波書店、2014年

鈴木基史・岡田章編『国際紛争と協調のゲーム』有斐閣、2013年

筒井若水「集団安全保障と安全保障理事会の役割」『世界法年報』Vol.14、1994年

渡邊武「不拡散における誘因の欠如—なぜ北朝鮮は非核化しなかったのか－」『防衛研究所紀要』第19巻第2号、2017年3月

David Cortright and Geore A. Lopez"Introduction: Assessing Smart Sanctions: Lessons from the 1990s," in David Cortright and George A. Lopez, eds., *Smart Sanctions: Targeting Economic Statecraft*, Rowman & Littlefield Publishers, 2002

Fearon, James D "Rationalist Explanations for War." *International Organization*. 49 (3), 1995, pp.379-414

Fearon, James D"Signaling Foreign Policy Interests: Tying Hands versus Sinking Costs." *Journal of Conflict Resolution* 41, (1), 1997, pp.68-90

George A. Lopez and David Cortright "Economic Sanctions in Contemporary Global Relations," in David Cortright and George A. Lopez, eds., *Economic Sanctions: Panacea or Peacebuilding in a Post-Cold War World?*. Westview Press, 1995

Jervis, Robert *"Perception and Misperception in International Politics"* Princeton: Princeton University Press. Chapter 3: Deterrence, the Spiral Model, and the Intentions of the Adversary, 1976, pp.58-113

Kydd, Andrew H"Trust, Reassurance and Cooperation." *International Organization*. 54 (2), 2000, pp.325-357

Miller, N. L"The secret success of nonproliferation sanctions" *International Organization*, 68 (4), 2014, pp.913-944

Powell, Robert "Bargaining Theory and International Conflict." *Annual Review of Political Science*. 5, 2002, pp1-30

Schelling, Thomas C *"Arms and Influence"* New Haven: Yale University Press. Chapter 2: The Art of Commitment, 1966, pp. 35-91

Stein, Janice Gross "Deterrence and Compellence in the Gulf, 1990-1991: A Failed or Impossible Task." *International Security*. 17 (2), 1992, pp.147-179

Shultz, Kenneth A "Do Democratic Institutions Constrain or Inform? Contrasting Two Institutional Perspectives on Democracy and War." *International Organization*. 53 (2), 1999, pp.233-266

樊吉社 「朝核问题与中美战略共识」[J] 美国研究、2014年、28 (2)、pp. 9-20

杨希雨 「朝鲜核问题与中国的对朝政策」[J] 现代国际关系、2017年、1、p.003

张沱生 「朝核问题与中国的政策」[J] 国际安全研究、2013年、(5)、pp. 52-61

周晓加 「朝鲜核问题与中国学者的观点」[J] 和平与发展、2017年、(3)、pp. 63-76

朱锋 「特朗普政府对朝鲜的强制外交」[J] 世界经济与政治、2017年、(6)、pp. 60-76

---

1 The Guardian "Donald Trump on North Korea: 'All options are on the table' ". [online] Available at: https://www.theguardian.com/world/2017/aug/29/donald-trump-on-north-korea-all-options-are-on-the-table (Accessed 15 Oct. 2017)

2 強制外交及び安心供与の議論に関して、日本では石田淳「外交における強制の論理と安心供与の論理——威嚇型と約束型のコミットメント」法政大学比較経済研究所／鈴木豊編『ガバナンスの比較セクター分析——ゲーム理論・契約理論を用いた学際的アプローチ』(法政大学出版局、2010年) や石田淳「コミットメントの罠——現状維持の覚悟と錯誤」鈴木基史・岡田章編『国際紛争と協調のゲーム』(有斐閣、2013年) などがある。

3 例えば Fox News "Trump: Era of 'strategic patience' with North Korea 'is over' ". [online] Available at: http://www.foxnews.com/politics/2017/06/30/trump-era-strategic-patience-with-

north-korea-is-over.html（2017年10月16日アクセス）
4 同注1。
5 「北朝鮮への国連決議は主権侵害『正当な行動とる』KCNA」『ロイター』2017年8月7日 jp.reuters.com/article/nkorea-un-resolution-idJPKBN1AN0R3（2017年10月16日アクセス）
6 「北朝鮮、追加制裁決議を非難『米との均衡』目指し力を強化へ」『ニューズウィーク日本版』2017年9月13日 www.newsweekjapan.jp/stories/world/2017/09/post-8438.php（2017年10月16日アクセス）
7 Nicholas L. Miller "The Secret Success of Nonproliferation Sanctions," International Organization, Fall 2014, Vol.68, No.4
8 首相官邸「富士山会合レセプション」『総理の一日』2017年10月27日 https://www.kantei.go.jp/jp/97_abe/actions/201710/27fujisan.html（2017年10月30日アクセス）
9 時事通信「軍事作戦、死者数十万人も」2017年8月21日 https://www.jiji.com/jc/article?k=2017082100619&g=cyr（2017年10月17日アクセス）
10 CNN News "North Korea issues warning as US strike group heads to Korean Peninsula" [online] Available at: http://edition.cnn.com/2017/04/10/politics/us-aircraft-carrier-carl-vinson-north-korea-strike-capabilities/index.html（2017年10月16日アクセス）
11 例えばAFP News「北朝鮮問題『必要なのは対話ではない』安倍首相が国連演説」2017年9月21日、http://www.afpbb.com/articles/-/3143663（2017年10月18日アクセス）；首相官邸「富士山会合レセプション」『総理の一日』2017年10月27日、https://www.kantei.go.jp/jp/97_abe/actions/201710/27fujisan.html（2017年10月30日アクセス）など。
12 The Guardian "Donald Trump threatens to 'totally destroy' North Korea in UN speech'" [online] Available at: https://www.theguardian.com/us-news/2017/sep/19/donald-trump-threatens-totally-destroy-north-korea-un-speech（2017年10月18日アクセス）
13 CNN News "North Korea rejects diplomacy with US for now, source says" [online] Available at: http://edition.cnn.com/2017/10/16/politics/north-korea-negotiations-trump-tillerson/index.html（2017年10月18日アクセス）

優秀賞

日中戦争初期における中国世論の影響

～『申報』から見る中国「徹底抗戦」世論の形成と戦争の拡大～

立命館大学社会学研究科
博士課程前期1年
陶一然

はじめに

盧溝橋事件から80年が経ち、戦争の記憶が薄れていく中、日中両国の間の歴史認識に関する見解の相違が両国の関係悪化の一因となっている。日中間で解決すべき歴史問題に関しては、日本人の69.9%が「中国の反日教育や教科書の内容」と回答しており、これに「中国のメディアの日本についての報道」(43.5%)[1]が続く。日中間の歴史問題を解決するために、中国の反日教育とメディアの報道問題を正す必要がある、と多くの日本人は考えている。

80年前、詩人の萩原朔太郎は似たような意見を述べていた。盧溝橋事件のあと、萩原朔太郎は「支那の民衆が、日本に対して強い敵愾心を持っているという事実が、今度の事変によって明白に発見された」と述べ、さらに中国の知識人の抗日感情より、小学校の抗日教育を受けた子供世代の抗日感情の方が恐ろしいと指摘した。[2]

メディアについて、陸軍報道部長だった馬淵逸雄は「北支の事件が中支に拡大するや、益々上海の言論機関は日本の侵略であるかの如く誇大にデマ宣伝をしたのであって、わが軍が武力に於て（ママ）勝てば勝つほど、世界の輿論は支那に同情して来た[3]」と述べた。状況こそ違うものの、今の多くの日本人の中国に対する意見は、80年前に似ている部分がある。日中対立の裏に常に国民感情と国民感情に影響を与えている教科書、新聞などのメディアが存在している。

これからの日中関係を改善するために、私たちはもう一度80年前の戦争の始まりを見直す必要がある。日中戦争は中国近代史上初の「徹底抗戦」である。当時の中国の世論は戦争拡大にどのような影響を与えたのか。本稿は当時中国最大の新聞であった『申報』の記事や読者の投稿を分析し、中国の「徹底抗戦」世論と戦争拡大の関係性を探りたい。80年前の日中戦争の拡大から、今の日中間の平和関係を維持するためのヒントが得られる。

一、先行研究

これまで日中戦争の拡大に関する研究の多くは、侵略側の日本の戦争責任論を中心に論じていたが、李君山[4]は別の視点からこの問題に切り込んだ。李君山は日中戦争初期にまだ戦争不拡大の可能性があったと指摘し、その戦争不拡大方針が破たんした理由は、日本の中国政府への過少評価と、中国政府が国内世論に押されて日本との交渉で大きな譲歩ができなかったからであると述べた（李1992；281）。李君山はもし蒋介石が平和交渉を承認したら、日中戦争が全面戦争ではなく、満州事変と第一次上海事変の時と同様な地方事件になったかもしれないという仮説を立てた（李1992；281）。

李君山の仮説は想像上のものに過ぎないが、注目すべき点は「中国政府が国内世論に押されて」という一文である。これまでの中国の教科書では西安事変のあと、当時の中国政府である国民政府が抗日方針を決め、政府が全国の抗日を指導する時期に入ったというのが定説である。

ところが李君山は、中国政府は徹底抗戦ではなく、短期抗戦で国際社会の関心を得て、欧米列強の介入による平和解決を望んでいたと指摘した。しかし国際社会は介入せず、日本に対する新たな制裁もなかった。当時の中国知識人の代表である胡適は、当時の中国政府指導者である蒋介石に平和交渉するように進言した[5]。理由の1つは、当時の中国政府が編成した近代化された中央軍は国家の根本であり、全面戦争で壊滅した場合、もう平和交渉ができなくなるから、というものである。それでも蒋介石は平和交渉に踏み切ることができず、第二次上海事変が勃発し、盧溝橋事件から日中の全面戦争に戦争が拡大した。

なぜ蒋介石は平和交渉の道を選ばなかったのだろうか。1931年の満州事変、1932年の第一次上海事変の際には、戦闘は小規模かつ短時間のうちに平和交渉が成立した。アヘン戦争以来の中国の戦争史を見ると、首都、あるいは重要都市が占拠された時点で、平和交渉に入るケースがほとんどだった。1937年だけが8年も及ぶ全面戦争に拡大した。李君山は拡大の一因として「国内世論に押されたためだ」と指摘した。しかし、李君山はその国内世論について具体的に検討していなかった。ではその政府の方針に影響した「国内世論」とは、どのようなものだったのか。

新聞をはじめ、紙の媒体は当時の中国メディアの主流である。当時の中国の世論を知るために、当時の新聞記事を調査するよりほかない。日中戦争時の中国の対日世論に関する論文は多く存在しているが、その中で日中戦争初期に触れるものは多くなかった。劉永生[6]（2008）は中国紙『申報』を通じて1931年の満州事変から1937年の南京戦までの対日世論を研究した。ところがその中に盧溝橋事件から第二次上海事変までのものは少なく、いくつかの論説しか紹介していない。日中戦争が8年にも及ぶ長い戦争だったため、戦時中の報道が研究の中心になりがちであり、また盧溝橋事件や第二次上海事件を中心に研究する傾向もあった。しかし、戦争拡大時の中国の世論を見るためには、戦争初期の中国の新聞報道を細かく調べる必要がある。

二、日中戦争初期の定義について

日中戦争の初期の定義については、多くの説が存在している。本稿の目的は日中戦争の拡大と中国の「徹底抗戦」世論形成の関係性について研究することである。よって本稿の日中戦争初期とは、1937年7月7日の盧溝橋事件から1937年7月29日に事件の平和交渉が完全に決裂した時点までの期間を指すことにする。1937年7月29日以降も日中は水面下で交渉を続けたが、局地戦争が全面戦争に拡大したため、平和交渉の意味は変わってきたと考えられる。本稿は盧溝橋事件の平和交渉を中心に、戦争が拡大する前の中国の世論に焦点を当てる。

三、中国の世論とは

中国の世論を考察する前に、1930年代の中国における世論の定義について紹介する必要がある。日本の世論の定義について佐藤卓己は、輿論と世論は戦前まで別の言葉だったと指摘し、戦前の輿論という言葉は「公開討議された意見」を意味すると説明した（佐藤2008；24）。佐藤は、世論（せろん）は民衆感情であり、責任ある公論である輿論（よろん）とは別物であったと主張している（佐藤2008；26）。しかし、今の日本では世論の一般的な読み方が「よろん」になり、輿論と同じ意味になっている。

中国には昔から世論という言葉は存在しない。中国語では「輿論」と「民意」がよく使われている。次の段落では中国語の「輿論」について説明するが、中国語の原文が「輿論」の場合はそのまま引用する。

袁荃[7]は民意調査、または輿論調査とは公衆の輿論傾向を知るための社会調査であると記述した（袁2012；120）。中国の輿論観について李秀雲[8]は、1910年代から1930年代の中国知識人の輿論に対する見解を紹介した。李秀雲によると、1930年代当時の中国の知識人にとって、輿論とは公表されている公衆の意見であったという（李2010；1）。李秀雲は1940年代以降、中国知識人の中には輿論は多数の公衆の意見ではなく、多くの公衆が意見を持たない時には少数の意見でも輿論になりうると指摘する人がいたと紹介している（李2010；2）。

当時の中国全土には、80％以上の非識字者が存在していたので[9]、世論調査を実施することは難しかったと考えられる。1941年6月18日、朝日新聞が中国の非日本占領区で郵送方式の世論調査を実施した[10]。それは無作為抽出ではなく、知識人向けの調査であり、回答率は99％である。その世論調査の真偽はともかく、当時の中国で世論調査を実施しても知識人以外の大衆の意見が反映されることはないという事象が確認された。

念頭に置く必要があるのは、本稿で考察する中国の世論は佐藤が定義した輿論ではないし、世論（せろん）でもない。もちろん現代の世論調査の世論でもない。本稿で考察する中国の世論とは、日中戦争初期で公表されていた公衆の意見である。この定義は上記の李秀雲が指摘した1930年代の中国知識人の輿論観に基づくものであり、当時の中国人の世論概念に最も近いものだと考えられる。紙媒体の新聞と雑誌は当時の中国言論の場の中心であった。よって当時の中国の世論を考察するために、公表されていた公衆の意見を掲載する媒体であった新聞は、適切な研究対象である。

四、申報と中国の新聞界

中国の近代新聞の歴史は、清国がアヘン戦争でイギリスに負けた後、列強が中国に入るとともに始まった。彼らは租界をはじめ、多くの利権を手に入れた。貿易のため中国にやってきた多くの西洋人にとって、情報は大事な資源となり、それを収集し伝達するために中国の近代新聞の歴史が始まったと考えられる。『簡明中国新聞史』によると、太平天国の乱が1860年代に収束した後、中国内地の新聞が爆発的に増加した。主流となったのは商業新聞で、政治新聞も台頭し始めたという。本稿の考察対象である『申報』もその時代に創刊された新聞の1つである。

1872年4月30日、『申報』は上海でイギリスの商人によって創刊された[11]。創刊時から『申報』は商業紙である。1909年から『申報』は中国人によって経営されるようになった。末期を除けば、『申報』に政府や軍などの権力者の資金が入ったことはなく、経済的に自立性は極めて高いと考えられる。

『申報』は1872年の創刊後、1949年まで発行し続けた。77年の歴史を持つ『申報』は当時の中国を代表する新聞であった。77年の間に『申報』の報道、編集の方針は幾度も変わり、大幅な改革もあった。1910年代から1930年代の間に『申報』の編集長を務めていた陳冷[12]の不偏不党の報道方針が『申報』に大きな影響を与えていた。

当時の共産系の左派新聞や国民党系の保守新聞に比べ、『申報』は比較的に中立であった。当時の中国人にとって『申報』は穏健で、信憑性の高い新聞であった。その信憑性については日本人も評価していた。第二次上海事変に参戦し、上海に滞在していた雨宮少佐が東京朝日新聞の取材を受けたとき、『申報』についてこう語った。

「…支那側では依然お手のもののデマ宣伝を続けているが、支那民衆も外人筋も昨今はほとんど信用していない。その証拠には最も正確な報道姿勢といわれる漢字紙申報は非常な売れ行きで、支那人はたった一部を二十圓で奪い合って買っているのでも判る。要するに支那民衆は国民政府のデマ宣伝にすっかりあいそを尽かして衷心から真相を知りたがっている。」（『東京朝日新聞』1937年11月6日2面）

雨宮少佐だけではなく、支那派遣軍報道部も1941年の資料の中で「抗日ナレドモ扇動的ナラズ読者に信用最モ大アリ[13]」と記述し、『申報』を評価していた。1930年代の『申報』は読者からかなり信頼されていたと考えられる。

1930年代、中国の新聞は近代における黄金時代に入っていた。1933年の『申報年鑑[14]』によると、当時の中国では10万部以上の発行部数を有する新聞は2つあり、1万部以上の新聞は13社もある。同時代の日本に比べれば、10万部以上はたいした数字ではないが、前述の中国の識字率から考えると、この発行部数はかなりの数字である。1933年の『申報年鑑』や1937年の『上海市年鑑』[15]によれば、1933年の『申報』の発行部数は15万部であり、1937年も同じ数字である。発行部数からみても、『申報』は当時の中国で安定的に売れている大手新聞である。

新聞の発展とともに、当時の中国政府である国民政府の検閲制度も厳しくなっている。特に満州事変以降、中国の東北地方が日本によって占拠されたことが中国の知識人の危機意識を刺激し、共産党との内戦を優先する国民政府の政策に反対する新聞が増えていた。1932年の第一次上海事変以降、上海の市街地での戦闘が上海市民の反日感情を煽り、その影響を受けていた『申報』は内戦反対の論調をますます強めた。

当時の『申報』のオーナーは史量才[16]という資本家である。彼は『申報』のほかに『時報』などの有力紙の株式も保有しており、その膨大な資金で新聞学校、図書館も開設した。彼の資金や運営方針が当時の『申報』の後ろ盾になった。しかし抗日や内戦反対は、当時の国民政府の国策と正反対である。

1930年11月から実施された「出版法」[17]は幾度も改訂され、改訂されるたびに規制が厳しくなっていた。さらに治外法権のある租界が乱立する上海で、『申報』の言論を規制することは難しいと感じた国民政府は、『申報』の発送禁止に乗り出した。当時の『申報』は上海だけではなく、中国内地の都市でも販売されていたので、発送禁止は厳しい規制であった。

1934年10月、『申報』の報道方針を一貫して支持した史量才が、国民党によって暗殺された。最大の支持者を失った『申報』の報道は大きく萎縮した。1935年7月「出版法」が再度改訂された。新しい「出版法」によって中央政府だけではなく、地方政府も新聞の発行に干渉や発禁ができるようになった。さらに事前検閲も厳しくなり、広告まで検閲対象になった。厳しい検閲によって『申報』の言論活動は大きく制限された。1935年に『申報』が掲載した社説の中で、国民党の内戦優先政策に反対する論調はひとつもなかった。[18]

1936年12月に発生した西安事変によって、国民政府と共産党の内戦が休戦状態になり、抗日統一民族戦線が形成された。西安事変以降、新聞への制限が緩くなり、『申報』の言論活動は活気を取り戻した。抗日七君子の釈放活動をはじめ、『申報』が再び政府の方針を批判できるようになった。[19]西安事変後、中国社会の政治、世論形勢の変化が『申報』の言論活動の復活に影響を与えたと考えられる。1937年7月の『申報』は国民政府の検閲を受けているものの、ある程度の言論活動ができるという言論環境に置かれていた。
本稿が『申報』の内容を考察する際、主に新聞記事と「談言」という当時の知識人の意見を掲載するコーナーを中心に分析する。

五、盧溝橋事件の報道と日中世論のジレンマ

日中両国の教科書には、1937年7月7日に盧溝橋で日中両軍が戦闘状態に入り、日中戦争が勃発したという記載が載っている。事件の発端は7月7日深夜の発砲であるが、本格的な戦闘は7月8日以降に行われた。当時の新聞は今ほどの速報性がなく、7月8日の『申報』は盧溝橋事件について記述していない。7月8日の『申報』は上海市政10周年に関する記事が多かった。8日の申報の社説である「時評」のタイトルは「大上海の前途[20]」であり、内容は上海のこれからの10年を展望するものである。当時の日本と中国の関係はかなり悪化したとはいえ、それからの8年が戦争一色になるとはだれも想像できなかっただろう。
7月9日、『申報』の1面記事に「日本軍、宛平県城を砲撃」の記事が掲載された。宛平県城は盧溝橋に近い中国の町である。当時の中国の大きい町の多くは城壁に囲まれていたため、城と呼ばれることが多い。当時の『申報』の記事の出所は主に2つある。1つは専電と呼ばれ、『申報』独自の情報ルートである。もう1つは中央社電である。中央社は当時の中国国営通信社である。
中央社電は、「7日夜12時、盧溝橋で演習していた日本軍中隊、約600人が突然に盧溝橋に進駐している29路軍[21]の我が部隊に射撃した。双方がそのまま戦闘状態に入り、8日朝4時に戦闘停止。双方死傷者あり」と伝えた。さらに申報の専電によると、日本軍が宛平県城と盧溝橋を砲撃したという。これが『申報』における盧溝橋事件の初報である。
注目すべき点は『申報』が掲載した中央社の記事は日本軍が先制攻撃したと主張したことである。先に攻撃されたという情報が、そこからの中国世論に大きな影響を与えた。
7月9日の『申報』の「時評」のタイトルは「また侵略活動」である。内容は1年前の豊台事件に言及し、日本の侵略活動を非難したものだった。1936年9月18日に盧溝橋と同じ地区の豊台で起きた事件である。その時も緊迫した状況になったが、交渉で平和解決した。当時の人々にとって、この事件は1年後の盧溝橋事件の状況に似ているため、『申報』の紙面で度々比

較されていた。

1937年7月9日の初報は「砲撃」という表現を用いて事態の深刻さを報道したが、翌日7月10日の『申報』の1面には「盧溝橋事件初歩解決」という記事が掲載された。「談言」コーナーに、盧溝橋事件の解決についての文章が掲載された。その文章の筆者は現地解決に不満を持ち、中国側の譲歩だけの平和解決ではなく、主権と領土を失わないための解決策を望むと述べた。

7月11日、情勢が一変した。『申報』は盧溝橋地方の情勢が再び悪化したと報道し、その原因は日本軍にあると非難した。翌日の『申報』は孫文の息子である議会議長孫科のインタビューを掲載した。孫によると、今回の事件は拡大する可能性があるという。『申報』のインタビューに対し、孫は国民政府を代表し、領土を失わない原則は絶対守ると誓った。

7月13日、「談言」は第一次上海事変について言及し、上海人が冷静に盧溝橋事件を傍観すべきではないと主張した。その文章の作者は盧溝橋近辺の戦闘が中国全土に広まることを懸念した。同日の『申報』は多くの上海市民の盧溝橋事件に対する憤りを報道した。7日から1週間経ち、一向に収束しない盧溝橋事件に対する中国国民の憤りがますます大きくなってくる。

7月14日、盧溝橋の情勢はさらに悪化し、『申報』は1面で日本軍の援軍が北平（現北京）の郊外に到着、今朝から北平郊外の南苑地区に侵攻したと報道した。北平地方の守備の責任者の一人である秦徳純は『申報』のインタビューを受けた際に、平和になる可能性はほとんどなく、事態は必ず拡大すると語り、日本側のすべての要求を拒否するという声明を出した。

しかし現地では、このあとも平和交渉が続けられた。同じ日に『申報』は北京にいる記者が書いた記事を掲載し、日本軍が盧溝橋と宛平県城の近辺で中国の平民を殺すという残虐行為を行ったと報道した。現場からの生々しい記事が読者の抗日感情に刺激を与えた。それは戦中の日本の新聞でもよく見られる現象であった。[22]

国民の抗日感情が高揚している中、現地の指揮官、指導者が次々と新聞で声明を発表した。前述の秦徳純と同様に、天津市長の張自忠も市の通信社を通じて、声明を発表した。その際、張は大衆に背く行為は絶対にしない、国家が最優先であると表明した。しかし現場の平和交渉は、依然として続いた。張の声明と現地の平和交渉に対し、7月18日に「談言」の中で読者がこのように批判した。

「…盧溝橋事件以来、全国の民衆は憤りを感じ、29路軍の兵士も盧溝橋は我々の墓になると意思表示をした。張自忠が『私は絶対民衆の意に背く行為をしない』という声明を発表した。…しかし情報によると、冀察政務委員会[23]の人たちが地方事件として日本人と『平和』交渉している。…民衆の力という後ろ盾をもって、非公式のあらゆる『平和』交渉は決してしてはいけない」(『申報』1937年7月18日「談言」より)

民衆の力は後ろ盾になると同時に、圧力にもなる。現地の指揮官や指導者が次々と声明を発表する理由の1つは、この世論の圧力によるものだと考えられる。

当時の上海の世論は「談言」だけではなく、『申報』で掲載される上海の地元ニュースにおいても反映されていた。7月15日の本市ニュースの中で「上海各団体が一致団結し、抗敵将兵を声援する」という記事が掲載された。上海労働組合や市民連合会、大学生連合会などの組織が前線で戦う将兵を慰労し、全力で支援することを決めたという内容であった。各大学の教員が前線の将兵を応援するため、1日分の給料を寄付したというニュースもあった。同じ日の記事に29路軍の代表の声明も掲載されており、軍の戦う意欲が強く、全国民衆の援助や激励が励みになったという内容が掲載されていた。

当時、この一連の世論が日本の反発を買ったが、『申報』は政府筋による「日本の反発への反論」を掲載した。国民の愛国主義を奮い起こすことは政府として当然の役割であり、盧溝橋事件は日本側の挑発であるため、責任は日本側にあると、政府筋は主張した。当時の国民政府にとって、国民の感情を誘導し、世論を作ることは政府の責務であると考えられる。

7月16日の「談言」は、盧溝橋事件の展開を以下のように分析している。

「…それを分かれば、これからの盧溝橋事件の進展の予測はさほど難しくないだろう。私はここで断言できる。事件が発生しなかったらまだしも、一旦発生したら、もういけるところまで行ってしまうだろう。近日の情勢を見れば、すでに悪化している。華北の情勢はいうまでもなく、もはや危険極まりない。…今後の盧溝橋事件の展開は、わが国がさらに屈服しない限り、相手は絶対譲らないだろう。それは彼らの今回の軍事目的が我が国の1キロ、2キロの領土を侵略して満足できるものではなく、わが国の抗日態勢を完全に根絶やししたいからである。ゆえに、今回の事件は最終的に拡大する危険があるだろう。抗日の主張はすでに、わが国上下一致の主張になっているからである」(『申報』1937年7月16日「談言」より)

当時の中国人の中に、中国の抗日世論が盧溝橋事件の拡大につながっているという意識があったと考えられる。日本側では中国の反日世論が盧溝橋事件拡大の原因になったという新聞報道があり、中国側は日本による度重なる挑発と侵略が抗日感情につながったと主張した。日中双方の世論が一種の因果性のジレンマに陥っていたことがわかる。この世論のジレンマが解決されない状態の中で、両国の平和交渉は続いていた。

六、平和に対する幻覚 ～平和交渉報道と世論の影響～

7月16日の『申報』の文芸欄の中に、「攻撃する側に攻撃を与えよう！」というタイトルの現代詩が掲載された。その現代詩を通じて、作者が屈辱的な平和交渉への不満を訴えた。この時期から平和交渉への不満を主張する投稿や記事が多くなり、内容もエスカレートした。

7月17日の「談言」の中に「城下の盟を打破する」という文章があった。盧溝橋事件を地方事件として解決するという方針で平和交渉していた日本軍と現地政府を批判し、敵の大軍の前で交渉してもいい結果は出ないと主張し、日本軍に妥協する行動を取った者は「漢奸」とみなすという厳しい意見を出した。

「漢奸」は中華民族の賊、売国奴という意味である。当時の中国の権力者にとって、このレッテルを貼られ、史書に書かれることは避けなければならないことである。よって、内地の有力紙である『申報』が「漢奸」という単語を使い始めると、現地で日本軍との平和交渉に当たっている権力者も日本軍に妥協し難しくなり、平和交渉では一歩も譲れなくなってしまった。

盧溝橋事件の発生当時、盧溝橋が所属する中国華北地方の中国政府軍の最高司令官は宋哲元であった。1936年9月18日に発生した豊台事件の時の司令官も宋で、当時は一日で平和交渉を成立させ、事件は拡大しなかった。今回の盧溝橋事件も宋が日本との平和交渉の責任者になった。

『申報』は宋と日本側の交渉に疑念を持った。7月17日に『申報』は、「盧溝橋事件は地方の一事件として認定してはいけない」というタイトルの「時評」を掲載した。その「時評」の中で、日本側が地方事件として宋と単独交渉する姿勢について、疑問視する主張が出された。「時評」は中国の利益を確保するためには、日本の交渉相手は中国政府であるべきだと強調した。

7月18日、『申報』は宋哲元が日本側と平和交渉していると報道し、日本側が宋に無理難題を提示し、日本軍も出動していると伝えた。『申報』はまだ交渉は続いていると報道したが、民衆の中に宋はすでに日本側の無理難題を受け入れたという噂が流れていたらしく、同じ18日の『申報』の本市ニュースには「市党部など各団体、宋に激励の電報」という記事が載っている。その記事によると電報の内容は、宋が妥協したという噂があるが、宋は決して国民を裏切るような行為はしないと信じ、中央政府の意思と民意に合う交渉を強く望んでいるというものだった。宋は中央政府と世論の圧力を負いながら、日本と交渉しなければならない状況になった。『申報』によると、これと同じ主旨の電報は翌19日にも宋に送られたという。

7月19日の「談言」の中で、読者は平和交渉における「妥協」に対し、以下のように批判した。

「…前線の交渉担当者によると、現在の急務は日中双方の軍隊が同時に撤退し、距離を取って、衝突を避けることである。その方法は合理的で、悪くない。しかし、今回の事件の責任は日本側にあり、日本側は撤退すべきだが、わが軍は撤退すべきではない。一国の軍隊が他国の軍の攻撃を受けた後、さらに屈服する。これは主権があると言えるだろうか」(『申報』1937年7月19日「談言」より)

当時の一部の中国人にとって、日本との平和交渉イコール中国側の妥協であり、その妥協はすなわち屈服であると考えられる。世論の妥協への風当たりが厳しくなると、宋を批判する内容も『申報』に登場した。

そのきっかけとなったのは、7月16日の宋のある行動であった。7月16日の『申報』は、宋哲元が各方面からの軍への寄付を断ったと報道した。その記事によると、寄付を断る理由は、軍人は国から給料を貰っており、民衆から寄付金を貰ってはならないという理由らしい。しかし7月19日の「談言」に、宋のこの行動を疑問視した文章が載った。

「宋哲元氏が国土を守ることは本軍の責任であり、当然のことであるという理由で各方面の寄付を断ったあと、各方面の不安はさらに深まった。特に私のような無知の平民はわけがわからくなり、ますます不安になっていく。もしかして、宋氏が(寄付金を)頂戴するのが申し訳ないという気になっているなら、華北局面はさらに困難になるだろう」(『申報』1937年7月19日「談言」より)

上記の「談言」の筆者は宋の寄付金拒否を疑問視し、さらに寄付金は宋宛のものではなく、前線将兵宛であると訴えた。よって宋は拒否すべきではなく、寄付金は前線の将兵と後方の民衆のつながりであると述べた。一連の世論の圧力に対し、7月20日、宋は『申報』で返事を掲載し、絶対に国土を守る責務を果たすという声明を出した。

7月17日、蒋介石は盧山で重要な談話を発表した。その内容は「もし一度戦端が開かれれば、地域的に南北を問わず、年齢的に老幼の別なく、何人たりとも皆抗戦し、国土防衛する責任が生ずるので、全員が一切を犠牲にする覚悟をなすべきである」という。

徐静波[24]によると、これは中国の最高指導者が初めて抗戦の決心を明確に表明したものである（徐2016；232）。しかし7月20日の『申報』は、1面で蒋介石の重要意見としてその主な談話を掲載したものの、「平和が絶望的になるまでは平和を望む」というサブタイトルも掲載した。国民政府が提示した最低限度の条件を日本側が承認すれば、平和解決は可能だという内容が書かれた。『申報』のこの記事を読む限り、当時の国民政府はまだ平和解決を望んでいたのではないかと思われる。

しかし平和交渉への風当たりは、さらに厳しくなった。7月20日、21日の「談言」は2日連続で、平和交渉をやめようと呼びかける文章を掲載した。20日の「談言」は交渉について以下のように判断した。

> 「交渉は手段の一つにすぎない。決して問題を解決するための必要条件ではない。交渉の裏にはあるのは実力である。片方がもう片方の実力に屈服しない限り、交渉は成立しない」（『申報』1937年7月20日「談言」より）

翌日の21日の「談言」にも、似た内容の文章が掲載された。交渉したとしても中国側の一方的な譲歩になるので、直ちに交渉を中止すべきであると主張する内容であった。民衆の中の交渉に対する風当たりは事件直後からさらに厳しくなり、とうとう交渉そのものが完全否定されるようになった。

7月22日の『申報』は、1面と「談言」が別々の論調を展開した。1面では、盧溝橋地方の情勢が平穏になり、日中両軍は撤退したと報道したが、「談言」は「今は最終段階になった！」という文章を掲載している。その文章は、盧溝橋事件が満州事変の二の舞いになる恐れがあると指摘し、このままでは北平だけではなく、首都である南京も危ないと強く主張した。

『申報』は依然として平和交渉の動向に注目しているものの、「談言」に投稿する読者はすでに強い危機感の下に置かれている。22日の『申報』における異なる論調は、当時の中国の言論界に迷いがあったことを示す縮図であると考えられる。

これからの戦争に備えるため、中国言論界の意見を統一する動きがあった。7月23日、『申報』は「時評」の中で「言論界の総動員」という一文を掲載した。その「時評」は無責任な流言や日本側が散布するデマを防ぐために、言論界は団結し、自発的に統制を受ける必要があると主張し、戦争のためなら検閲も必要であるという意見を述べた。今の新聞では自主統制と検閲を望むことはありえないが、当時の中国の新聞は「民衆の喉と舌」となるためにある程度の統制と検閲は必要だという考え方があった。

7月24日、『申報』は「平和に対する幻覚」という「時評」を掲載し、22日の日本軍の撤退は平和の幻覚であり、10万人以上にまで増員した日本軍は簡単に撤退するはずがなく、今の情勢は厳しいままだと指摘し、日本軍の次の攻撃が来たら、必ず迎撃すべきと強く主張した。

この段階の中国世論は日本軍の侵攻に対する憤りだけではなく、平和交渉に対する不満も強い。現場の指揮官が妥協、譲歩しないように、民衆は『申報』や電報などの手段を通じて、指揮官に圧力を与えた。指揮官にとって、その圧力は民衆の意思であり、中国の世論でもあった。その世論に背けば、「漢奸」という不名誉のレッテルが貼られる。結果的に現場の指揮官と日本側との交渉は行き詰った。

七、交渉決裂、全面戦争へ

7月27日、日本側は中国側の現場責任者、宋哲元に最後の通告を出した。7月28日、『申報』は1面で宋の返答を掲載した。日本の無理難題に対し、宋は固く拒否したという。これで盧溝橋事件の平和解決が不可能になった。盧溝橋あたりで対峙していた両軍が全面戦争状態に突入した。

その後、『申報』には楽観的な論調も掲載された。7月29日の「談言」は中国軍が日本軍を倒しているため、盧溝橋事件で失った国土をすべて取り返すだろうという記事を掲載した。実際、中国軍は終戦まで盧溝橋事件で失った国土を取り返すことは一度もなかった。当時上海のようなところに住んでいる中国人は、前線の厳しい現実を知ることがなく、開戦を支持したという可能性が考えられる。

7月30日、蒋介石の新たな談話が『申報』の1面に掲載された。それは17日の談話を踏まえた内容で、国土が侵略されたら、最後まで徹底抗戦するという「徹底抗戦」の声明だった。前の談話と違って、今回は平和交渉についての言及はしなかった。その日の「談言」には「新中国の始まり」という一文が掲載された。その文章は、抗戦は民意であり、たとえ戦争が苦戦になっても、民意があれば中国は新生し、いつか最後の勝利を獲得できるという内容だった。

同じ文章の中で、民意を示すある出来事を紹介している。28日に中国軍の一時的勝利が報道された時、町中でお祝いの爆竹の音が多く聞こえたというものである。その爆竹の音は民意の象徴であると30日の「談言」の筆者は主張した。その民意が中国の「徹底抗戦」世論になり、日中戦争の拡大を強く押し進める力となった。

八、考察 ～「徹底抗戦」世論の形成と戦争の拡大～

本稿は『申報』という当時の中国の代表的新聞を通じて、盧溝橋事件の後の中国「徹底抗戦」世論の形成について考察した。1937年7月7日の中国は反日・抗日感情が強いものの、決して最初から「徹底抗戦」一辺倒の世論ではなかった。

盧溝橋事件の速報（7月9日）と続報（7月10日）は1936年9月18日の豊台事件に似ている。豊台事件の時、『申報』の速報の記事タイトルは「日本の部隊がわが軍を包囲」であった。盧溝橋事件の「日本軍、宛平県城を砲撃」より軽い内容ではなかった。そして、豊台事件も盧溝橋事件も、続報は「解決」と報道された。少なくとも、続報という時点で、盧溝橋事件と豊台事件は近い展開だった。しかし、豊台事件はそのまま解決し、拡大しなかったが、盧溝橋事件は日中全面戦争のきっかけになった。

なぜ似たような事件が違った展開となったのか。原因は2つあると考えられる。1つは豊台事件の時の双方の責任者である宋哲元、田代皖一郎の不在である。当時宋は山東省で療養中、田代は重い病気で倒れていた。双方の責任者の不在の影響で、事件の解決が最初から遅れた。宋が天津に戻り、田代が香月清司に交代したとき、すでに数日が経っていた。

二つ目の原因は世論の影響である。豊台事件は2日目で完全解決したため、世論が事件に反応する前に、事件はすでに解決されていた。盧溝橋事件は責任者不在の影響で、2日目時点では初歩的解決にとどまり、交渉が長引くと世論の影響を受ける時間ができた。その後、中国世論に押されて、中国側が日本との平和交渉で一歩も譲れない状態に陥った。中国国内の世論は『申報』や電報などの近代的な方法を通じて、現場に大きな影響を与えるようになった。それは以前の日清戦争の時代には、まだ存在しなかった状況である。

盧溝橋事件の後の日本は、中国世論が現地の交渉にどのくらいの影響を持つか、把握できていなかったと考えられる。中国の権力者を叩けば、中国国内の反日感情は自然に消滅するだろうという考え方は、すでに当時の中国世論の状況に合わなくなっていた。それに気づくことができなかった日本は軍事力で戦争を拡大させ、日中戦争という泥沼に陥った。記者桐生悠々は1938年にこう指摘した。

「…蒋介石一人のみを追窮しても、支那は断じて我に屈服しないだろう。…戦争に勝って、政治に、外交に負けざらんことを、私たちはこの際、特に我が政府当局に警告せずにはいられない[25]」

相手国の世論の影響を配慮しなければ、政治と外交だけでは勝つことができないことが、歴史によって証明された。

九、中国の世論とこれからの日中関係

今の日本は、中国国内の世論を正しく認識しているだろうか。2012年に中国で反日デモが発生し、中国の反日感情が高まった。この反日デモについて、少なからぬ日本人は、中国の世論が国営メディアや反日教育に影響されていると考えているのではないか。だがこれは中国世論に対する正しい認識と言えるだろうか。それは中国にとっても同じである。日中関係を改善するために、相手国の世論の動向と影響をもっと重視すべきである。

参考文献

李君山『為政略殉—論抗戦初期京滬地区作戦』台大出版委員会、1992年、pp.280-281
劉永生「〈申報〉的対日輿論研究（1931.9-1937.12）」首都師範大学、第7章、2008年、p.218
佐藤卓己『輿論と世論　日本的民意の系譜学』新潮社、2008年、p.24、26
李秀雲『Journal of Qiqihar University（Phi&socsci）』2010年1月号「梁启超与中国舆论观的嬗变」2010年、pp.1-2

復旦大学新聞系新聞史教研室編『簡明中国新聞史』福建人民出版社、第2章、1986年
徐静波『戦時上海のメディア—文化的ポリテイクスの視座から』高綱博文ら編、研文出版、「第二上海事変を中国のメディアはどう伝えたか」、2016年、p.232
中国語新聞『申報』1936年9月19日～9月20日、1937年7月8日～1937年7月30日
日本語新聞『東京朝日新聞』1937年11月6日

---

1 言論NPO「第12回日中共同世論調査」、2016年 http://www.genron-npo.net/world/archives/6365.html
2 萩原朔太郎「北支事変について」『改造』1937年9月特大号に掲載された。本稿は岩波書店『日中の120年 文芸・評論作品選3』p.69より引用。
3 馬淵逸雄『報道戦線』改造社、p.243
4 台湾大学歴史学研究所博士前期課程卒業。
5 李君山によると、胡適の日記の中にその進言についての記述があった（李1992；280）。
6 中国首都師範大学博士後期課程卒業、中国近現代史専攻。
7 現湖南大学教授。
8 天津大学新聞メディア学院准教授、中国新聞学術史専攻。
9 若林満・李益文「中国識字教育の歴史的経験と今後の展望」名古屋大學教育學部紀要、教育心理学科、p.42、73
10 朝日新聞・東京・朝刊2面「蔣政権下の民衆 平和を渇望 注目すべき世論調査」
11 『申報』の歴史について、宋軍『申報の興衰』上海社会科学出版社、1996年、第1章（p.5-11）の内容を要約し、引用。
12 本名陳景韓、戦前の上海で最も有名な論説家、新聞編集者である。
13 「中支二於ケル華字新聞、通信及雑誌ヲ以テスル宣伝戦の現状」支那派遣軍報道部、1941年6月10日
14 申報館編『申報年鑑1933年版』申報館出版
15 上海市年鑑委員会編『上海市年鑑』1937年版
16 史量才（1890-1934）は申報のオーナーであり、複数の新聞社や印刷工場を所有していた。
17 当時の中国政府である国民政府の法律で、共産党支配の地域や租界を除く、国民政府の支配圏の中では効力がある。
18 『申報の興衰』p.184
19 『申報の興衰』p.187
20 筆者訳、以下の申報記事の内容、タイトルはすべて筆者訳。
21 29路軍は盧溝橋地方の守備軍であり、路は中国軍の番号に使われていた単位である。有名な共産党系の八路軍も同じである。
22 これについて、NHKスペシャル取材班編著『日本人はなぜ戦争へ向かったのか』（2015）第1章「メディアと民衆」が詳しく紹介している。
23 盧溝橋を管轄する自治体。
24 復旦大学教授、日中比較文化学専攻。
25 桐生悠々（1938）「支那に対する我々が認識不足」『他山の石』に掲載された。本稿は岩波書店『日中の120年 文芸・評論作品選3』（2016）p.151より引用。

特別賞

三ツ星『日中民間交流活動』作り方探索

〜日中民間交流活動のあり方についての体験談〜

中国嘉興学院外国語学院
日本語学科2016年7月卒業
朱杭珈

はじめに

(1) 本稿を書くきっかけ

世の中のことに対して、自分はなぜそういうことをするようになったのか、とよく考える。今もなぜ宮本賞懸賞論文に応募することになったのか、と自分に聞いている。そうすると、優しい雨が桜を濡らしている場面、楽しくお菓子を食べながら話している人の姿、そして宮本賞懸賞論文を応募してみないかと励ましてくれた立志会のメンバーの声が聞こえてきた。

2017年3月、浙江大学と立志会主催の日中友好花見大会に参加した。そこでいろいろな日中友好関係者と出会った。会ったこともない人々が、一つのプラットフォームに集まって交流していることは、なんだか不思議だと感じた。言葉や国籍も違うのに、辞書を調べながら交流している。またそこでの出会いをきっかけに、それからも連絡を取り合って交流し続けていることに、心を打たれた。

以前、日中友好交流は政府の仕事だと思っていた。しかし日本語を勉強し始めてから、上記のような日中友好交流活動に何回も参加してきた私は、国の関係が悪化した時でも、民間レベルでならば、いくらでも交流できると信じるようになった。

日中民間交流活動について、今まで自分が経験して感じたことを文章にして、他人にも感じてほしいと思った。

(2) 本体験談の目的と方法

本体験談では、筆者の個人的体験を踏まえ、これまでの先行研究を基に、日中民間交流活動の展開状況をまとめる。また調査を通して、交流がもたらした日中国民の感情の変化並びに活動展開における問題点について考察する。日中民間交流活動の未来のあり方を構築する上での課題を明らかにしたい。

(3) 体験談の書き方

本体験談は自分の考えがよく伝わるように、日中民間交流のことを料理に喩えて書く形とする。具体的には、活動主催者を料理人に、活動参加者をお客さんに喩える。また自分は試食人として、先輩たちが作ってきた日中民間交流活動レシピを試食し、その作り方と効果を踏まえて、三ッ星『日中友好民間交流活動』[1]のレシピの作り方を求めて探索の旅に出る流れとなる。このため通常の「論文」とはいささか趣が異なるが、これはどうかご容赦頂きたい。

(4) 体験談の構成

本体験談は、3章からなっている。

第1章は、筆者の試食の旅である。先行研究を踏まえて、従来の試食人（日中交流研究者）が指摘した日中民間交流における問題点をまとめる。また筆者が試食したレシピを基に、先輩たちの試食方法や研究成果を活用して、これまでの日中民間交流活動レシピを整理・分析する。

第2章は、料理人とお客さんの本音である。調査を通して、日中民間交流活動がもたらした日中国民感情の変化について考察し、日中民間交流活動展開における問題点と課題をまとめる。

第3章では、三ツ星『日中民間交流活動』の作り方についての探索に出る。前章の調査分析に基づき、未来の日中民間交流活動展開のあり方について構想していく。またそのあり方に対して、これからの活動構築における課題や展望も述べる。

一、筆者の試食旅

日中国交正常化以来、日中関係は政治、経済、人的交流などの面で飛躍的な発展をとげ、日中関係の主流は望ましいものである。それにもかかわらず、両国関係の発展はしばしば歴史問題によって妨げられることがある。その中で、日中友好に重要な役割を担う日中友好関係者は、次から次へと日中民間交流活動を行っている。政治関係はいくら厳しくても、民間交流が草の根レベル、大学レベルおよびビジネスマンレベルで展開されている。本章では、先行研究を基に、日中交流事業における問題点をまとめる。また筆者の経験を基に、従来の日中民間交流活動レシピを整理し、レシピの特徴を明らかにしようとするものである。

1-1 従来の試食人の試し・先行研究

「日中交流」に関する研究は、日本においても中国においても多く行われてきた。例えば日中民間交流歴史について、張進山（2002）は「戦後の中日民間交流の軌跡と特徴[2]」で戦後日中民間交流の発展の歴史と特徴をまとめた。

日中交流事業の概況について、園田茂人（2004）は「日中交流概観調査[3]」で国際交流基金が中心的な業務としてきた6つの領域（日本語教育、日本研究、知的交流、芸術交流、市民・青少年交流、その他）を基に、日中交流事業やプログラムの概要・特徴を紹介した。そこで、「交流の担い手と事業・プログラムの多様化が一層進行しているが、交流の増加とともに予期しない問題の予防・解決を図りうる人材育成はまだ足りない」という現状を指摘した。

日中交流の新たな動きについて、園田は団体・組織にインタビュー調査を行って、日中交流活動の変化、担当者の変化に対する評価、今後の交流活動展開における課題をまとめた。その中で最も注目すべき点は、「族生するNPOと強烈なサバイバル競争」であろう。園田は「いろいろな考えを持つ人々が一緒に交流活動に従事すること自身、マネジメントの対象となる」と述べた。また「会員の多少と活動方向性の矛盾」、「活動資金不足」などの面からNPO活動展開における問題点を指摘し、「継続的に資源を投入することができなくなった時、交流プログラムはその生命を終えることになる」と結論づけた。最後に、国際交流基金の日中交流支援活動の再構築に対して、「継続的な交流実態の把握」、「交流団体・プログラムの評価委員会の設置」、「他の諸機関との連携の強化」の3つの面から提言を行った。

また日中民間交流の未来に重要な位置を占める日中青年交流のあり方について、東アジア共同体評議会（2015）は「未来志向の関係構築における日中青年交流のあり方研究[4]」の中で、これまでの活動状況を把握・集約する「プラットフォーム」的な役割を担う機関や基準がないために、「類似の活動の重複」「交流活動活性化効果の分散」などの現状がみられると指摘した。また交流活動の歴史と現状を整理し、それらを取りまとめるプラットフォームの役割の必要性を明らかにした。

以上のように、日中交流事業概観・問題点についてはよく研究されているが、活動を展開することによって発生した効果、また交流効果に影響を与えている要因についての研究はまだ充分ではないと考えられる。そのため、以下に挙げる問題点は依然として残っている。

①先行研究はいずれも日中民間交流活動の主催者を対象とした活動概観・特徴分析研究であるが、活動参加者を対象とする活動の展開効果に関する研究はまだ足りない。このため、民間交流活動がもたらした日中国民感情の変化が明らかにされていない。

②日中民間交流活動の展開形式はまとめられているが、参加者からの活動形式に対する評価についての研究はあまり行われていない。そのため、どういう形式が参加者に受け入れられ易いか、また参加者が重視しているか、については明らかにされていない。

このような不明点を踏まえ、筆者はまず自分の試食経験を基に、先輩たちが作ってきた日中民間交流活動のレシピを分析したい。

1-2　レシピ整理

本節では筆者の経験を基に、従来の日中民間交流活動レシピを整理し、レシピの特徴をまとめる。（レシピの一部は図1を参照）

料理人：日中友好関係者、学校、企業、日中友好諸機関・団体、出版社など

試食人：日中民間交流研究者

お客さん：日中の学生・社会人

食材：日中文化・経済・哲学・科学・音楽、観光、教育・留学・研究、言語など

調味料：桜、ACG、アニメ人物、グループゲーム、副賞など

図1　日中民間交流活動レシピの一部

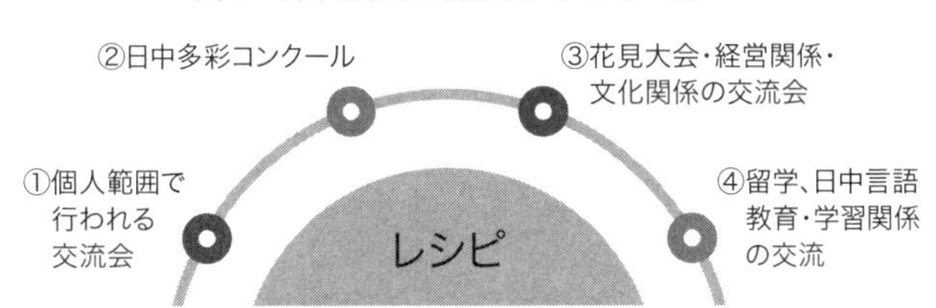

レシピ①個人範囲で行われる交流会

主旨：参加者に交流プラットフォームを提供し、個人的な相互理解を求める。

作り方	交流会、旅行など
代表作	女子会、会社飲み会、日中独身者の会、懇親会、長・短距離旅行
特徴	①小範囲：知り合いが多い、人数は比較的に少ない ②自由性：テーマ制限なし、話したい放題の形 ③明確な目的：人脈構築など個人のための参加動機が多い

レシピ②日中多彩コンクール

主旨：コンクールを行って、参加者に互いの国に対する本音を吐き出せるチャンスを与え、誤解を解消し相互理解を深める。

作り方	作文・論文、スピーチ、アフレコ、弁論
代表作	中国人による日本語作文・論文コンクール、日本人による中国語作文コンクール、日本語スピーチコンテスト、中国中高生アフレコ大会、外国人による日本語弁論大会など
特徴	①継続性：コンクールは短期ではなく、長年続いている ②超地域性：コンクールは地域の制限を超えて、日中全国範囲で行われる ③自由性：テーマは多様で、参加者は自分が好きなテーマを選択 ④範囲広い影響：コンクールによって作られた文章・ビデオは、本やテレビで取り上げられるので、交流の効果は広い範囲にまで及ぶ

レシピ③花見大会・経営・文化交流会

主旨：参加者に交流プラットフォームを提供し、日中文化・経営への相互理解を深める。

作り方	交流会、見学、旅行
代表作	浙江大学、武漢大学・復旦大学・無錫など各地の花見大会、人気俳優・日本の匠との交流会、映画交流会、日中学生合宿交流・旅行、経営者協力会など
特徴	①継続性：交流会は定期的に行われ、定期的に参加している人が多い ②地域制限：現場交流会なので、参加者は主に同地域の人に限られる ③メンバーの共通点：大体同じ業界・地位に属し、趣味が似ている

レシピ④教育関係

主旨：教育を通して、両国の学生が互いの国に対する理解を深める。また学術交流会や交換留学などを行い、学生に日本（中国）の文化に直接触れ合うチャンスを与える。

作り方	教材・書籍作成、日本語中国語教育、交換留学、日中学術会
代表作	各出版社による日中関係教材作成、各大学の日本語・中国語学科設置、日中の大学による交換留学プログラム
特徴	①継続性：教育や留学プログラムなどは短期間ではなく、長年続けられている ②超地域性：教育は地域の制限を超えて、日中全国範囲で行われる ③強制性：学科として、教科書などが規定されているので、学生に圧迫感を与える

上記のような日中民間交流活動レシピを通して、日中民間交流は穏やかに増加していることが明らかである。とはいえ、異なる価値観、異なる文化を持っている両国の交流に問題点が出てくることも考えられる。上記の整理されたレシピに基づき、第2章では料理人とお客さんに調査を行い、レシピの問題点・懸念点を分析していく。

二、料理人とお客さんの本音

2-1 料理人とお客さん向けの調査

①調査目的

本調査では、日中民間交流活動の主催者（団体・組織）と活動の参加者を対象に、日中民間交流活動がもたらした日中国民の感情の変化について考察し、日中民間交流活動の展開における問題点と課題を明らかにしたい。

②調査方法

(1) 料理人向け：活動展開中の難点・活動展開の動機と目的などについてインタビュー調査を通して考察する。

(2) お客さん向け：会話調査・アンケート調査を行い、交流活動に参加することによる活動参加者の感情の変化に関する状況を把握する。その上で、参加者の活動に対する評価をまとめる。

③調査対象

料理人向けの調査は、筆者が参加してきた活動の主催者たちを対象に、インタビュー形式で行った。調査対象の詳細は、教師5人、企業社長2人、日中友好民間団体の担当者4人となる。小範囲での調査のため、統計分析ではなく、総合分析の形とした。

お客さん向けの調査は、友人、先生および同僚のネットワークを利用し、学生と社会人を分けてネットアンケート形式で行った。依頼数は160件、回収数は139件。回収率86.7%であった。調査ソフトは「问卷星[5]」を使用した。調査対象の構成は、中国人102人（学生58社会人44)、日本人37人（学生20社会人17）だった。

④調査時期 2017年9月15日～2017年10月15日

2-2 調査結果

①料理人の本音

図2の調査結果から見ると、活動主催者にとって日中民間交流活動を展開する動機は、主に日中友好関係の促進と人脈構築である。レシピの内容については、調査対象が筆者の知人に限られているため、主に前章で挙げられているレシピと一致している。活動参加者向けのフィードバック調査[6]については、ほとんどが「調査する必要があると思うが、調査方法が不明などの理由から調査したことはあまりない」というのが現状であった。また活動展開上の難点と改善点に対して、経費管理・活動の宣伝方法・活動内容・交流場所及び飲食条件などが挙げられた。調査項目の最後に、今後の日中交流活動展開の注意点として、上記の難点・改善点を踏まえ、後任へのアドバイスを追加した。

図2　料理人の本音

料理人になるきっかけ	レシピ	客向けフィードバック調査
■日中友好関係を促進したい ■友人の勧め ■人脈構築 ■自然の成り行き	■留学生交流支援 ■各コンクール　■各交流会 ■日本・中国文化体験会 ■日中言語・文化教育関係	■調査方法不明 ■調査効果不明 ■必要性はあると思うが、調査を行ったことは少ない

料理作りの難点	料理作り改善点	後任へのアドバイス
■交流プロセス各部分の協調 ■参加者に本当の意見を聞くこと ■費用の分担・経費の管理 ■宣伝の拡散範囲が小さい ■参加者の言語能力の制限 ■交流会の雰囲気の把握 ■コミュニケーション手法 ■文化、年齢の考え方が異なる人々をまとめ遂行する事 ■交流対象が何を求めているか正しく理解する事 ■日中関係に無関心の人に活動の輪を広げていく事	■宣伝方法の多様性 ■費用援助組織の開拓 ■参加者の感想を聞く方法 ■参加者向けフィードバック調査を行うこと ■若者向けの魅力ある活動を展開すること ■参加者の言語能力を把握すること、必要な時は通訳を手配する	■活動交流内容の面白さ ■交流の場で出す料理・お菓子の美味しさ ■司会の重要性 ■活動展開の場所・スピーカーなど施設の条件把握 ■活動の展開効果まとめ ■NPOの場合、活動費用の厳しい管理 ■自分の組織のことだけでなく、同様の志を持って活動している多くの人々と広く協力し、仲間を増やしていくこと

②お客さんの本音

異なる文化・国民性を持っている両国民の交流であるため、交流活動に対する要求や感想も異なると考えられる。したがって本調査はお客さんを「日本人と中国人」に分けて調査結果を比較・分析する。また人生の異なる段階により、趣味や個人需要も変化するため、学生と社会人に分けて分析することにする。人脈・時間・場所の制限により、日本人向けの調査人数は中国人より少ないが、全ての数値をパーセンテージで表示する。詳細構成は図3を参照。

図3 調査対象の構成 単位：人

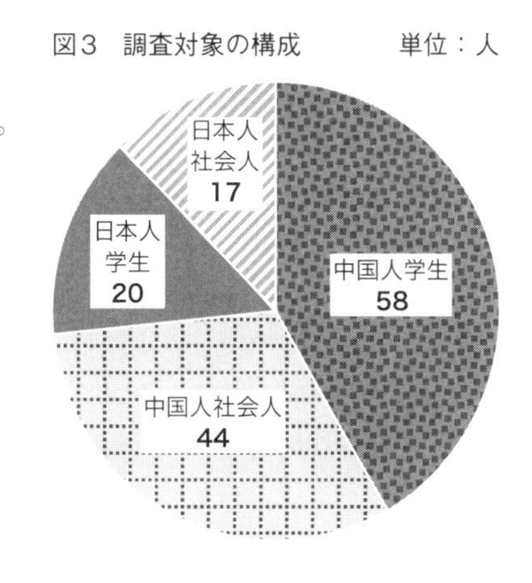

図4 よく参加している日中交流活動の形式 単位：%

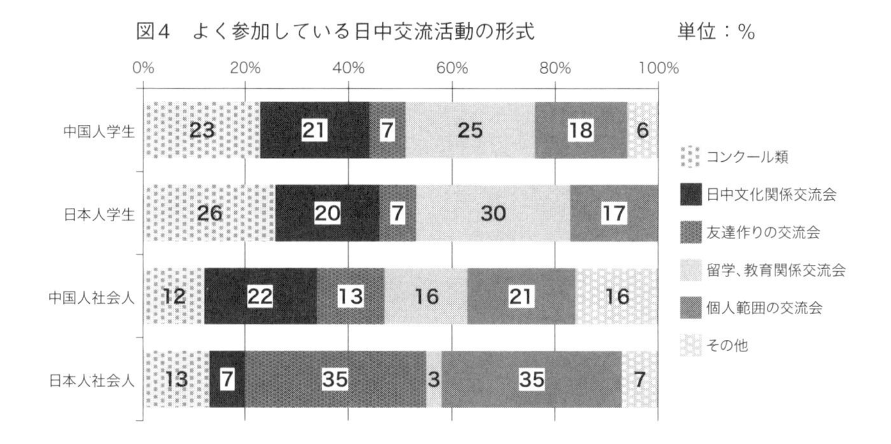

図4を見ると、学生がよく参加している活動は、中国人学生にとっても日本人学生にとっても、コンクール類・留学教育関係の交流活動である。学生時代は活動範囲に制限があり、活動範囲はほぼ学校に限られていると考えられる。

社会人では、個人範囲で行う交流会（知り合いに限る）は、ほぼ同じく日本人と中国人ともに好まれているが、日中文化に関する交流会については、中国人の22%に対し日本人はわずか7%であった。

一方、友達作りなどの交流会（人脈構築のため）について、日本人の割合は中国人の3倍となる。性格・文化の違いにより、「小範囲・知り合いの多い」交流会のほうが日本人に好まれていると考えられる。それに対して、中国人のほうは「広範囲・知り合いの多少にかかわらず」文化交流会に深い興味を示している。

図5 日中交流活動に参加する頻度 単位：人

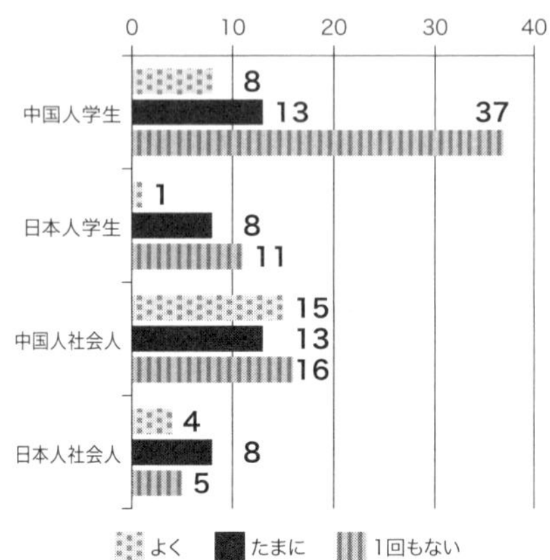

図5によると、活動に参加する頻度については、学生と比べて社会人のほうが比較的多い。学生は時間や費用に制限があり、自由に活動に参加することができない可能性が考えられる。また、活動の宣伝方法によって、活動に関する情報が学生に届いていない可能性もあると思われる。

図6 日中交流活動に対する印象 単位：%

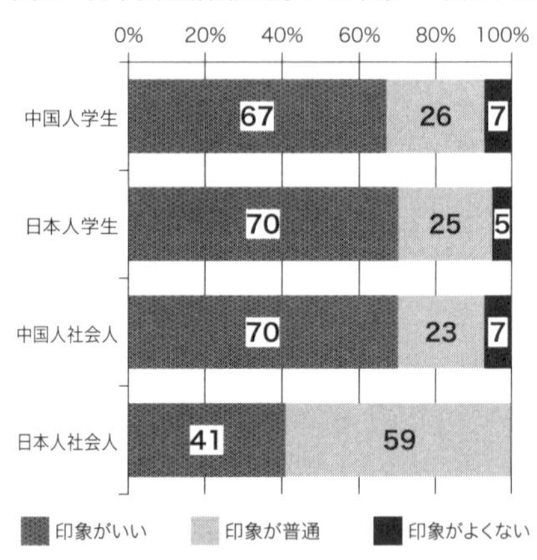

図6によると、半分以上の日本人社会人は「印象が普通だ」と回答しているが、日中の学生および中国人社会人の67〜70%が日中交流活動に良い印象を持っている。基本的に、交流活動は参加者に良い印象を与えていると考えられるが、「印象が普通」、もしくは「印象が良くない」など、日中交流にあまり良い印象を持っていない参加者も少なくないということが分かった。

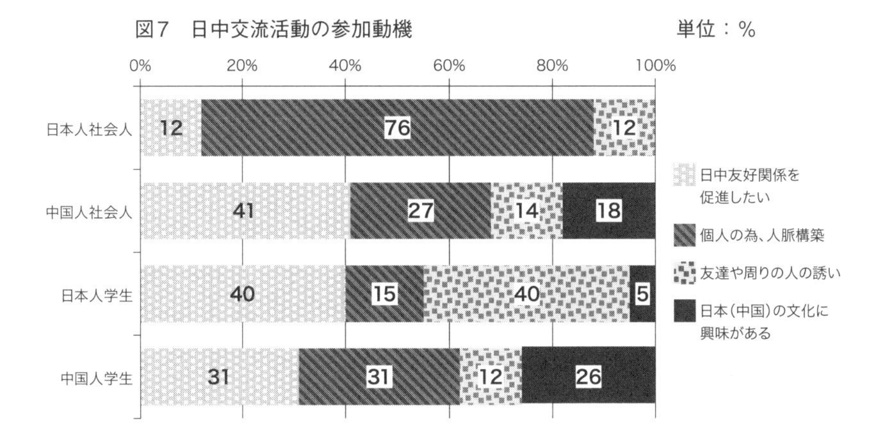

図7を見ると、参加動機として「友達や周りの人の誘い」と回答している日本人の学生の割合は40%で、中国人学生の割合の12%の4倍近くであった。活動に参加することについて、中国人学生の方が日本人学生より能動的ではないかと考えられる。社会人では、「日中友好関係を促進したい」と答えている中国人は41%を占めているのに対して、日本人はわずか12%であった。この点から中国人の対日好感度は日本人の対中好感度より高いということが推測できる。

一方、「人脈構築」と回答した日本の社会人の割合は76%と一番高かった。また「文化に興味がある」とする動機については、中国人の44%に対して、日本人は5%（学生5%社会人0%）しかない。互いの文化に関心を持って活動に参加する日本人は、中国人より少ないということが分かる。

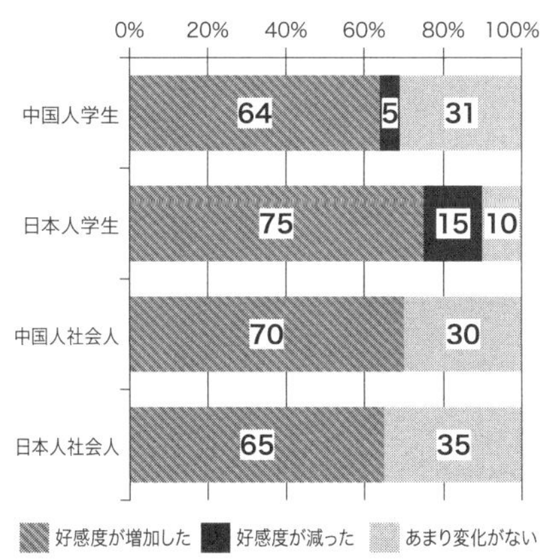

図8によると、日中民間交流活動に参加することにより、中国人の対日イメージも日本人の対中イメージも良くなることが分かった。日中民間交流活動は、互いの理解と親しみを深め、国民の好感度に良い影響を与えていることが読み取れる。

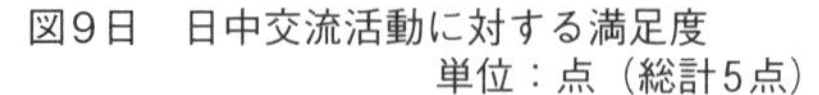
図9日　日中交流活動に対する満足度
単位：点（総計5点）

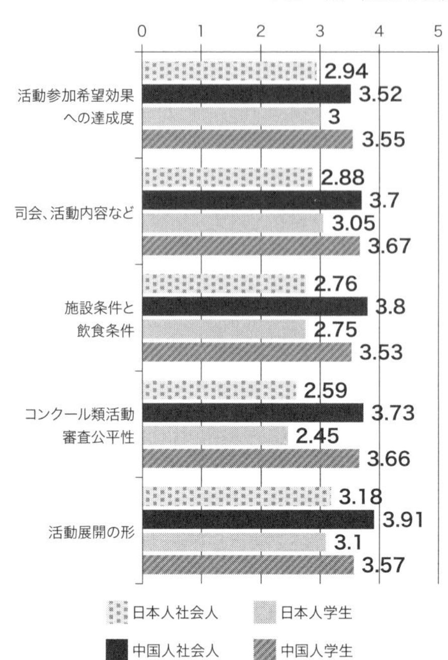

日中交流活動への満足度については、図9を見ると全体的に日本人の満足度は中国人より低いことが分かった。とりわけコンクール類の活動における審査の公平性や交流活動における飲食条件・施設条件に対して、日本人は満足度が低い。それに対して中国人の方は各面で比較的高い点数で評価している。つまり日中交流活動に対する要求について、日本人の方が中国人より高いのではないかと思われる。

図10　フィードバック調査される頻度
単位：%

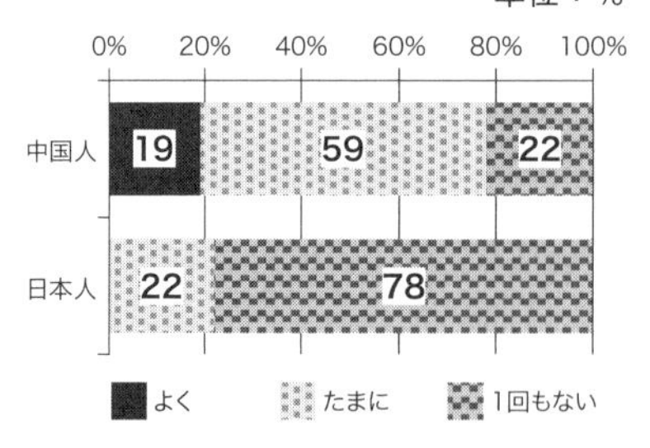

図11　フィードバック調査必要性
単位：%

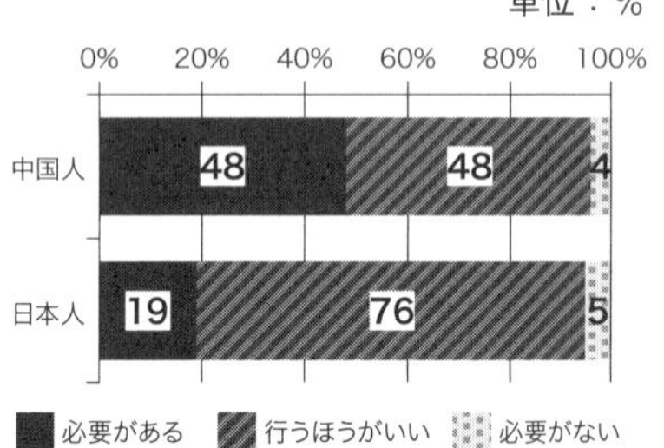

活動参加者向けのフィードバック調査について、図10によると、中国人も日本人もフィードバック調査をされたことは少ない。これは前節での料理人向けの調査結果と一致している。一方、そういう調査を行う必要性があるかどうかについて、参加者の目線から見ると、「必要がない」との回答者は日中共に極めて少ない。よって今後の活動展開に対するフィードバック調査を行う必要性があるのではないかと考える。

図12　フィードバック調査対応態度
単位：%

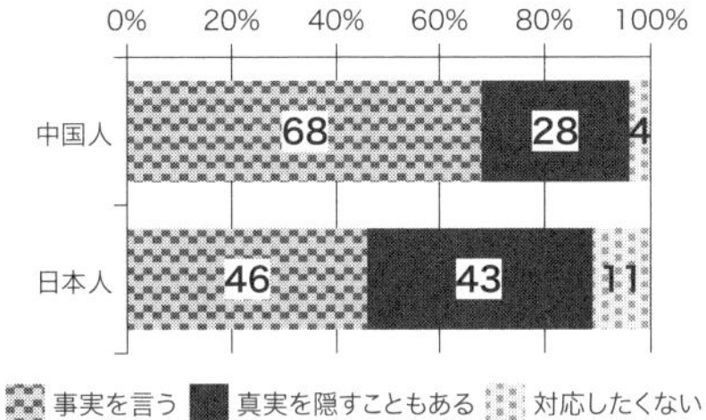

図13　フィードバック調査方法

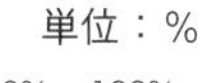

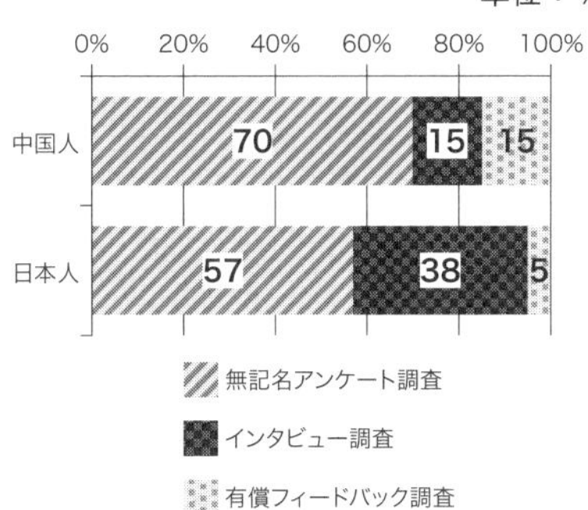

上記のフィードバック調査に対して、参加者の対応姿勢について調査した(図12)。半分以上の中国人は事実を言うと回答している。これに対して、主催者側の気持ちを考慮し、事実を隠すこともあると回答している日本人は43%を占めている。これは日中両国民の国民性が影響しているのではないかと考える。中国人と比べて、日本人は相手の気持ちに配慮し、自分の本当の意見を言わないことが多いと思われる。

一方、希望する調査方法について、日本人も中国人も半分以上は無記名アンケート調査を選択している（図13）。

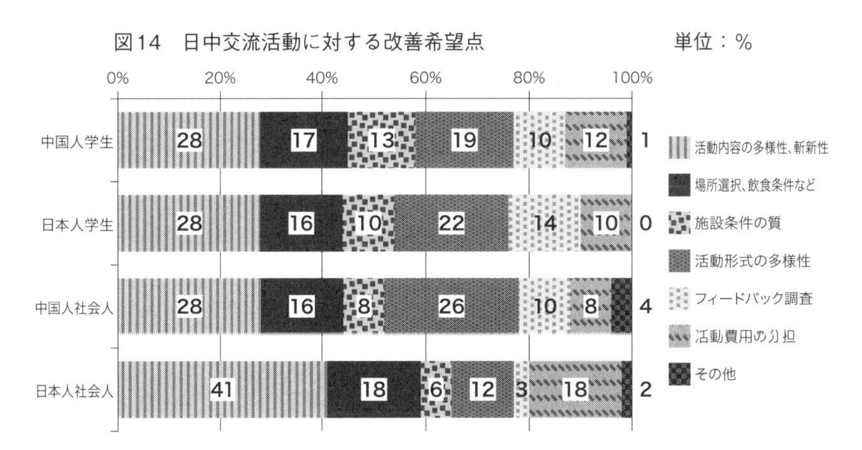

日中交流活動に対する改善希望点について、図14のデータから見ると、改善希望の第一位は「活動内容の多様性及び斬新性」で、その次は「活動形式の多様性」である。また場所や飲食条件も参加者に相当重視されていることが分かった。

図15　コンクール類交流活動に対する改善希望点　　　単位：%

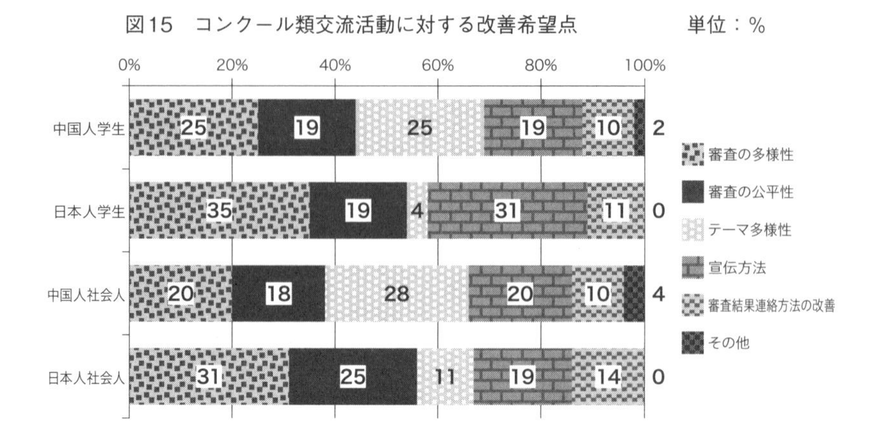

学生がよく参加しているコンクール類の交流活動に対して、審査・テーマ・宣伝の面から参加者の意見を調査した。図15から見ると、改善希望の第一位は「審査の多様性」であることが分かった。これは3位となっている「審査の公平性」とも関わっていると考えられる。審査員の好みによって審査結果も異なる。審査結果に対して疑問を持っている参加者もいる。審査手法の多様性を高めることにより、参加者の真の実力が把握できるような審査が望まれている。また2位となった宣伝方法について、宣伝方法によってコンクール情報が参加者のところに届いていない可能性もあると思われる。特に田舎の学校や有名ではない学校には、このような活動の情報は少ないと参加者からの指摘があった。

図16　今、日中交流活動にあまり参加していない理由は何ですか　単位：%

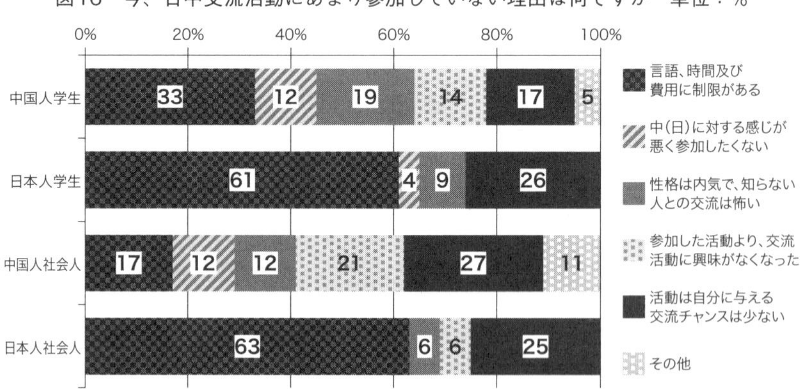

追加調査として、現在日中交流活動にあまり参加していない理由についても質問をした（図16）。一番多いのは、言語・時間・費用に限りのあることである。外国語がよく話せないために参加することが怖いとか、参加費用が高いから負担できないなどの理由が挙げられた。また、注目すべきは2位となった「交流チャンスが少ない」ことである。これは3位となった性格の影響とも関わっていると考えられる。特に現場交流活動の場合、交流時間は限られているので、全ての人が自由に交流することは難しい。おそらく性格の内気な人は、知らない人に声をかけるだけでも怖く、交流のチャンスは他の参加者よりもっと少ないと推測できる。

図17　日中交流活動に対する意見・アドバイスを教えてください

アドバイス①	アドバイス②	客向けフィードバック調査
■大学生の力を借りて宣伝力を高める ■本当の日本のことが理解できる活動がほしい ■田舎でも活動を行ってほしい ■日本人の参加人数をできるだけ中国人と一致させてほしい ■主催者側は自己宣伝の時間を減らし、活動時間をもっと参加者に与える	■参加人数を減らして、誰でも交流できる活動がほしい ■内気な人向けの交流活動がほしい ■中国に来てもう十年間経ったが、活動の情報はあまりない。宣伝方法を改善してほしい ■活動が終わってからもみんなに交流チャンスを提供すること	■いつも同じのメンバーで、つまらない ■交流のはずなのに、広告ばかり ■まずい料理を出すなら、料理なしのほうがましだ ■主催者側がたくさん話している。参加者が話せるチャンスは少ない ■参加したいけど、なかなかチャンスがない ■活動内容は時代遅れ ■日中交流なのに、中国人ばかり

参加者からの意見・アドバイスについては、図17に一部を記入した。一番の要望は、日中の参加者人数を一致させることであった。活動に参加しても、日本人との交流チャンスが少ないという現状が指摘された。また主催者側中心で、参加者の気持ちが見逃がされがちな点も読み取れた。

三、三ツ星『日中友好交流活動』の作り方探索

これまで述べてきたように、日中民間交流活動は、日中両国民の相互理解と好感度を深め、国民感情によい影響を与えてきた。日中友好関係の形成に

おいて、民間交流活動が果たした役割は非常に重要であったと言える。但し、前章で分析したレシピの問題点（交流テーマ・審査方法・宣伝方法・主催者自身など）をおろそかにしてはならない。本章では第2章での調査分析に基づき、今後の日中民間交流活動の展開のあり方について構想していく。

3-1　三ッ星『日中民間交流活動』レシピのあり方

誰の口にも合うような料理は作れない。三ッ星と評価されてもそれを好まないお客さんが必ずいる。日中民間交流活動という料理も同じである。ただ民間交流というものは、政治的な要素は一切入れない交流である。つまり料理人と言っても、専任の料理人ではなく、料理作りに趣味を持ち、料理を食べるのが好きなお客さんに料理を作ってあげるアマチュア料理人である。アマチュアとはいえ、いったん料理を作るとなると、お客さんに好まれるレシピが期待される。

ではお客さんに好まれる日中民間交流活動のレシピは一体どんなものだろうか？ここでは第2章でのお客向けアンケートから得られた知見を踏まえ、レシピのあり方における重要点を提示したい。

①活動内容・形式に多様性があり、時期が合っている
②交流活動における場所の選択及び飲食条件の把握
③宣伝効果の広さと深さ（特に大型の交流活動・コンクール類の活動）
④時間・言語・費用の制限をできるだけなくすこと
⑤参加者の人数のバランス（参加人数と日本人中国人参加者の割合）
⑥参加者の本音が聞けること
⑦活動が終わっても交流し続ける交流プラットフォームを提供すること
⑧参加者に交流できるチャンス（自分の意見と感想を述べられる）を与えること
⑨コンクール類の活動に対して、審査結果の公平性を保証すること

3-2　三ッ星『日中民間交流活動』レシピの作り方

上記のあり方に対して、具体的にどうやって三ッ星『日中民間交流活動』レシピを作るのか？このような疑問を抱いて、筆者は三ッ

（注）ルートは上記の三つの段階からなっている。

星『日中民間交流活動』レシピの作り方を探索する旅に出た。

①食材（交流テーマ）

食材：文化・経済・哲学・科学・音楽、観光、教育・留学・研究など

調味料：桜、文化元素、ACG、アニメ人物、グループゲーム、交流場での飲食、副賞など

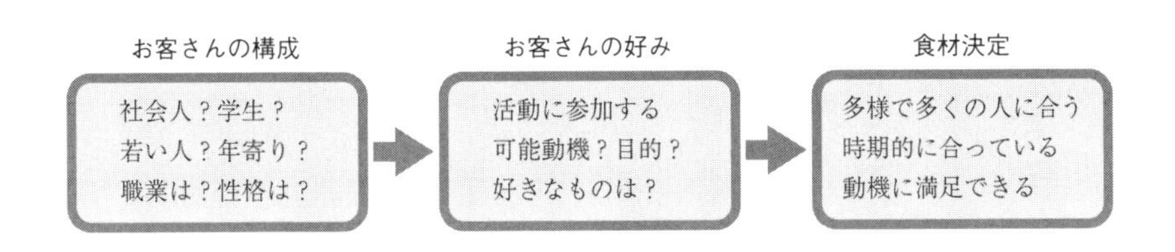

前章で述べたように、基本的に日中民間交流活動は参加者に良い印象を与えているが、印象が普通で日中交流にあまり関心を持っていない人も少なくはない。交流テーマの内容が参加者の興味を引き起こせるかどうかが大切な役割を果たしていると考えられる。日中交流に無関心な人にどうやって関心を持ってもらえるか？適当なテーマをどのように選ぶかが、何より大事ではないかと考える。

それを実現するためには、参加者の構成・活動への参加動機を分析し、参加者が希望する活動テーマを選定することが基本となる。前章で分析したように、日本人と中国人、社会人と学生の動機はそれぞれ異なっている。それぞれの動機を満足させるようなテーマの多様性が求められている。必要に応じて事前調査を行い、参加者の意見を聞くことも考えられる。またレシピの調味料として参加者に記念品や副賞を設定することより、参加者の関心を引き起こすことも重要であろう。

②調理法（交流活動の展開形式）

調理法：現場交流会、ネット交流、教育・留学、コンクール、旅行など

宣伝方法：ネット宣伝、知り合い拡散、学校・企業・政府との連携など

アフターサービス：フィードバック調査、交流プラットフォーム提供

前節で述べてきたレシピのあり方に対して、活動の展開形式および宣伝方法は参加者に相当重視されていることが確認できた。

展開形式について、まずは活動を展開する側としての条件を分析することである。経費はいくらあるのか？時間と場所にはどのような制限があるのか？これらの課題を明確にしてから適当な形式を選択し、活動参加資格・審査方法などを決めるべきである。また審査方法に対して、審査員の決定や審査段階過程を工夫することも大きな課題となる。

宣伝方法について、アンケート調査で参加者から一番重要だと指摘されているのは、情報が田舎に届いていないことである。特に大型コンクール類の活動に対して、活動に関する情報は学生にとって強く求められており、宣伝方法の改善が強く望まれている。

一方お客さんを維持するためには、アフターサービスも不可欠だと思われる。まずはフィードバック調査を行い、参加者の本音を知るべきである。調査形式については、前章の調査結果から見ると、無記名アンケート調査のような個人情報が保護される形式が支持を受けやすいと考えられる。また活動展開後、参加者たちが交流し続けられるプラットフォームを提供することも望まれている。交流活動において、活動時間は限られているので、真の交流はその場限りではなく、活動が終わってから始まるのだと思われる。

③料理人（活動主催者）

これまで述べてきた内容に基づき、料理人に対する今後の留意点をまとめたい。

第一は、主催者中心のやり方を避けて、参加者全員に意見や感想を述べられる交流チャンスを提供することである。交流時間と交流の場をできるだけ参加者に与えるべきで、交流現場でひたすら主催者が話すのは避けるべきである。

例えば、「参加費用を支払ってＡさん主催の活動に参加した。1時間の交流活動なのにＡさんは40分かけて自己PRし、自分の製品を宣伝していた」という事例も少なくない。このような活動に参加することにより、日中交流活動への好感度が下がってしまう現状もある。

第二は、内気な参加者に対してウォーミングアップの段階を設定することにより、参加者全員を交流活動に溶け込ませることが何より重要であろう。

第三は、活動参加人数のバランスを考慮することである。参加人数の多少・日本人と中国人の比率は、活動の展開効果に重要な影響を与えていると考えられる。主催者として、ひたすら参加人数を増やすことを求めるのではなく、参加者の満足度を高めるべきである。

最後に料理人向けの調査の中で、料理人がアドバイスした「自分の組織のことだけでなく、広く同様な志を持っている仲間を増やしていく」ことである。相手の長所（展開形式や宣伝方法など）を学び、互いに活動を展開するうえでの問題点を認識、解決方法を考えるべきである。例えば定期的に会議を開催したり、活動主催者の養成を行うことなどを通して、日中友好の輪を広げていくことが大きな課題となる。一方、先行研究で提示された「交流活動の増加とともに交流活動展開における問題の予防・解決を図りうる人材を育成すること」も強く望まれている。

終わりに

筆者の個人的体験を踏まえ、これまでの先行研究を基に、日中民間交流活動の展開概況をまとめた。またアンケート調査を通して、交流がもたらした日中国民の感情の変化並びに活動を展開する上での問題点を明らかにした。最後に、未来の日中民間交流活動に対する展開のあり方について構想をまとめ、これからの活動構築における課題や展望についても述べてきた。

しかし言うまでもなく、本稿は小規模な、あくまでも個人的な体験談に過ぎず、調査対象も小規模に限られている。個々の不足点を意識し、解決していくことが今後の課題である。いくつか改善すべき点をここで挙げておきたい。

第一に、サンプル数、調査場所の拡大である。本体験談で日本人と中国人を分けて調査を行ったが、日本人のサンプル数はあまり多くなかった。加えて、調査した日本人はほとんどが中国国内に住む日本人なので、生活環境がもたらした影響は避けられない。また筆者の周りのネットワークを使って調査したものなので、データの偏りも生じていると考えられる。今後はもっと大きなサンプルで、調査場所の範囲を拡大して調査を行いたい。

第二は、調査の無作為性を高めることである。本体験談の調査はいずれも日中交流活動に参加した人に限られている。アンケートの内容は全て活動参加者の目線から設定した質問であるので、活動に参加したことがない人は回答ができない部分もある。また、アンケート調査は自由回答の形となり、日中交流活動に関心を持っていない人の回答は回収しにくくなる。今後は時間と場所を限定し、無作為性の高い調査をしたい。

第三は、追跡調査の実施である。活動参加回数によって、活動に対する感想も変わっていくと考えられる。はじめて活動に参加する人に第一次調査を行い、その感想を考察する。一定時間経過後、同じ被調査者に第二次、第三次の調査を行い、活動における問題点及び活動がもたらした感情の変化を明らかにしたい。

第四は、日中民間交流活動の支援への応用である。まだ能力不足のため、自ら大型の交流活動を展開することは難しい。とはいえ、ボランティアとして日中友好組織や団体の各事業を応援することはできる。したがって、本体験談並びに今後の研究によって得られた研究結果をうまく日中民間交流活動の支援に活かしていきたい。

参考文献

大森和夫・大森弘子『夫婦の「手作り・日中交流」28年』日本僑報社、2016年

園田茂人「日中交流概観調査」(財) 国際文化交流推進協会 (エース・ジャパン)、2004年

東アジア共同体評議会「未来志向の関係構築における日中青年交流のあり方研究」、2015年

陳言「中日民間交流の新たなチャンネル」瞭望東方週刊、2013年

張進山「戦後の中日民間交流の軌跡と特徴—中日国交正常化30周年特別寄稿」チャイナネット、2002年

国際交流基金ホームページ https://www.jpf.go.jp/j/world/ (2017年10月15日最終アクセス)

国際交流研究所ホームページ http://www.nihonwosiru.jp/ (2017年10月15日最終アクセス)

日本僑報社ホームページ http://jp.duan.jp/ (2017年10月25日最終アクセス)

NPO中国人留学生交流支援立志会ホームページ http://www.risshi.org/2page.html (2017年10月28日最終アクセス)

日中友好会館ホームページ http://www.jcfc.or.jp/ (2017年10月28日最終アクセス)

笹川日中友好基金ホームページ https://www.spf.org/sjcff-j/ (2017年10月29日最終アクセス)

外務省ホームページ http://www.mofa.go.jp/mofaj/ (2017年10月29日最終アクセス)

日中未来の会ホームページ http://japanchina-mirai.com/ (2017年10月30日最終アクセス)

日中関係学会ホームページ https://www.mmjp.or.jp/nichu-kankei/ (2017年10月30日最終アクセス)

---

1 ここでは料理店の評価方法 (三ッ星は料理店に対する最高の評価) を借用する。

2 張進山「戦後の中日民間交流の軌跡と特徴—中日国交正常化30周年特別寄稿」チャイナネット、2002年

3 園田茂人「日中交流概観調査」(財) 国際文化交流推進協会 (エース・ジャパン)、2004年

4 東アジア共同体評議会「未来志向の関係構築における日中青年交流のあり方研究」、2015年

5 「问卷星」はネット調査用のソフトで、学術研究に利用することが許されている (サイトリンクはhttp://www.wjx.cn)。

6 本論文のフィードバック調査では、日中交流活動参加者を対象に、交流活動の展開状況に対する感想・意見を聞いている。

特別賞

中国・日本のメイカームーブメントから探るモノづくりの新たな一断面

～衆創空間の深化に着目して～

日本大学商学部　代表 **長澤成悟**（3年）
池田真也（4年）、**黄鶯**（3年）、**谷口滉**（3年）、
金子拓斗（2年）、**結城里菜**（2年）

序論 問題の所在と分析方法

近年、欧米を中心にインターネットの発達とモノづくり環境の整備に伴って、3Dプリンターやレーザーカッター等のデジタル工作機械が誰でも容易に使えるようになった。これにより、独創的なアイディアを持つ「メイカー（創客）」が容易にモノづくりに参入できるようになった。さらにベンチャーキャピタルやエンジェルの参入もあり、彼らが主体的にそこから起業する流れもある。このような流れをクリス・アンダーソン（2017）は、「メイカームーブメント」と名づけ、新たな第4次産業革命になりうると伝えている。

最近ではアジアにおいてもその潮流がみられるようになり、中でも中国の深圳などの都市では「衆創空間」と呼ばれるモノづくりのプラットフォームがメイカーのモノづくりの活動を支援している。

この論文は中国版「メイカームーブメント」とその主人公たちに光を当て、衆創空間がこれからの製造業の発展の鍵になるのではないかと考え、日本の状況と対比しつつ、今後の展開を推察しようと試みた。

研究方法としては、衆創空間の実態を明らかにすべく、深圳で実地調査を実施したある研究者にインタビューを行った。また衆創空間に関する文献調査も行い、中国の衆創空間の独自性を見るために、日本における同様の施設を訪問した。

こうした比較から見えてきたのは、中国国内の衆創空間の深さと広がりである。新たなモノづくり環境としての衆創空間へ集まってくるメイカーの熱気のすごさは大変なものである。そして今の深圳のモノづくり環境から、中国の新たな製造業の一断面を伺うことが出来た。

この論文ではまず第一章で、鍵となる概念の「メイカームーブメント」について整理を行う。第二章では中国のメイカームーブメントからみられる衆創空間について言及し、第三章では深圳を一つの例に取り上げ、日本と中国の衆創空間を比較し、違いを見極める。これにより中国国内の衆創空間の状況を把握する。最後に結論で、これまでの調査から考察を行い、今後の推察を行う。

一、なぜメイカームーブメントなのか

1-1　鍵概念：メイカームーブメントについて

はじめに「メイカームーブメント」という鍵となる概念の確認が必要であろう。この鍵となる概念の前半部分にあたる「メイカー」は、英語の“maker”に対応する日本語であり、中国語の「創客」に相当する。この単語は「モノづくりをする人」を意味するが、「製造企業」としての「メーカー」とは異なる概念であることを強調するため、カタカナ表記を変えている。後半部分の「ムーブメント」は運動を表す。

「メイカームーブメント」をより理解するために、アンダーソン（2017、p.32）が述べる3つの特徴を以下に列挙したい。

1　デスクトップのデジタル工作機械を使って、モノをデザインし、試作すること（デジタルDIY）。
2　それらのデザインをオンラインのコミュニティで当たり前に共有し、仲間と協力すること。
3　デザインファイルが標準化されたこと。おかげで誰でも自分のデザインを製造業者に送り、欲しい数だけ作ってもらうことができる。また自宅でも、家庭用のツールで手軽に製造できる。これが発案から起業への道のりを劇的に縮めた。まさにソフトウェア、情報、コンテンツの分野で、ウェブが果たしたのと同じことがここで起きている。

「メイカームーブメント」についての上記3つの特徴から分かるように、近年のインターネットの普及によって、従来の状況とは異なり、製造業のプロでなくても誰もが自分たちのアイディアをオンライン上で共有できるようになった。さらにデジタルソフトウェアの発達で、誰もが自分たちのアイディアを低コストで製造し商品化することが可能になっている。

以上の説明から導かれるように、「メイカームーブメント」とは、メイカーがインターネットや3Dプリンターなどを活用し、アイディアの試作、アイディアの共有、アイディアの製品化など様々なことが行えるようになった潮流を表している。

1-2　メイカーとはどんな人たちなのか

メイカーとは、科学的に考えることを好み、革新的なアイディアを持っているものの、それを形にする方法や財力、機会がない人々（多くは一般人）を指している。

スタートアップアクセラレーターの一つで、中国深圳市でメイカーたちの創業の支援などを行っているSeeed Studioは、モノづくりをする人々を、その習熟状況に応じて、図表1のように位置付けている。図表1の数字は市場で売れる状態にある成果物の数を表している。素晴らしいアイディアはあるが、それを何らかの有体物に出来ていない状況にあるのがドリーマー、試作品やサンプルとして一応形には出来たが、製品化や販売化には至っていないのがメイカー、それを製品化し販売できる状態にまで仕上げたのが、ベテランメイカーと呼ばれる。

図表1　メイカービジネスピラミッド[1]

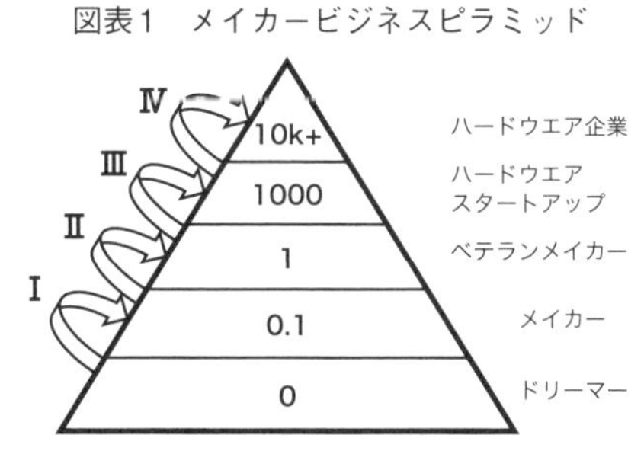

出所：Seeed Studio公式HPのMAKER BUSINESS PYLAMIDを基に作成。

メイカーという言葉はしばしば、図表1の5段階中のベテランマイカーなどをも含む広義の意味で用いられることがあるが、本稿では実際に製品化して量産・販売できる状態と区別するために、新しいモノづくりのあり方に従事する一般人をメイカーと呼ぶことにする。そして、このメイカーという言葉を単体で用いた時には、図表1のドリーマーとメイカーという下から2つのレベルを合わせたものとして使うこととする。

二、夢の具体化を助ける場 衆創空間とは

2-1　中国版メイカームーブメント

2011年、Seeed社はメイカースペース（メイカーたちに安価でモノ作りのための機材や部品を提供する場）である柴火創客空間（後述）を深圳に立ち上げた。2015年1月、李克強首相がそこを訪問したのをきっかけに、中国政府は「大衆創業、万衆創新（大衆のイノベーション、万人のイノベーション）」（後述）という政策を打ち出した。この政策の狙いは企業を通じたイノベーションを促進することが目的であり、これによって中国全体のメイカームーブメントが促進された。

このメイカームーブメントの流れの中で、これまで「世界の工場」として知られてきた深圳市は、「世界からメイカーたちが集まる場所」に豹変している。ではメイカーが集まる深圳市はどのような環境なのか。深圳市には、前述のSeeed社のように世界中のメイカーを支える企業、柴火のように実際にメイカーが手を動かせる場所、そしてアクセラレーターのようにそれを金銭的に援助したり教育する環境がある。

これらを総称して衆創空間と呼ぶことが多い。次にその衆創空間について詳しく見ていこう。

2-2　衆創空間

上述の「メイカームーブメント」に対応し、実際に夢が成果物として実現される舞台として、どのような場が準備されているのであろうか。こうした場のことを中国では「衆創空間」と呼んでいる。ただし、その内容は多彩である。

金（2016）は、衆創空間を「海外でいうCo-Working Space[2]からMakerspace[3]、Hackspace[4]、そしてStartup Accelerator[5]まで含まれる概念」と定義している[6]。他方、張（2016）は衆創空間の定義として、国務院弁公庁による「低費用・便利化・全要素・開放式の新型創業サービスプラットフォーム」、科技部による「四化（市場化、専業化、集積化、ネット化）・交流。資源共有」を用いている。

三、日本との比較から見る中国の衆創空間の実態

3-1 深圳の衆創空間：その深さと広がり

中国における衆創空間は、実際にどんな展開をみせているのだろうか。本稿では深圳の状況に着目し、各スペースが提供するサービスの違いを一覧表にすることで、基本状況を確認することにしたい。

深圳市は1980年に経済特区に選ばれて以来、製造業の街として目覚ましい発展を遂げてきた。非常に個性的な街で、多くの外資系企業の工場が建てられ、多くの金融機関が集まったことから、金融都市としての側面も持つようになった。

政府が「大衆創業、万衆創新」のスローガンを提唱したのち、深圳市は「深圳市促進創客発展三年行動計画（2015-2017）」を目標として打ち出した。同計画によると、深圳市は市内に「創客中心（メイカースペースや展示会のこと）」を毎年50カ所新設することや、2017年末までにこれを市内に200カ所設けることを目標にしており、市全体でモノづくりに対する意欲の旺盛であることが分かる。

「大衆創業、万衆創新」のスローガンでは、起業環境をより向上させることを目的としており、内容としては税制優遇措置や投資関係制度の整備、知的財産権の保護強化、スタートアップ・エコシステムの充実などを図っている。またモノづくりの場だけでなく、前述のアクセラレーターのような企業のために準備や後押しをする仕組みの確立も目指している。

深圳の衆創空間の特徴として、ハードウェア系が多いということが挙げられる。元々製造業の街として栄えた深圳市らしい特徴であり、3Dプリンターや切削機などの設備が整うメイカースペースが充実している。また「華強北」と呼ばれる電気街もあり、モノを作る際の部品が極めて集まりやすい。この「華強北」は日本の電気街として知られている秋葉原の約30倍もの面積があり、深圳市がいかにハードウェア開発に適しているかが伺える。

このように深圳市にある衆創空間は、製造業であってもハードウェア開発に適している。図表2で、主要な衆創空間を30カ所取り上げてみた。

柴火創客空間

中国で最も早い段階で設立された衆創空間で、前述の李首相が訪れた場所であることもあり、知名度も他の場所と比べて高い。深圳では、一般人であるメイカーたちが作ったモノを展示するメイカーフェアが開かれるなど、

図表2　深圳における衆創空間の例とその役目[7]

会社名	メイカースペース	コ・ワーキングスペース	スタートアップアクセラレーター	運営企業／団体
賽格創客中心	○	○	×	賽格集団
深圳華強北国際創客中心	○	○	○	華強集団
1980創客之象	×	○	×	1980文化産業園
創客基地衆創空間	×	○	×	深圳創客基地科技有限会社
大公坊創客基地	×	○	×	大典創新チェーン会社
南極圏空間	×	○	○	天使輪会社
深圳衆創工廠	○	○	×	深圳衆創工廠創意科技有限会社
哈爾濱工業大学深圳研究院	○	○	○	哈爾濱工業大学＆深圳政府
深圳大学城創意園	○	○	×	南山区建設創新科技企業
創客螞蟻邦	×	○	○	科学技術部トーチ高技術産業開発中心
比特咖啡	×	○	×	大中華国際集団＆潮汕青年商会
星雲智能硬件衆創空間	○	×	×	聯想之星
傘友咖啡	×	○	×	深圳市傘螺旋創業サービス会社
微匯	×	○	○	微匯孵化器管理有限会社
四方網営創業港	×	○	×	北京創業港湾科技有限会社
中科創客学院	×	○	×	中国科創客学院有限会社
移盟移動互聯創業研究院	○	○	×	深圳移盟産業園運営有限会社
雲雲珈琲創客大本営	×	○	×	富泰華工業有限会社
HAX国際硬件創客空間	○	○	×	明日星有限会社
Hix全球智進中心	○	○	×	希格斯衆創科技有限会社
匯営銷衆創空間	×	○	×	衆揚匯科技有限会社
Wedo微聯合創業社	×	○	○	微聯創社科技有限会社
深圳科技寺聯合創業空間	×	○	×	科聚思科技発展有限会社
田客中国創客空間	×	○	×	前海君浩科技有限会社
3D印刷創客区間	○	×	×	光華偉業有限会社
深圳創客空間	○	○	×	深圳創客空間科技有限会社

出所：中小情報網「中小産業研究院の出す深圳市の衆創空間一覧表」及び個々の衆創空間の参考文献をもとに作成。中小産業研究院は「衆創空間362社」（中国科技部が2016年2月に公表）の中からピックアップ。

年々モノづくりは勢いを増しているが、中でも中心となっているのが柴火創客空間である。60㎡という小さな場所に、モノづくりのための設備やメイカーたちの話し合いの場所が設けられており、初級者・中級者・上級者といったレベルによって料金設定が異なっていて、それぞれの段階に応じた設備を使うことが出来る。

高久保（2017）の報告によると、柴火創客空間は2017年3月に大きめの敷地に新たな設備を作っている。今までの場所は象徴的な場所として残され、もともとあった施設とは別に、上級者向けのモノ作りの場所が設けられたことになる。これまでは興味本位で訪れる人々も多く、本当に起業したいという人々の活動の妨げとなっていたが、新設備の設置によってこうした問題は解決された。

3-2 日本のメイカームーブメント：衆創空間に似た民間企業

日本にも衆創空間に似た民間企業があった。図表3（次頁）では、東京における主な衆創空間をピックアップしてみた。

3-3 日中の衆創空間の比較

中国の衆創空間と日本の同様な環境とを比較したのが図表4（次々頁）である。同表では、深圳にある柴火創客空間と東京にあるDMM.make AKIBAをアレックス・オスターワルダー、イヴ・ピニュール（2012）が伝えるビジネスモデルキャンバスに倣って分析を行った。顧客価値提案や資金の流れなどを書き入れ、ビジネスモデルの9つの要素を明確化してある。

図表4を見ると、ほとんどの項目で両者の一致するものが多くあるが、我々が着目したのは「収益の源泉」である。ここでの柴火創客空間の特徴は政府の支援である。反対にDMM.make AKIBAは政府からの援助を受けずに、運営を行っている。

表からは、日本はアイディアを形にするといったメイカースペースよりも、話し合いを重視したコ・ワーキングスペースが多い。それに比べて中国は日本よりもメイカースペースといった実際に形にする空間が整っている。話し合いの場を提供するよりも、アイディアを形にするための機材や材料を揃える空間を提供する方が、コスト面から見てもハードルが高く難しい。しかしそれでも中国はメイカースペースやハッカースペースの充実に力を入れており、日本よりもイノベーションが起こりやすい環境が整っているのではないだろうか。

図表3　東京における衆創空間の例とその役目

会社名	メイカースペース	コ・ワーキングスペース	スタートアップアクセラレーター	運営企業
DMM.make AKIBA	○	○	○	株式会社DMM.com
TechShop	○	×	○（富士通）	富士通株式会社
MAKER'S BASE	○	×	×	株式会社Maker's
FabLab/FabLab β	○	×	×	FabLab Japan Network
Lightningspot	×	○	×	シェアゼロ株式会社
PoRTaL	×	○	×	株式会社ひつじ インキュベーション・スクエア
CAREER DESIGN CAFÉ	×	○	×	VISITS Technologies株式会社
coromoza	○	×	×	株式会社衣屋
Creative Lounge MOV	×	○	×	コクヨファニチャー株式会社
Connecting The Dots	×	○	×	株式会社インクルード
ビジネスエアポート	×	○	×	ライフ&ワークデザイン株式会社
TREE7Coworking	×	○	×	株式会社TREE7
大人の予備校	×	○	×	株式会社 Act, and A
HUB Tokyo	×	○	×	株式会社HUB Tokyo
スタジオ4	×	○	×	フジラボ
パズル芝浦	○	○	○	チームパズル株式会社
MONO	×	○	×	後藤建築事務所株式会社
Samurai Startup Island	×	○	×	株式会社サムライインキュベート
STOCK	×	○	×	チームパズル株式会社
Knowlegde Society	×	○	×	株式会社ナレッジソサエティ
EDITORY	×	○	×	株式会社安富
マトメカフェ	×	○	×	株式会社マッシグラ 株式会社 Media Shakers
シェア・オフィス イノバゼス	×	○	×	イノバゼスト株式会社
ビジネスエアポート 東京	×	○	×	ライフ&ワークデザイン株式会社
ビジネスエアポート 丸の内	×	○	×	ライフ&ワークデザイン株式会社
Venture Generation	×	○	×	J-Seed Ventures INC Hyperion Japan Group
LEAGUE	○	○	×	UDS株式会社
Basis Point	×	○	×	Ascent Business Consulting
こけむさズ	○	○	×	株式会社gotton
SUSANOO	×	×	○	特定非営利活動法人エティック
AI.Accelerator	×	×	○	ディップ株式会社
MISTLETOE	×	×	○	Mistletoe株式会社

出所：各企業の公式HPをもとに作成。

図表4 中国における衆創空間と日本における衆創空間の違い

	柴火創客空間	DMM.make AKIBA
顧客セグメント	企業、一般人、大学生	企業、一般人、大学生
価値提案	機材の提供、レンタル スタートアップ支援	アイディア 機材の提供、レンタル スタートアップ支援 起業家の教育
チャネル	コ・ワーキングスペース、メイカースペース	コ・ワーキングスペース、メイカースペース
顧客との関係性	会員制	会員制
収益の源泉	政府からの支援、利用費	利用費（投資のフェーズ、ビジネスをより波及。今後市場を広げて初めて価値を出す）
主なリソース	資金、知的財産、機材	顧客の知識、場所、スタッフ、機材
主な活動	プロモーション、マーケティング、機器の貸出、コンサルティングサービス	プロモーション、マーケティング、機器の貸出、コンサルティングサービス
パートナー	ベンチャーキャピタル 投資集団、資金調達 機材の調達	資金調達、出会いの場、助成金、技術者スキル教育サポート、スタートアップと大手企業をつなぐ、プラットフォームを提供
コスト構造	人件費、維持費、投資金	人件費、維持費、投資金、メディアの配信費用

出所：柴火創客空間のHPとDMM.makeAKIBAのHPを基に作成。

結論

分析の結果、中国政府は「大衆創業・万衆創新」というスローガンを提起し、いつまでに何カ所衆創空間を開設するといった具体的な目標を掲げており、これらの点では日本よりも積極的である。加えて政府の支援においても、政府のトップである首相が直々に現場へ足を運ぶなど、力の入れ方が顕著であるように思われる。

深圳にある会社で、民生用ドローンおよびその関連機器の製造会社として世界を席巻するまでに成長したDJI社の存在も大きい。さらにはメイカームーブメントの飛躍的な発展の鍵となる衆創空間とクラウド・ファンディングとの結合が進み、メイカーに向けた創業支援環境の整備が世界に比類のない速度で前進している様子も垣間見ることが出来た。

こうした状況から、我々は中国におけるメイカーの動きと、メイカームーブメントを通したモノ作りの新たな一断面を発見するに至った。今後この衆創空間はさらなる発展を見せ、VR（仮想現実）やロボットなどの分野にまで広がっていこう。

現在展開中の政策として、中国では「中国製造2025」、日本では「ベンチャーチャレンジ2020」がそれぞれある。両国ともに政策はあるのだが、比べてみると日本の方がまだ注目度が低いと感じられた。

中国のモノ作り運動の勢いは凄まじいものがあり、日本も見習うところがあるのではないだろうか。日本のメイカーたちは、独創的なアイディアを持ちながら、それを形に出来ていない。また新たに事業を立ち上げ、中国のように産業を盛り上げていくことが、まだ出来ていない。

だが小さいとはいえ、すでに日本でもそれなりの環境は整っている。DMM.make AKIBAからも、Exiiiをはじめ新たな企業が生まれつつある。また図表3に挙げたように、日本にも中国ほどではないが衆創空間が少なからず存在している。

今後の日本の課題は、いかに中国に倣い、より意欲的な政策を掲げ、日本独自のメイカームーブメントを盛り上げていくか、ではなかろうか。

今後の研究の課題として、これらの政策がメイカームーブメントや衆創空間などのモノづくりの動きにどう関わっていくかを明らかにしていきたい。また今後の両国のメイカームーブメントの動きも引き続き観察していきたい。

参考文献

（日本語ウェブサイト）

関志雄「中国経済の新常態」独立行政法人経済産業研究所、発行年月日不明　http://www.rieti.go.jp/users/china-tr/jpssqs/141003ssqs.html（2017年9月30日最終アクセス）

高久保豊「中国における双創構想とメイカーズスペースの新展開」アジア経営学会第24回全国大会予稿、2017年9月9日　http://www.ifeama.org/jsaam/taikai_annai2017_program.html（2017年9月29日最終アクセス）

中小企業基盤整備機構公式HP　http://www.smrj.go.jp/incubation/about/085062.html（2017年9月30日最終アクセス）

藤田哲雄「中国のインターネットプラス政策とその展開」環太平洋ビジネス情報、2016年　https://www.jri.co.jp/MediaLibrary/file/report/rim/pdf/9643.pdf（2017年10月10日最終アクセス）

三井物産戦略研究所「中国・深圳の製造ベンチャー誕生の背景と今後の展開」2017年　https://www.mitsui.com/mgssi/ja/report/detail/1222830_10674.html（2017年9月30日最終アクセス）

ユニコーン企業「2015-08-21朝日新聞　朝刊1経済」 https://kotobank.jp/word/ユニコーン企業-1713160（2017年9月30日最終アクセス）

COWORKING COOP公式HP「コワーキングとは」 http://coworking.coop/about/coworking/（2017年9月30日最終アクセス）

GinzaMetrics「（Y Combinator）Yコンビネーターとは」2011年12月5日　http://www.ginzametrics.jp/blog/what_is_ycombinator（2017年9月30日最終アクセス）

People's Daily Online「2014年夏季ダボス年次総会」発行年月日不明 http://j.people.com.cn/94476/209470/310334/index.html（2017年10月3日最終アクセス）
THE BRIDGE「Xinchejian（新車間）教育系のスタートアップ、中国の『ものづくり』革命の好機をつかむ」2016年 http://thebridge.jp/tag/xinchejian（2017年9月30日最終アクセス）
ZDNet JAPAN「アクセラレーターとインキュベーターの違いとは？」2014年12月4日 https://www.google.co.jp/amp/s/japan.zdnet.com/amp/article/35057145/（2017年9月30日最終アクセス）
中国商務指南～中国ビジネス最新ガイド～「『中国製造2025』の戦略構想と将来展望」2016年5月、6月 https://www.mizuhobank.co.jp/corporate/world/info/globalnews/backnumber/pdf/global1605-06_02.pdf（2017年10月29日最終アクセス）

（英語ウェブサイト）
crunchbase「The State of the unicorn」2017年 https://news.crunchbase.com/news/the-state-of-the-unicorn/（2017年9月29日最終アクセス）
HAX About〈https://hax.co/about/〉HAX Accelarator公式HP（2017年9月30日最終アクセス）
HAX Accelerator〈https://hax.co/accelerator/〉Hax Accelerator公式HP（2017年10月9日最終アクセス）
Make「Is it a Hackerspace, Makerspace, Techshop, or FabLab?」2013年 https://makezine.com/2013/05/22/the-difference-between-hackerspaces-makerspaces-techshops-and-fablabs（2017年9月29日最終アクセス）
Nesta... 2016年 http://www.nesta.org.uk/publications/made-china-makerspaces-and-search-mass-innovation（2017年9月30日最終アクセス）
Ian Hathaway「What Startup Accelertors Really do」2016年 https://www.linkedin.com/pulse/what-startup-accelerators-really-do-ian-hathaway（2017年10月10日最終アクセス）

（中国語ウェブサイト）
中商産業研究院「深圳市衆創空間名単一覧」2016年 http://www.askci.com/news/hlw/20160518/1644509864.shtml（2017年10月9日最終アクセス）
深圳商「賽格創客中心要"4.0版"」2015年 http://szsb.sznews.com/m/article.htm?url=http://szsb.sznews.com/html/2015-08-10/content_3305124.htm（2017年10月9日最終アクセス）
中国製造2025 年月日不明 http://www.gov.cn/zhuanti/2016/MadeinChina2025-plan/index.htm（2017年10月29日最終アクセス）

（書籍）
クリス・アンダーソン『MAKERS 21世紀の産業革命が始まる』NHK出版、2012年
髙久保豊「中国のビジネスモデル転換に関する一考察：二重移行論との関連」『商学集志』。第86巻第2号、日本大学商学部、2016年
高須正和『メイカーズのエコシステム 新しいモノづくりがとまらない。』インプレスR&D、2016年
金堅敏『中国の新たなイノベーション戦略を支える「大衆創業・万衆創新」政策の展開』日中経協ジャーナル、2016年12月号、pp.6-9
アレックス・オスターワルダー、イヴ・ピニュール『ビジネスモデル・ジェネレーション ビジネスモデル設計書』小山龍介訳、翔泳社、2012年
張継紅主編『衆創空間：互聯思維下的創新創業昇級版』北京科学技術出版社、2016年
高須正和『深圳発 中国メイカー革命 深圳に根付くメイカー文化』週刊東洋経済 2017年3月号、pp.104-107

1　ピラミッド中央において「0」、「0.1」、「1」…と並んでいる数字は、各レベルにおいて市場で成果物が売れる数量、すなわち商品化できた数を示している。また「I」、「II」…と並んでいる数字は、数字が大きくなるに従い初級者から上級者へ成長してゆく段階を表している。

2　COWORKING COOP公式HPによると、co-working space（コ・ワーキングスペース）を「個々に仕事を持ち働く人たちが、働く場所（空間）を同じくするだけでなく、コミュニケーションを図ることで、互いに情報と知恵を共有するという概念およびそのための施設」で、カフェやオフィスのような会話ができる部屋のような空間としている。

3　techtarget（2014）はmakerspace（メイカースペース）を、「技術と工作機器、教育の機会を一般に提供するコミュニティセンターである。会員は普段利用できない3Dプリンターやデジタル製造機を利用できる」と説明している。

4　プログラマーたちが集まる、ソフトウェア製造に必要な設備が整った場。

5　Startup Accelerator（スタートアップアクセラレーター、以下アクセラレーター）は「起業家の創業のスタートアップの段階に約３カ月から半年の短期間でメンターとなり、教育や投資のサポートをする者」とHathaway（2016）によって定義されている。

6　金堅敏『中国の新たなイノベーション戦略を支える「大衆創業・万衆創新」政策の展開』2016年12月号（No.275）、p.6-9から引用。

7　本論文で掲載する図表での「○」「×」は、我々が定めた以下のような独自の評価基準を基にしている。
（メイカースペース）○＝ホームページや施設利用概要から3Dプリンタなどのデジタル製造機の存在が確認できたところ。×＝非該当
（コ・ワーキングスペース）○＝ホームページや施設利用概要から、個人が仕事をしたり、人々が会議やアイディアの共有のために集まったりする場が確認できたところ。×＝非該当
（スタートアップアクセラレーター）○＝ホームページや施設利用概要から、起業を目指す人々に対して起業の教育や資金援助等様々な支援を行っていることが確認できたところ。×＝非該当

特別賞

テキストマイニングに基づく日本外交談話の分析

〜外務省記者会見における談話を例として〜

西安交通大学外国語学部
2017年6月卒業
陳星竹

はじめに

21世紀に入ってから世界が多極化の方向に向かい、グローバルなパワー・バランスの変化が起こっている。また世界がグローバル化によって密接につながった結果、国境を越えて瞬時に伝播する地球規模の課題が深刻化している。このように変容しつつある世界の中で、他の国の外交政策や方針を把握することが、ますます重要になってきた。特に中国にとって重要な隣国である日本について、外交面での理解を深めることが極めて必要と思われる。

さて政治指導者が国内外で行う外交演説は、国際情勢や外交案件についての国の立場を表明するものであり、時には政治指導者の強力な武器として使用されてきた。外交演説とは一般的に、総理大臣や外務大臣等が行った外交関連の演説やスピーチのことを指すが、国内メディアや海外メディア等への寄稿やインタビューの形式で、特別に見解を表明する場合もある。演説内容は発言が字義通りに伝えられる一方で、繰り返しの動きなどの談話ストラテジー（戦略）によって、婉曲的に伝えられるものもある。

これらの演説には、発言者の個人的な意見と政府全体の見解が含まれており、中には巧みに目に見えない形で発信される支配的イデオロギー（政治思想的傾向）が潜在している場合もある。従って、一定の理論的モデルや方法論に基づいて、支配的イデオロギー（政治思想傾向）を内包した外交に関する言説を、批判的に分析することが必要とされる。

情報社会において我々の生活には、毎日膨大な情報が満ち溢れている。膨大かつ多様な情報から有用なもののみを抽出する手法として、言語学においては計量テキストマイングの技術が活用されている。本論文では、外務省記者会見における外務大臣の発言を分析対象とし、計量テキストマイニングの手法で、膨大なテキストデータを量的に分析することにより、大臣の発言に現れる特徴や潜在しているイデオロギー（政治思想傾向）を、より客観的かつ科学的に把握したい。

本論文は、4章からなっている。第1章は先行研究やその問題意識等について紹介する。第2章は研究方法を「資料の収集及び処理」「分析ツール」「分析方法」の3つの部分から紹介する。第3章は記者会見における大臣の発言の全体的な特徴を把握し、言葉の量や言葉使いの特徴等の面から分析する。最後に第4章は論文のまとめと今後の課題について述べる。

一、先行研究と問題提起

1-1　先行研究

①批判的談話分析（CDA）の理論と研究

批判的談話分析（Critical Discourse Analysis、以下CDA）は、談話を単なる社会的行為と見なすだけでなく、現実社会という歴史の流れの中の「今、ここ」における社会的行為と見て、現代社会の不平等な力関係を内包した談話を批判的に分析するアプローチ[1]である。CDAの目的は、談話に付与されたイデオロギー的言語使用と、その根底にある権力関係（the relations of power）を明確化することにある[2]。

多くの学者がCDAについて、独自の理論をまとめており、中でもFaircloughとvan Dijkの理論が多く応用されている。

Fairclough（1995：97）はCDAを「批判的な分析を通じて、テキストと社会的プロセスや社会的関係（イデオロギー、権力関係）のつながりを明らかにする学問」（筆者訳）であるとし、他の言語研究とは異なることを主張する。また、Fairclough（1992）は談話について書かれたものや話されたものとしてのテキスト、産出や解釈といった言語行為として実践されるもの、さらに社会的実践の一つのタイプとしての談話という3つのレベルで捉えている。具体的には以下の分析枠組みを参照されたい。

(1) analysis of text（語彙・文法・語用論等に基づく言語学的分析）
(2) analysis of discursive practice（談話の産出・分配・解釈過程の分析）
(3) analysis of the social practice（実際の社会文化的状況の分析）（高木訳[3]）

本論文では、上記のFaircloughにより提出された分析枠組みに沿い、研究を展開したい。

一方、van Dijkは伝統的なイデオロギー研究が観念(ideas)、信条(belidfs)、意識（consciousness）をほとんど扱わないと指摘している。van Dijkによれば、言語の社会的意味について研究する際、社会と心との関連を無視してはいけないという。このような観点から、van Dijkは任地によって意識・知識が形成され、このような意見・知識を基礎にしてディスコース（言説）が形成されていると論じている。そのために彼は、一つの学問の立場をとることなく、多様な学問的アプローチを取り入れた学際的CDAの必要性を訴えているということができる。こうしたvan Dijkの主張も本論文に大きな示唆を与えている。

CDAの理論に基づく論考としては、東（2007）による日本の歴代首相の所信表明演説、国会答弁等における話し方についての研究、申・梁（2013）によるオバマ前米大統領のビンラディン殺害についての講演についての研究等が挙げられる。しかし、従来のCDAの理論に基づく研究には、共通した問題点があると考えられる。それは、研究対象となる演説や発言の量が少ないこと、つまり質的分析は十分に行われてきたが、量的分析はなお十分に行われていないことである。

竇(2011)はCDAの理論に基づき、中国と米国の政治演説（governmental discourse）資料をまとめ、さらに大量に収集したテキストデータをコンピューターで解析可能とするために、コーパス（言語研究のための資料）を作成し、政治学、国際関係学、言語学という学際的な視点から量的分析を行っている。その結果、中国、米国が政治演説を通じ国家のアイデンティティを構築し、異なるイデオロギーを色濃く反映させたことを量的に明らかにした。この研究が本論文に重要な示唆を与えている。

またCDAの方法論研究として、辛（2005）は英字新聞テキストの批判的談話分析の方法について、Faircloughの理論に基づき、分類（語彙の選択）、法性（モダリティー）、転換（名詞化・他動性）の3点を提示した。同論文の研究方法が本論文に示唆したものは大きい。本論文もFaircloughの方法論に基づき、辛（2005）の方法を併用しつつ、分析を展開したい。

②テキストマイニングの理論と研究

言葉の分析においては、近年、計量テキストマイニングと呼ばれる研究分野が発展している。計量テキストマイニングとは、「定型化されていない文章の集まりを自然言語解析の手法を使って単語やフレーズに分割し、それらの出現頻度や相関関係を分析して有用な情報を抽出する手法[4]」である。つまり膨大なテキスト（文書）情報の中から、有用な情報だけを掘り出す（マイニング）方法である。

金（2009）は計量テキストマイニングの利点を以下のようにまとめている。

（1）文章やテキストをデータとして定量的な分析ができる
（2）それによって、膨大な量のテキストの迅速な処理も可能となる
（3）伝統的研究方法では得られない「意外な」情報を得られ、新たな見解のきっかけとなることもある
（4）研究の客観性という点から見ると、テキストマイニングは統計学の原理と密接に繋がっており、伝統的研究方法と比べ、より科学的で客観性を保持することができる

銭（2010）は、コーパスに基づく批判的談話分析という研究方法を提示し、それまでの国内外の先行研究をまとめている。さらに、イギリスの新聞「ザ・サン」に掲載されたビンラディン死亡に関する報道を対象に、テキストに現れた表面的な内容と、その背後に潜在するイデオロギー（政治思想の傾向）を明らかにしている。この論文はテキストマイニングの手法と批判的談話分析の理論が有機的に結合する可能性を示唆した。

さらに政治家による談話が対象になった研究として、鈴木・影浦（2011）は総理演説における語彙の量、語彙の多様性と語彙の偏りが、それぞれの総理大臣の政治戦略や政治スタイルの一端を表すものとして、重要な政治的含意を持つと指摘している。計量テキストマイニングの方法を用い、政治家による談話にアプローチするという方法も本論文にとって一つの参考となった。

③外務大臣の記者会見発言に関する研究

外務省は日本の行政機関の一つであり、外交政策、外交使節、通商航海、

条約等の国際法規の締結・運用や外国政府との交渉、情報収集・分析・発信、在留日本人の保護及び文化広報活動等国の対外関係事務全般をつかさどる[5]。また閣議決定の発表、または外交案件に対する立場や態度を国内外のメディアに公表する場を設けるため、外務省は定期的に記者会見を行う。日本では、外務大臣は原則として、定例閣議日（火曜日、金曜日）の閣議終了後に外務省において記者会見を行い[6]、冒頭発言を述べ、その後記者からの質問に回答してきた。

CDAが焦点を当てるのは、特に、社会的に談話活動を通して力を行使し、公的談話を容易に発信しアクセスできる政治家、企業家、ジャーナリスト、学者、教育者等のエリート層[7]の談話であり、その談話の構造やストラテジー、性質がどのように社会の権力再生産や人々の認知操作に関わるのかを見ようとする[8]。こうした観点から考えると、外務省記者会見における大臣の発言は、CDA分析に非常に適した分析対象だと判断できる。

外務大臣の記者会見に関する研究として竇（2011）、郝（2013）等が挙げられる。

1-1で述べたように、竇（2011）はCDAの理論に基づき、中国と米国の政治演説（governmental discourse）資料をまとめ、コーパスを作成し、政治学、国際関係学、言語学という学際的な視点から量的分析を行っている。同氏論文の第4章では、中米外務報道官の発言を対象とし、発言にある「ほのめかし表現」（それとなくにおわせるような表現）や「回避ストラテジー」（ある単語や表現の使用を避けるストラテジー）に焦点を当て、量的分析と質的分析を行っている。この研究の視点と分析法が本論文にとって非常に重要な参考となった。

1-2　問題提起

以上ではまず、CDAの基本的な研究姿勢や方法論等、全般的な特徴を紹介し、幾つかの応用研究についてまとめた。また学際的技術としての計量テキストマイニングの手法と研究事例をまとめ、本論文に参考となる点を明らかにした。最後に外務大臣の記者会見について紹介し、記者会見での発言に関する関連研究を挙げた。

以上の先行研究を踏まえると、次のような問題点が残されているように思う。

(1) 従来のCDAに基づく研究は、特定の1件、または数件のテキストを研究対象とした質的研究が多く、一定の数量のテキストデータを分析対象とする量的研究はやや少ない。よって研究の多くは単純な内容分析に偏り、客観性に欠けている。

(2) 中国国内の批判的談話分析の研究分野においては、研究が主に英語テキストに集中しており、それに対し日本語テキストの分析は少ない。

従って本論文では、先行文献と指導理論を踏まえて、過去5年の外務省記者会見における談話を分析対象として選択、テキストデータを収集した上で計量テキストマイニングの手法を用い、以下の課題に取り組みたいと思う。

(1) 外務大臣の発言は全般的に見て、語彙の量や語彙の多様性の面でいかなる特徴が示されているか。それは外務大臣の政治スタイルに影響されているのか。

(2) 外務大臣の発言に潜在するイデオロギー(政治思想的傾向)や日本政府の主張、立場はどのようなものか。

二、研究方法

2-1　資料の収集及び処理

本論文では、日本外務省ウェブサイトで公開された外務大臣の記者会見における文字記録を収集した。2012年から2016年の計5年のデータをダウンロードするに際して、不要と判断された情報[9]を削除し、本文のみを平テキストデータに加工した。

前述の通り、2012年12月に発足した第二次安倍内閣では、「国益を守り主張する外交を取り戻し、世界地図を俯瞰する戦略的な外交を展開するとし、その第一歩は日米同盟の立て直しによる両国の絆の強化であると訴えるとともに、国民の生命・領土・領海を守る強い決意を示した[10]」。また歴代内閣初の海洋・領土担当大臣が設けられ、安倍首相は「我が国を取り巻く情勢の厳しさを踏まえ、国境離島の適切な振興、管理、警戒警備の強化に万全を尽くし、国民の生命、財産、領土・領海・領空を断固として守り抜いていく[11]」との姿勢を示した。そこで、本論文ではこの2012年を日本の戦略的な外交の出発点と見なし、2012年から現在入手可能な2016年までの外務省記者会見における発言の文字記録を収集した。

対象となる記録の「延べ語数」と、重複する単語を整理した「異なり語数」の内訳（テキストクリーニング後）は以下の通りである[12]。

図表１　文字記録の内訳（語）

	延べ語数	異なり語数
2012年	200,937	5449
2013年	80,952	3257
2014年	112,930	4165
2015年	107,837	4179
2016年	137,126	4259
合計	639,782	8973

2-2　データ処理ツール

前述したように、本論文では膨大な数を扱うため、通常の文章からなるデータを単語や文節で区切り、それらの出現の頻度や共出現の相関、出現傾向、時系列などを解析することで、有用な情報のみを取り出すことができる計量テキストマイニングの手法を用いる。

本論文で用いられるテキストマイニングツールは、立命館大学の樋口耕一が開発したKH Coder[13]である。KH Coderは、文章データのテキストマイニングのために開発されたツールであり、中には形態素解析ツール[14]であるChaSen（茶筅）が搭載されているため、対応分析や階層的クラスター分析等の統計分析の実行および可視化、語彙共起ネットワークの描画、特徴語の抽出といった機能が実現できる。

2-3　分析手順

本節では、研究の手順を紹介する。

大臣の記者会見における発言の全体的な特徴を把握するために、まず、語を文章から切り出すべく、KH Coderに搭載された「茶筅」を利用し形態素解析を実行した。その後、形態素解析した文書を分析対象に、名詞、動詞、副詞、形容詞それぞれの出現頻度を統計し、他の政治家の演説との比較分析を行った。また、語と語の関連を明らかにし、頻繁に共起している語を探るために、語彙共起ネットワークを構築し分析した。

次に、全体的な特徴を把握した上で、批判的談話分析の理論に基づきイデオロギー（政治思想的主張）や認知的側面から発言の分析を行った。

三、記者会見テキストの全体的な特徴

談話はイデオロギー、権力、社会的関係により大いに影響される。つまりテキストの中の言語的特徴（語彙やコロケーションの選択）は、発話者の拠って立つイデオロギーと関わっている。外務省記者会見における大臣の発言は全般的に見て、文法や語彙の面等表面的な言語現象がいかなる特徴を示しているのか、どのようなイデオロギー性が指摘されているのかという点が本論文第一の出発点となる。まず、KH Coderを用い、語彙の量や特徴のある語彙から考察したい。

3-1　特徴語

伝統的なコーパスに基づく批判的談話分析の最初の手順は、頻出語の統計であり、多く出現する語ほど特徴的だと数量的に評価される。しかし多く出現する語が、必ずしも特徴的な語彙と断定できなければ、出現回数が低くとも特徴的でないとは言えない。そのため本論文では、「記者会見における外務大臣の発言」（「発言」と略する）を自作の「国内外で行った公式演説」コーパス（「参照」と略する）と比較しながら、頻出語の相違を分析していく。

「発言」は前述のように、日本外務省ウェブサイト[15]にて公開された2012年から2016年まで計5年間のデータをダウンロードしたものであり、延べ語数は約64万語である。

記者会見における外務大臣の発言と比較できる公的発言を収集する際、東京大学東洋文化研究所により開発されたデータベース「世界と日本[16]」が非常に重要な参考となった。当データベースには戦後国際社会における重要文書や演説を見ることのできる『日本政治・国際関係データベース』、20世紀・21世紀の世界の出来事を検索できる『データベース20世紀・21世紀年表』、国際関係の『略語データベース』がある。本論文で参照コーパスとして収集したのは、主に『日本政治・国際関係データベース』の中に収録された2012年以降に国内外で行った演説であり、語数は約65万語である。このように参照コーパスを作成することで、一般的な政治家の演説と外務省記者会見における発言間の言葉の比較検討が可能になる。

図表2は上位に現れた10位の頻出語を品詞ごとに抜き出し、「発言」と「参照」を比較したものである。

まず「発言」における名詞頻出語は多いものから順に、「大臣」(2021)、「我が国」(1840)、「政府」(1234)、「国際」(1084)、「具体」(995)、「外相」

(799)、「立場」(758)、「外交」(647)、「社会」(577)、「情報」(570)、「先ほど」(456) と続いている。「参照」と比べると、「大臣」「我が国」「政府」のような発言者自身や代表する立場を指す言葉が多用されており、記者会見は大臣の動向や意思、政府の外交政策を表明する場だと分かる。また人称代名詞の多用は、話し手や聞き手が同じ側に属しているという同一感や一体感、連帯感を引き出す効用もあると考えられる。

動詞頻出語を比較すると、「思う」が思考・考察の意を幅広く含意する最も一般的な言葉[17]として、「発言」と「参照」双方に頻出していることが分かる。また「発言」では、「思う」が4200回という非常に高い頻度で出現しており、「参照」における出現数の約2.5倍上回っている。「思う」は自分の意見や考えを和らげて伝えることを可能にする、日本語でよく使われる言葉である。

図表2 「発言」と「参照」との頻出語比較

項目	名詞		動詞		形容詞		副詞	
	「発言」	「参照」	「発言」	「参照」	「発言」	「参照」	「発言」	「参照」
1	大臣 2021	世界 1751	思う 4200	思う 1615	重要 936	平和 1210	引き続き 938	一層 307
2	我が国 1840	社会 1662	考える 3132	支援 1083	様々 916	安全 844	当然 296	引き続き 268
3	政府 1234	経済 1538	行う 2355	協力 974	安全 745	重要 667	特に 267	心から 251
4	国際 1084	国際 1446	関係 1981	改革 947	平和 561	新た 578	全く 208	改めて 232
5	具体 995	国民 1121	申し上げる 1631	成長 886	必要 411	安定 539	さらに 193	特に 201
6	外相 799	我が国 1029	会談 976	関係 854	強い 410	必要 495	改めて 170	共に 200
7	立場 758	地域 1013	議論 962	進める 835	大変 403	可能 459	一層 118	さらに 199
8	外交 647	皆様 874	対応 908	向ける 779	大切 308	強い 438	既に 114	初めて 163
9	社会 577	企業 853	協議 831	行う 772	大事 284	積極 419	同時に 104	最も 162
10	情報 570	課題 634	努力 759	実現 739	適切 284	高い 361	極めて 95	同時に 150

(1) 今申し上げたように、我が国の基本方針は対話と圧力、こうした方針です。これについては変わりませんし、各国とも引き続きしっかりと意思疎通を図りながら、連携していきたいと思っています。我が国の

方針は変わらないということを、しっかりと説明していきたいと思います。

上の例に示したように、大臣として自分の考えや主張を常に「思う」で締めることは、断定ではなく曖昧な印象を聞き手に残す外交手段の一つともいえよう。他に「発言」でよく使われる動詞として、「思う」とほぼ同じ使われ方をする「考える」や、言動を示す「行う」、「申し上げる」が挙げられる。

互いに話し合うことを表す「会談」「議論」「協議」等の語も目立つ。ただし、「会談」「議論」「協議」は動詞として使われる一方で、「外相会談」や「日米韓3カ国協議」などのように名詞としても使われている。そのため、ここでは上記の3語に関する分析は行わない。

次に形容詞の頻出語リストにおいて、「発言」と「参照」がほぼ共通していることが分かる。記者会見であれ政治演説であれ、「平和」「安全」の方針は繰り返し強調され、国際社会の平和および安全の確保に貢献するという日本の姿勢がうかがえる。他の上位に現れる語彙として、「重要」「必要」などのような程度を強調する言葉もある。演説や質問応答の際に、相手を納得させる姿勢を強調し、その力のこもった発言や論理を展開することが、政治家や外交官の談話ストラテジーだと思われる。

最後に、副詞頻出語を比較してみると、「発言」では「そこまで行ってきた方針や政策、行動をさらに続けていく意」を表す言葉である「引き続き」が圧倒的に多く現れた。

(1) 引き続き、努力を続けていきたいと考えています。

(2) 情報収集につきましては、また、情報分析につきましては引き続き全力をあげて努力を続けているところですが、その中で北朝鮮の具体的な意図については申し上げることは控えなければならないと思っています。そして、こうした情報収集に努めながら北朝鮮の動向には引き続き注視していきたいと考えていますが、いずれにせよ、北朝鮮自身が真摯な態度で国際社会との対話に臨むことを明らかにすることが、第一だと考えております。

例に示したように、「発言」では方針、政策あるいは行動の一貫性を表す「引き続き」が頻繁に使われている。その理由として、「発言」では聞き手となる多くが日本人記者、つまりそれまでの施策をある程度理解している人々であるのに対し、国内外で行われた演説は聞き手の中に外国人も含まれている、という要素が考えられよう。

また、「発言」では「当然」「特に」「全く」「極めて」などのような強い程度を示す副詞が使われており、より強い感情性を帯びている場合が多いことが分かる。国内外で行った演説は事前に原稿が用意され、言葉が選び抜かれている。これに対し外務省記者会見で記者からの質問に答える際には、例えば退陣会見のように、感情が比較的高まっていることが考えられる。

3-2 語彙共起ネットワーク

次に、語と語の関連を明らかにし、頻繁に共起している語を探るため、語彙共起ネットワークの分析結果に基づき分析を行いたい。

語彙共起ネットワークの構築はKHcoderによる計量テキストマイニングの一つの重要な機能である。語彙共起ネットワーク図において、語と語の関係が近ければ近くに置かれ、線で連結されるため、どの単語を媒介してそれぞれの語が結びついているかが直感的に理解できる。また、語彙共起ネットワークにおいては、出現数が多い語ほど円が大きく、共起の程度が強いほど線が太く、文脈中での距離が近いほど図中の距離も近い。

図表3で表しているのは、共起頻度が高く、Jaccard係数[18]が0.1以上、描画数60以上の名詞、動詞、形容詞、副詞の語彙共起ネットワーク図である。なお、「発言」に頻出する語と語の関連を明らかにし、特徴的な共起を探るため、「参照」に対して前述と同じような設定をした上で、語彙共起ネットワークの比較分析を行いたい。「参照」の語彙共起ネットワークを図表4に示す。

小さいグループについては、特に説明を要しないが、比較的多くの単語から構成される大きいグループには、グループを媒介する中心的な単語が観察できる。

まず「発言」では、一番大きい塊として、日本を代表する「日」が中心的単語となり、周囲には「米」「韓」「関係」「会談」「行う」等の語が集まっていることが、図から読み取れる。北朝鮮のミサイル発射や核実験の問題に関して、日本側が米国、韓国との連携を求めている姿勢が伺える。

一方、「参照」で一番大きい塊は、「発言」と同じく国を代表する「日本」が中心的な単語となっているが、周囲に「世界」「平和」「貢献」「積極」などの語が集まっている。国内外で行われる演説では、現代国際社会において日本が果たす互恵・連携の役割が強調されていることが考えられる。

図表３　「発言」の語彙共起ネットワークの分析結果

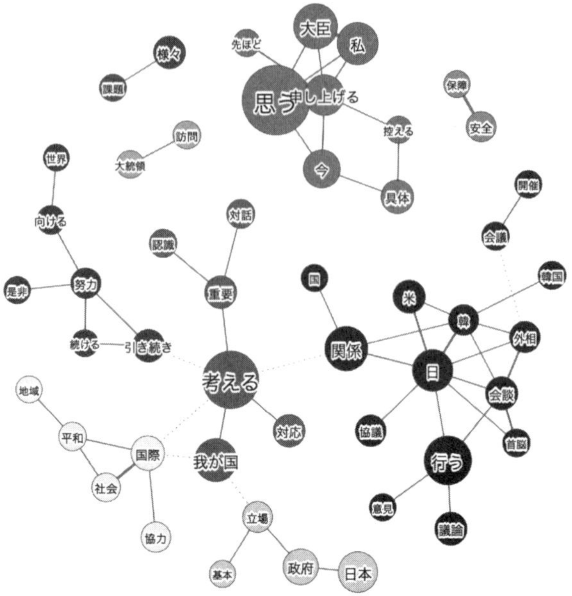

図表４　「参照」の語彙共起ネットワークの分析結果

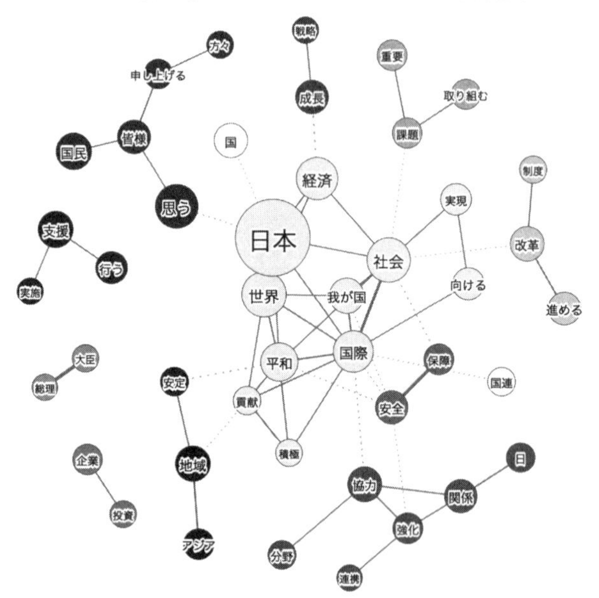

また「発言」では、「大臣」「思う」「申し上げる」が中心的な語となり、「具体」「控える」との共起が見られる一方、「参照」では「申し上げる」の周囲に「国民」「皆様」などの語が目立つ。政治家の演説では聞き手との一体感や連帯感が重要視され、大臣の記者会見の発言では具体的な内容を控え、より曖昧な態度が取られていることが分かる。

「発言」と「演説」両方に現れる語彙共起グループとして、「安全—保障」が目立つ。国の安全保障のみならず、日本と深く関わる東アジア地域の安全保障、ロシアや米国といった大国との安全保障などが、大臣の発言や政治家の演説の中で繰り返し強調される重要的な課題となっていることが分かる。

その他、「発言」では「世界—向ける—努力—続ける」に示された世界を範囲とする日本の貢献、「日本—政府—立場—基本」が示す日本政府の方針や立場などを巡る語彙共起グループの存在を図から読み取ることができる。それに対して「演説」では、「アジア—地域—安定」が示すアジアの平和、安定に対する日本の貢献が目に付く。そのほか、「企業—投資」、「制度—改革—進める」、「戦略—成長」などが目立っている。

四、終わりに

4-1　結論と考察

21世紀に入ってから、外交政策は対外戦略の構築のソフトパワーとして、重要性がますます高まっている。日本では特に近年、第2次安倍内閣の発足以来、「戦略的な外交」が展開されており、こうした戦略的展開は日本や中国のみならず、アジアないし全世界の平和と発展にとって極めて重要な意味を持つと考えられる。そのため、日本の外交当局者の発言を掘り下げ、その言語に隠された政治や社会的な意味を理解することは、日中の政治関係において注目しなければならないポイントとなる。

本研究では、批判的談話分析の視点に立ち、テキストマイニングの手法を用いて、日本外務省記者会見における大臣の発言を対象に、頻出語の分析、共起ネットワーク分析、対応分析等という異なる分析手法を通じて、単語レベルで計量的かつ客観的に内容を把握した。また批判的談話分析の分析枠組みに沿って、内容分析を進めた。ここで、その知見を総括し結論としたい。

最初の分析として、外務省記者会見における大臣の発言の特徴を明らかにするため、大臣の発言を他の政治家による演説と比較した。それぞれの頻出語の上位15語を名詞、動詞、形容詞、副詞ごとに統計し、リストアップした。

結論として、記者会見における大臣の発言は、発言者自身や代表する立場を表明する「大臣」「我が国」「政府」、自分の意見や考えを和らげて伝える「思う」「考える」、互いに話し合うという意を表す「会談」「議論」「協議」、日本の外交政策のキーワードである「平和」「安全」、それまで行われてきた政策や方針を続けるという意を表す「引き続き」、強い程度を表す副詞「当然」「特に」「全く」「極めて」等の語が多用されていることが分かった。

人称代名詞の多用は、話し手や聞き手が同じ側に属しているという同一感や一体感、連帯感を引き出す効用もあると考えられる。「思う」や「考える」で文を締めることは、断定ではなく曖昧な印象を聞き手に残す外交手段の一つと考えられる。また「平和」「安全」の方針が繰り返し強調されており、国際社会の平和及び安全の確保に貢献する日本の姿勢が伺える。「当然」「特に」「全く」「極めて」などのような強い程度を表す副詞の多用により、大臣の発言は他の政治家による発言と比べて、比較的強い感情を帯びているといえよう。

第2に語彙共起ネットワーク分析を通じて、大臣発言では、どの単語がどの単語と近い関係にあるかを明らかにした。さらに他の政治家の演説との比較分析を進めることで、大臣の発言のテーマも把握した。

例えば、日本を代表する「日」が中心的単語となり、「米」「韓」「関係」「会談」「行う」等の語が周囲に集まるグループから、北朝鮮のミサイル発射や核事件問題に対して、日本側が米国、韓国との連携を求めている姿勢が伺える。また、「我が国—社会—政府」が中心的な単語となっているが、周囲に現れた語として「国際」「社会」「連携」などの語がある。これは安倍内閣が主張している「世界地図を俯瞰する視点で戦略的に展開していく」外交方針に基づき、現代国際社会における日本が果たす互恵・連携の役割が強調されていることが考えられる。

今後の課題として、日本の政治演説に対する理解をより深めるため、外務大臣だけではなく、様々な場面で活躍している政治家の演説や発言を収集し、より全面的な分析を行うことが挙げられる。その際、今回の研究方法を活用し、特に日中間の政治問題に言及した内容に焦点を当て、日中両国の意思疎通・信頼・理解の促進という視点からより建設的な提案をしたい。

参考文献

Fairclough, *Discourse and Social Change* [M] Longman, 1992, p.280

van Dijk, *Principles of Critical Discourse Analysis* [J] Discourse & Society, 1993.4, p.45

青木宣康・河村俊太郎・鈴木崇史「アメリカ合衆国大統領演説の計量テキスト分析」[C] 情報処理学会第74回全国大会、2012年

東照二「政治家ことばー情報と情緒」[J] 日本語学、2012年、pp.20-35

出水純二「日本の新自由主義的政治ディスコース—小泉郵政解散演説の批判的談話分析を通じて」[J] 社会言語科第13巻第1号、2010年、pp.58-69

金明哲『テキストデータの統計科学入門』[M] 岩波書店、2009年、pp.45-63

楠見孝『批判的思考とメタファー的思考』稲垣佳世子他（編）[M] 放送大学教育振興会、2011年、pp.153-168

東京財団「安倍内閣への15の視点～ナショナリズムよりもリアリズムの追求を～」[J／OL] 2013年 https://www.tkfd.or.jp/files/doc/2013-02.pdf

高木佐知子・石上文正『批判的談話分析（CDA）の手法と展望』[M] 2005年、pp.1-2

中内康夫「領土をめぐる問題と日本外交—2010年以降の動きと国会論議—」[J] 立法と調査、2013年、pp.3-17

野呂香代子・山下仁「『正しさ』への問い：批判的社会言語学の試み」[J] 三元社、2009年、pp.12-25

樋口耕一『社会調査のための計量テキスト分析』[M] ナカニシヤ出版、2014年、pp.35-90

増田正「フランス地方議会の審議項目のテキストマイニング分析」[C] 地域政策研究（高崎経済大学地域政策学会）、2010年11月、pp.17-30

山本冴里「国会における日本教育関係議論のアクターと論点—国会会議録の計量テキスト分析からの概観—」[J] 日本語教育、2011年8月、pp.1-15

楊韜「3・11後の大亜湾原発報道に関する批判的メディア言説分析—CCTV『新聞調査』を例に原発安全神話のレトリックを読み解く」[J] 愛知大学国際問題研究所紀要、2013年、pp.129-151

外交防衛委員会調査室 神田茂・中内康夫・寺林祐介・藤生将治・佐々木健「第2次安倍内閣の発足と戦略的外交の展開—第183回国会（常会）における外交議論の焦点—」[J] 立法と調査、第344号、2013年、pp. 3-14

郭金龙・许鑫・陆宇杰「人文社会科学研究中文本挖掘技术应用进展」[J] 图书情报工作第56卷第8期、2012年、pp.10-17

郭松「基于语料库的批评话语分析」[J] 天津外国语大学学报、2011年、pp.12-17

李战子「外交评论话语中的语言学因素——以奥巴马访华的6篇述评为例」[J] 外语研究、2011年第4期、pp.12-17

钱毓芳「语料库与批判话语分析」[J] 外语教学与研究、2010年、pp.198-203

申斯・梁梁红「奥巴马就美军击毙本拉登讲话的批评话语分析」[J] 大学英语、2013年、pp.145-149

田海龙「趋于质的批评话语分析」[J] 外语与外语教学、2013年第4期、pp.6-10

辛斌『批评语言学：理论与应用』[M] 上海外语教育出版社、2005年、pp.20-45

张瑶华「安倍2.0时代的日本外交」[J] 国际问题研究、2013年03期、pp.70-80

赵瑾晖「基于文本挖掘手段的日本报刊社论的研究——以“宪法纪念日”及“集体自卫权”为例」[D] 西安交通大学硕士学位论文、2015年

---

1 Ruth Wodak, Michael Meyer（編著）野呂香代子（監訳）「批判的談話分析入門」2010年

2 Fairclough and Wodak, *Critical Discourse Analysis*. 1997, p.258

3 高木佐知子・石上文正編著「批判的談話分析（CDA）の手法と展望」2005年、pp.1-2

4　金明哲「テキストデータの統計科学入門」岩波書店、2009年、p.55
5　外務省 http://www.mofa.go.jp/（2017年6月1日アクセス）
6　外務省「大臣記者会見等に関する基本的方針について」 2013年2月5日改定
7　野呂香代子・山下仁「『正しさ』への問い：批判的社会言語学の試み」2009年、p.20
8　野呂香代子・山下仁「『正しさ』への問い：批判的社会言語学の試み」2009年、p.25
9　日付、記者の質問等。
10　2012年12月26日就任時の総理官邸における記者会見　総理官邸HP http://www.kantei.go.jp/jp/96_abe/statement/2012/1226kaiken.html　2017年6月1日アクセス
11　第183回国会参議院本会議録第1号3頁、2013年1月28日
12　大臣の交代や個人の話す習慣などが原因で、毎年の資料に語数の差が見られる。
13　http://khc.sourceforge.net/ を参照（2017年6月1日アクセス）。
14　通常、意味を持つ最小の文字列を形態素（Morpheme）といい、文を単語ごとに分割し、品詞情報などを付け加える作業を形態素解析（Morphological Analysis）という。
15　外務大臣会見記録（要旨）　http://www.mofa.go.jp/mofaj/press/kaiken/gaisho/index.html
16　田中明彦研究室「世界と日本」 http://worldjpn.grips.ac.jp/
17　大辞林第三版（2006）を参照。
18　統計学で利用されている指標の一つであり、サンプル群間の類似度を比較するためのものである。

特別賞

太宰治『十二月八日』におけるアイロニー

上海外国語大学日本文化経済学院4年
2017年6月卒業
趙書心

一、はじめに

『十二月八日』[1]は1942年（昭17年）、『婦人公論』2月号の「創作欄」に発表された太宰治の女性独白体小説である。ある主婦の日記という形式を借りたこの作品は、題名の示すように「私」が太平洋戦争の開戦日である12月8日に、平凡な主婦の一日中の出来事や思いを書き綴り、開戦の報に思いがけず出会った興奮・感激とともに、戦時下銃後の日常を語っているものである。『十二月八日』は、時局に直接関係した稀な小説であると同時に、女性独白体という太宰の得意な技法が活用されており、戦時下の太宰文学を論じる際に欠かせない作品である。

1941年12月8日、日本軍がハワイ真珠湾への空爆を開始し、米英に宣戦を布告して太平洋戦争が勃発した。当日の戦況はラジオ臨時ニュースによって伝えられ、新聞、雑誌などの活字メディアもいち早く反応し、開戦をめぐる報道、解説などが数多く掲載された。文壇においても「十二月八日」がテーマとして取り上げられた。詩作では高村光太郎『彼等を撃つ』[2]などがあり、小説の分野でも火野葦平『朝』、上林暁『歴史の日』、坂口安吾『真珠』[3]などが次々と発表された。太宰治『十二月八日』はそのうちの一つである。1941年12月20日までに脱稿したと推定される[4]。

『十二月八日』では語り手兼主人公として小説家の妻が登場するが、作者である太宰治自身の状況と一致する住所、友人の名などもみられる。このため研究史では、作中に登場する小説家の妻は太宰治本人と読み取り、実作者の意図、スタンスを問う論考が多くみられる。それに作中には多くの亀裂、矛盾などが存在するため、本作の評価も「戦争批判」と「戦争賛美」のかなり両極端に分かれる傾向を示していて、いまだに定まっていない[5]。したがって『十二月八日』を検討するに際しては、無駄な議論を避けるために、登場人物と実作者とを切り離し、作中における亀裂、矛盾をテキスト全体に置き直し、正面から検討する必要があると思われる。

本稿では、以上のような問題意識を抱えつつ、『十二月八日』の語りにおける亀裂、矛盾を分析し、そこに潜在する表現構造を明らかにしていく。そして、その表現構造を解明する中で、最終的にテキストに隠されたアイロニー（表面的な立ち居振る舞いによって本質を隠すこと）の方法を明らかにすることを目的とする。

二、先行研究

2-1　太宰の「戦時下のスタンス」を読む研究

これまでの論評では、太宰の「戦時下のスタンス」、あるいは本作が「国策文学」か「芸術的抵抗」かを問う視座が中心を占めている。

「芸術的抵抗」を主張する論者としては、奥野健男が挙げられる。彼は本作を「客観的な手法が用いられ」、「戦争謳歌の調子は全くない[6]」と評している。また相馬正一は「不精な主人」の言動に注目し、そこから「戦時体制からはみ出した太宰自身の立場」を読み取る[7]。

「国策文学」を主張する論者としては、高木知子がいる。彼女は「妻や近隣の人たちが戦争突入に対する心構えを表しており、国策文学の典型ともいえる体裁を成している」と論じた[8]。また赤木孝之は本作を、「生真面目に開戦日の興奮」を綴った戦争賛美小説としている[9]。

他方、戦争批判と受容が共存し、肯（うべな）いつつ逸（そ）れて行く双方向性を持つ作品であると主張する研究に、鈴木敏子、鈴木雄史がある[10]。

2-2　「十二月八日」小説に関する研究

開戦日「十二月八日」を主題とした同時代の小説群について松本和也は、太宰治『十二月八日』を火野葦平の『朝』などの4つの作品と比較して考察している。その中で、『十二月八日』の多様な時間軸、他者への開かれ方、日常における戦場の表象方法を取り上げ、『十二月八日』には複雑で戦略的なテキスト構造が採用されたと指摘している[11]。西川長夫は『昭和戦争文学全集4』に掲載された「十二月八日」小説群について、「十二月八日」をめぐって「同質の言説」が文学を支配し、感動の共同体が現出した、と同時代の文学的状況を総括し、戦争突入のもたらした「文学の国民化」を指摘している[12]。

2-3 他の視座

近年、『十二月八日』について新しい見方をした論考が発表されている。李顯周は掲載誌『婦人公論』と本作の関連性を論じ、『婦人公論』の読者層と雑誌の編集方針を念頭に入れて創作に取り込んだという太宰創作のスタンスを分析している[13]。何資宜は作中の「好戦的言説」が同時代の活字メディアに載った言説と重なっていると論じ、その言説は「太宰の本音」より同時代言説の反映であると、「語り＝騙り」の作品構造を指摘している[14]。

以上は『十二月八日』の主な先行論の紹介である。中でも、松本和也、何資宜の論考は太宰の「戦時下のスタンス」という枠を超え、テキスト構造、方法という新たな視点を切り開いた。しかし、2氏の論は「多様な時間軸」「同時代言説の挿入」など局部的な方法を指摘するというだけで、全体的な視点が欠けている。また語りの方法が、作品主題の読解に与える影響も論じられていない。

三、登場人物としての「私」

3-1 「庶民の代弁者」である「私」

『十二月八日』は「日本のまずしい家庭の主婦」を自称する「私」が、「昭和16年の12月8日には、どんな一日を送ったか」を書いたものである。一日中、「私」が育児、洗濯や炊事をし、そのうち物資不足、灯火管制などに遭い、戦時下ごく平均的な主婦生活を送っている。それに、開戦の報を伝えるラジオニュースを聞いて昂ぶりを覚え、大多数の日本人と心境を共有している[15]。しかし本作が単なる戦時下生活の記録にとどまっていないのは、「私」の造形と「私」の語りの間に多くの矛盾、亀裂が存在しているからである。まず「私」の造形から考察したい。

「私」の造形に関しては、書き出しにおける「私」の述懐が目を引く。「日本のまずしい家庭の主婦」と自称し、開戦日である12月8日の重大な意味を認識しているように、厳粛なるスタンスで日記を綴ろうとする「私」が以下のように語っている。

> きょうの日記は特別に、ていねいに書いて置きましょう。昭和十六年の十二月八日には日本のまずしい家庭の主婦は、どんな一日を送ったか、ちょっと書いて置きましょう。もう百年ほど経って日本が紀元二千七百年の美しいお祝いをしている頃に、私の此の日記帳が、どこかの土蔵の隅から発見せられて、百年前の大事な日に、わが日本の主婦が、こんな生活をしていたという事がわかったら、すこしは歴史の参考になるかも知れない。（下線筆者）

上記引用のように、「私」が12月8日の歴史的意義を想定し、「紀元二千七百年のお祝い」を想像し、100年後の読者を意識しながら、「歴史の参考」のために日記を綴ろうとするのである。ここで「紀元二千七百年の美しいお祝い」という発想及び「わが日本の主婦」という自称に注目したい。「紀元二千七百年のお祝い」という発想は、執筆当時の前年（昭15年）に行われた「紀元二千六百年記念行事」を受けてのものである可能性が高い。

「紀元二千六百年記念行事」に関しては、「国体ノ精華」と「国威ノ昂揚」という国体観念、皇国史観に基づいた精神動員の趣旨がみられる[16]。これをコンテクストとしてみると、「わが日本の主婦」という自称は戦時下の宣伝を受けた「私」の、国家と歴史に対する国民としての高い意識を示唆する。こういう一般的主婦の認識をはるかに超えた、国家の宣伝を固く信じ、歴史のために日記を綴るという姿勢は、庶民、あるいは日本の主婦の代弁者として日記を書くスタンスを示唆している。

もう一つ注目に値する点は、冒頭の一文「きょうの日記は特別に、ていねいに書いて置きましょう」における「特別に」、「ていねいに」という表現である。そこから「十二月八日」に対する「私」の思いがわかるとともに、日記を書くことの常習性もみてとれる。その常習性からみれば、「私」の「記録」ということへの執着と書くことへの強い志向がなにげなく示されている。即ち「私」の造形は、「日本のまずしい家庭の主婦」でありながら、庶民の代弁者のようなスタンスで日記を綴ろうとするアマチュア作者である。

3-2 書くことをめぐる自意識

「私」の造形についてもう一つ取り上げたいのは、「私」の書き手としての自意識である。書き出しに「紀元二千七百年」に執着しつつ、「歴史の参考」になろうと自ら宣言する「私」が、引き続き書くことについて悩み、次のような苛立ちに耽る。

> だから文章はたいへん下手でも、嘘だけは書かないように気を附ける事だ。なにせ紀元二千七百年を考慮にいれて書かなければならぬのだから、たいへんだ。でも、あんまり固くならない事にしよう。主人の批評に依れば、私の手紙やら日記やらの文章は、ただ真面目なばかりで、そうして感覚はひどく鈍いそうだ。センチメントというものが、まるで無いので、文章がちっとも美しくないそうだ。本当に私は、幼少の頃から礼儀にばかりこだわって、心はそんなに真面目でもないのだけれど、なんだかぎくしゃくして、無邪気にはしゃいで甘える事も出来ず、損ばかりしている。慾が深すぎるせいかも知れない。なおよく、反省をして見ましょう。（下線筆者）

「紀元二千七百年を考慮にいれ」た「私」が「文章はたいへん下手」だと自覚し、それを小説冒頭部で自ら告白したりしている。自分の礼儀にばかりこだわって「ぎくしゃく」した性格であると述懐し、「主人の批評」の引用によって「感覚が鈍く」て「真面目」な「私」という自意識を浮かび上がらせている。

これを前述した「私」の日記を書くスタンスと常習性に照り合わせてみると、「文章が下手」で「ちっとも美しくない」という「私」の自己認識と「私」の造形が矛盾しているようにみえる。しかし一見不要な情報と思われるそれらの語りを通して、メタレベルで「文が美しくない」ものの、真実を重視して書くという、「私」の造形に相応しい日記の規範が立てられている。それを後文と照合すると、「信頼できない語り[17]」を生成する重要な仕掛けと思われる。以下は、この点について考察していく。

四、信頼できない「私」の語り

4-1　文体による信頼できない語り

さて「感覚が鈍く」て「文章が美しくない」と告白し、「嘘だけは書かない」と宣言した「私」が一体どのような語りを操っているだろうか。全体的にみれば、一日中の出来事が記述される際に、敬語を使いつつ話し言葉に近い平易な文体が用いられていて、それに「おや、脱線している」「出直そう」など文章技術の低下を示す表現がみられ、前述した規範にほぼ一致する語りになっているといえる。しかし「私」が朝、開戦の報のラジオニュースを聞いた時、それがもたらした感動を次のような文体で述懐している。

しめ切った雨戸のすきまから、まっくらな私の部屋に、光のさし込むように強くあざやかに聞えた。二度、朗々と繰り返した。それを、じっと聞いているうちに、私の人間は変ってしまった。強い光線を受けて、からだが透明になるような感じ。あるいは、聖霊の息吹きを受けて、つめたい花びらをいちまい胸の中に宿したような気持ち。日本も、けさから、ちがう日本になったのだ。

この引用した一節は、本作における開戦のもたらした感動が表現されるところである。ラジオの音声が暗闇に差し込む光に、瞬間の感激が「聖霊の息吹き」にたとえられ、開放感と使命感が隠喩、共感覚などの手法によって表現されている。こうした語りは、「非常に美化して捉えられ」、「多数の国民の心情―美意識をも代弁しているように思われ[18]」、「少しこりすぎている[19]」ともいえる。このような美的な言辞で書かれた述懐は、「私」の「感覚が鈍く」て「センチメントのない」という造形と照り合わせてみると、噛み合わないところが明らかになろう。それに前述したように、本作には比較的平易な表現が多く用いられているので、引用の一節は全体的な文体をはるかに超えると言える。次に、もう一箇所を提示してみよう。

台所で後かたづけをしながら、いろいろ考えた。目色、毛色が違うという事が、之程までに敵愾心を起させるものか。滅茶苦茶に、ぶん殴りたい。支那を相手の時とは、まるで気持がちがうのだ。本当に、此の親しい美しい日本の土を、けだものみたいに無神経なアメリカの兵隊どもが、のそのそ歩き廻るなど、考えただけでも、たまらない、此の神聖な土を、一歩でも踏んだら、お前たちの足が腐るでしょう。お前たちには、その資格が無いのです。日本の綺麗な兵隊さん、どうか、彼等を滅っちゃくちゃに、やっつけて下さい。これからは私たちの家庭も、いろいろ物が足りなくて、ひどく困る事もあるでしょうが、御心配は要りません。私たちは平気です。いやだなあ、という気持は、少しも起らない。こんな辛い時勢に生れて、

などと悔やむ気がない。かえって、こういう世に生れて生甲斐をさえ感ぜられる。（下線筆者）

少し長い引用だが、以上の文も「私」の戦意高揚の心境が書かれたところである。先の引用に比べ、「こりすぎている」とはいえないが、「アメリカの兵隊ども」「日本の綺麗な兵隊さん」に対し、呼びかけ、反復、饒舌の富んだ表現などが用いられている。このような表現で異様な昂ぶりが書かれたところは、前述した「私」の造形人物像とも、明らかに釣り合わないとえよう。それに下線の一文は、「鬼畜英米」論、無闇に起きる自分の敵愾心に対して戸惑いと不理解を示し、その冷静さが前後の興奮的な雰囲気から逸脱し、断絶となって現れている。「私」が引き続き語りを戦争賛美へ軌道修正したが、その不自然さが「私」の心の揺れを端的に示し、戦争賛美の語りの信憑性の問題が浮かび上がってくる。

以上のように、作中における戦意高揚の心境を直接に表現する二つの個所は、作品の文体が全体的に示す特徴とは一致していない。しかもこういう作品全体が示す文体の特徴（規範）は、冒頭部における「私」の述懐によって、繰り返して強調されるので、読者に強く意識させられる。したがって読者の予想を裏切る、それと全く逆の方向へ行ってしまう引用文の語りは、作中に仕掛けた「信頼できない語り」といえるのであろう。それを解読するにあたって、このようなトリックを作品全体において問う必要がある。しかしそれを追求する前に、作中における別種の「信頼できない語り」を確認したい。

4-2 別視点による信頼できない語り

本作は「主婦」という語り手の視点で書かれた以上、その内容と主題は戦争に対する心構え、銃後の生活の営みに深く関わるはずである。作中には確かに戦争に対する隣人の心構え、物質事情などが出ていて、「日本への信頼・期待感とともに、一方では戦時下の生活難と不安がなにげなく描かれている」[20]。しかし、注目すべきなのは、「主人」の言動に関する記述がかなりの紙幅を割いて織り込まれていて、その大部分が戦時下の生活と無関係である点だ。「私」が一日中、主人の不在にも関わらず、何度も「主人」に関わる思い出を語り、「本当に、呆れた主人であります」という「主人」に対する評価で小説を締めくくる。したがって、「主人」の人物像をどう解読するかは作品読解の鍵の一つである。

ここで「私」が「主人」をどうように語っているかについて考えると、まず「私」の選んだ「主人」に関するエピソードはたいてい突飛な、あるいは取るに足りない言動である。「主人」が友人の「伊馬さん」と「二千七百年」の読み方という「どうだっていい」ことを真剣に議論し、開戦のニュースを聞いて「西太平洋って、どの辺だね」と突飛に尋ねている。さらに国民服も用意していないという。それに「主人」の職業は小説家であることに加え、こういう「主人」像に付き合わせられる読者は、「主人」がこういう言動をする理由はなにか、ひいてはこのような言動が語られたのはなぜかという疑問に悩まなければならない。

そしてそれらのエピソードを「私」がどのように語っているか、あるいは解釈しているかというと、「私」が「主人」の「伊馬さん」の会話を聞いて、「噴き出し」、「本当に馬鹿らしい」と皮肉り、「主人」の地理音痴のことに対し、「これでよく、大学なんかへ入学できたものだ」と「呆れるばかりである」。このように、「主人」の言動を語る（解釈する）に際して、戯画的な語りが用いられ、よって「私」の視点に収斂された「主人」像はただ滑稽で「不精」な「主人」となっている。しかし、なぜ「主人」がこの歴史的な日にこういう言動をするかという、「十二月八日」の主題に関連する肝心なことを語らずにいて、「私」の語りが「主人」の言動を解釈するには「信頼できない語り[21]」となっている。

そこで問題視すべきは、なぜ「私」が「主人」に関して「信頼できない語り」を操るかということだ。この点について「私」と「主人」の関係について、さらに具体的に掘り起こすことにしよう。「私」が「主人」と「伊馬さん」との会話を聞いて、次のように語っている。

> （前略）主人は、いつでも、こんな、どうだっていいような事を、まじめにお客さまと話合っているのです。センチメントのあるおかたは、ちがったものだ。私の主人は、小説を書いて生活しているのです。なまけてばかりいるので収入も心細く、その日暮しの有様です。どんなものを書いているのか、私は、主人の書いた小説は読まない事にしているので、想像もつきません。あまり上手でないようです。（下線筆者）

引用文のように、「私」が「主人」たちの会話の内容を「どうだっていいような事」と称し、さらに「主人」に対し、「なまけてばかりいる」という評価をし、「主人の書いた小説は読まない事にしている」と語る。即ち「主人」に対する「私」の不理解を含んだ軽視の視線がみられる。

それに注目すべきなのは、「センチメントのあるおかたは、ちがったものだ」という「主人」たちの会話を聞いたあとの感想である。「主人」と友人との二千七百年の正しい読み方を求める会話は、いわゆる知識人の間で行っている言葉の読み方をめぐる議論である。そこで、「センチメントというものがまるでない」「平凡な主婦」である「私」の、「主人」＝知識人に対する「ちがったものだ」という評価は、「主人」＝知識人と「主婦」＝庶民の差異化を示唆していると思われる。

それに、3-1で述べたように、「私」が厳粛なるスタンスで開戦日を記録しようとし、自分の日記が「歴史の参考」になろうという相当な自信を持っている。ところが「主人」の書くものに対し、「あまり上手でないようです」と想像する。つまり、十二月八日に際して、「私」が「感覚が鈍い」自分（庶民）の記録を価値のあるものとし、本来価値のある「主人」（知識人）の「センチメント」を無意味なものとしている。このように、「主人」＝知識人と「主婦」＝庶民の差異化、相対化は、十二月八日に際会する知識人と庶民との位相の転倒を示唆する。「私」の視点で本来価値を有するものが無意味とされることによって、アイロニーが生み出されるのである。

五、戦争言説におけるアイロニー

5-1　同時代戦争言説の流通

ここでいま一度、4-1で考察した「私」の戦意高揚の表出に目を向けたい。そもそも「私」がなぜこのような語りを操るか。この考察にあたって、同時代（開戦直後）の言説状況との関連を見逃してはならない。この点に関して、何資宜は「私」の戦争賛美の語りと同時代のメディア言説との共通点を指摘している。同時代の活字メディアに載せた開戦に対する感想を引用しつつ、「私」の語りが作家太宰の本音というより、当時「大多数国民の声」がそのまま写され、反映されているという結論に導いた[22]。

しかし氏の論には、引用した同時代の活字メディア言説の掲載紙と日付を明記していない。『十二月八日』の脱稿日は開戦日に近い時点である[23]こともあって、それが作者の目に入るのか否かという問題点があるので、「大多数国民の声」を写実的に反映するというのも本作の意図したものとはいいがたい。

また重要なのは、作者とテキストとの間に存在する架橋としての語り手の機能が見逃されたことである。つまりメタレベルでは、同時代言説との相同性を示す語りをする主体が作者太宰でなく、語り手「私」である。したがって12月8日から脱稿日までの同時代言説を考察し、それと「私」との関係を検討する必要がある。

12月8日当日とその直後の戦争言説の流通についてだが、12月8日のラジオ放送、詩人たちの「愛国詩」放送では、相次ぐ緒戦の戦果ニュースが一段落すると共に、扇情的な「ニュース歌謡」と交替している。9日にも「ニュース歌謡」の連続である[24]。また開戦直後の新聞には、10日から20日まで「読売新聞」「朝日新聞」などに「愛国詩」、文学者のエッセイが数多く載せられる[25]。そのなかで、「私」の心境、戦意高揚の表現との相似性を見せるところがある。以下に「ニュース歌謡」と「愛国詩」をそれぞれ一つずつ提示する。

勝った勝ったと感激の／胸を躍らす朝の窓／遙かな空を眺めては／いつも捧げる／この感謝（勝承夫・飯田信夫「届け銃後のこの感謝」十二月八日ラジオニュース放送間奏曲[26]）

英を葬れ／米をやつつけろ／再起能はぬまでたたきつぶせ（上田宏「たたきつぶせ」十一日「読売」[27]）

この引用でみられるように、「届け、銃後のこの感謝」における「銃後」「感謝」というキーワードと、「私」のラジオニュースを聞いて「みんなに感謝したかった」という感激の心境とは共通する。また上田宏「たたきつぶせ」では、英米に対する強い敵愾心と日本兵隊への呼びかけがみられ、「日本の綺麗な兵隊さん、彼等を滅っちゃくちゃに、やっつけて下さい」という「私」の「敵愾心」の表現との類似性が存在する。さらに前述したように、作中の戦争賛美の言説は「私」の造形を超えたものであるので、「私」の語りと同時代言説との類似性が示唆するのは、「私」の語りが自らの思考で発するものではなく、同時代言説から受容したものである可能性が高いことだ。

しかも4-2の結論のように、作中には「主婦」＝庶民と「主人」＝知識人との差異化が示唆され、また「私」が「主人」に対し不理解を示す。ところが、「日本が必ず勝ちます」という言葉を信じようとする姿勢に加え、「私」の戦争賛美の「信頼できない語り」は、「私」が流通している戦争言説を消化せず、直接に受容する様相を示唆している。さらに言えば、「私」の造形と「私」の語りの間に存在する矛盾、亀裂が同時代言説への回路をかける。

よって、「私」は戦時下の主流言説に支配される個人であるという、言外の意味が読めるようになる。

5-2 「信頼できない語り」から見るアイロニー

以上は作中の「信頼できない語り」を同時代の文脈において考察した。その語りと作品主題、表現構造との関連を確かめるため、ここでその語りが作品全編においてどのように仕掛けられているかに注目したい。「私」の戦意高揚の述懐が書き込まれているところは、朝起きてから大本営発表を聞いた直後と、朝食後の片付けをしている途中である。いずれも十二月八日の始まりという時点である。

そして「私」がこの述懐の後、一日中の緒戦のニュースを「マレー半島に奇襲上陸、香港攻撃、宣戦の大詔」、「夕刊が来る。珍しく四ペエジだった」などと記すという段階に至るだけで、「私」の心境をも直接に表白せずにいる。その代わりに紙幅を割いているのは、隣人との挨拶、市場の様子、育児のことなどである。このような素材の配置が同時代の〈十二月八日〉小説の中で、異色の存在となっている。

「十二月八日」小説のみせた相同性について、松本和也は開戦報を聞いた主人公の心境が著しい相同性をみせ、こういう心境表現が小説構造の中核に位置付けられると指摘している[28]ので、ここで詳考しない。

しかし問題視すべきなのは、このような心境と小説世界との関係である。例えば、上林暁『歴史の日』には、「私」が開戦報を聞いて「我々住む世界は、それほどまでに新しい世界へ急転回した」という心境を抱え、連続したラジオ放送とともに感激の心境が深まるとある。そして子供たちが地球儀を見ながら戦争の話をする場面を見て、「彼等も身を以て戦争の体験をはじめるのだ」という感想を持ち、友人を訪ねラジオニュースの話をし、最終的にお互いは「なんだかカラッとした」開放感を感じる。そのなかで、開戦報を聞いた心境が作中の各素材に一貫し深まっていくのがみられる[29]。

また、火野葦平『朝』には、なのみの木を植えることをめぐる父子の葛藤が主線として書かれ、主人公が「身体の方を霊気のやうなものが通った」という戦報を聞いた心境を述べ、その心境も作中で深まっていく。「国民は一人のこらず、『むだな冗費』を節し、水を飲んでも国に協力する覚悟」に至るのである[30]。つまり、二作には、瞬間の感動という心境の表出が全編に一貫していて、小説世界がそれに支配されるといえる。

しかし、『十二月八日』の素材の配置の下で、「私」の戦意高揚の心境は決して全編に貫いているとはいえない。例えば、「私」が開戦のニュースを聞いて「私の人間は変わってしまって」「日本もちがう日本になった」と述懐したが、その後町の様子が「少しも変っていない」「人の会話も、平生とあまり変っていない」と語る。そして、「これからは私たちの家庭も、いろいろ物が足りなくて、ひどく困る事もあるでしょうが、御心配は要りません。私たちは平気です」と物質不足について国に協力する心情を語る。

ところが、作品の後半に酒の配給を記す場面では、「六升を九等分するのは、なかなか、むずかしい」と語るだけで、国に協力する心情の表現が見当たらない。さらに、作品の最後のシーンは示唆的である。「私」が銭湯からの帰り道で灯火管制に遭い、「心の異様に引きしまるのを覚え」、「こんな暗い道、今まで歩いた事がない。一歩一歩、さぐるようにして進んだけれど、道は遠いのだし、途方に暮れた」と語り、戦時下生活の不安を示唆する。

つまり「私」の心境が前後一致していなく、対照的である。作中にみられる「日本への信頼・期待感」と「戦時下の生活難と不安[31]」という二つの主題も並行しているのではなく、「信頼・期待感」が「私」の述懐の後には消滅していき、「不安」がそれに代わって「私」の心境となる。

前述したように、「信頼・期待感」の表出は流通している戦争言説を受けたものなので、このような心境の前後対照となる。とくに最後のシーンを「信頼・期待感」の述懐と照り合わせてみると、その述懐が「偽」の主題となり、その対照は明らかなアイロニーとなっている。即ち、「信頼できない語り」とその仕掛け方によって、アイロニーが生み出されるのである。

さらに言えば、そのアイロニーの方法には何が内包されるかというと、まず「私」の心境の表出に現れる「ニュウスをたくさん、たくさん聞きたい」「ああ、誰かと、うんと戦争の話をしたい」という心情に注目したい。それは「私」の興奮を表す一方、戦争言説の受容者として受けた情報、及びそれから生じる心情を再確認し、流通させる心理とみなすことができよう。

顕著な例は、「私」が「主人」にニュースを伝え、その反応を期待することと、隣人に戦争の話を言いかけようとすることである。このような心理にみられるのは、おそらく「私」が自己の心情に対し不安を覚え、主婦生活の枠で心情を確かめようとする心理である。

例としては、「私」が「主人」に「日本は、本当に大丈夫でしょうか」と思わず言う場面がある。そして、作中の一日には「私」が隣人と戦争の話を直接にすることができず、「主人」も「私」の話に真面目に対応していない。即ち、「私」が受容した言説と自己の心情を再確認し流通させることができず、最終的には不安に至るのである。このような過程が示唆するのは、「私」を支配する同時代の主流言説が、小説世界では深められておらず、ついに空洞化する様相だろう。

総じていえば、『十二月八日』では、「信頼できない語り」のトリックと戦略的な素材の配置によって、冒頭の戦意高揚の言説を転覆させるというアイロニー方法が成立しているのである。

六、終わりに

以上において、『十二月八日』における主婦の語り手「私」の造形、その語りに潜在している亀裂、欠落を考察し、作中に用いられる「信頼できない語り」のトリックを確認した。そして「信頼できない語り」の仕掛け方を分析し、「私」を時局に順応しそうな戦争言説の受容者として造形しながら、「私」の戦意高揚の言説を転覆させるというアイロニーの方法を明らかにした。

この作品について、「戦争迎合」か「芸術的抵抗」か、という議論が長い間行われていて、いまだに「時局への賛意と反抗のどちらを基準にして見ても、背いつつ逸れていく双方向性の持つ[32]」という観がある。しかし、それは「私」の語りを丸呑みし、テキスト全体的な構造を不問に付す結果と思われる。『十二月八日』には、二項対立的な要素がともにみえるのは確かだが、構築された戦争賛美の言説は、転覆されるために存在しているのである。このような「構築—解体」という構造には、アイロニーの方法と策略が潜在している。

さらに同時代の視点からみれば、そのアイロニーの方法と策略を、日中戦争から深刻化しつつある言論統制と戦時体制の下で形成してきた言論空間において、より深い意味を持っている。今後の課題としては、その方法と策略を同時代の言論空間と結びつけて、意義を検討する試みを行いたい。

参考文献

火野葦平『歴史』生活社、1943年5月
奥野健男『太宰治論』角川文庫、1960年6月
小田切進「十二月八日の記録」『文学』、1961年12月
奥野健男編『昭和戦争文学全集4』集英社、1964年8月

荻久保泰幸「十五年戦争と文学—十二月八日という日づけ」『國學院雑誌』、1968年10月
佐古純一郎『太宰治論』審美社、1974年1月
高木知子『戦争と文学者』三一書房、1984年4月
桜本富雄『戦争はラジオにのって』マルジュ社、1985年12月
韦恩・布斯『小说修辞学』广西人民出版社、1987年2月
鈴木敏子「「十二月八日」解読」『日本文学』、1988年12月
川島高峰「開戦と日本人—12月8日の記憶」『明治大学大学院紀要』、1990年2月
赤木孝之『戦時下の太宰治』武蔵野書房、1994年8月
相馬正一『評伝太宰治　下巻』津軽書房、1995年2月
鈴木雄史「肯いつつ逸れよ—太宰治『十二月八日』のことばと「生活」」『語文論叢』、1996年1月
李顯周「太宰治の「十二月八日」と雑誌『婦人公論』をめぐって」『日本語と日本文学』、2002年2月
西川長夫『越境する安吾』ゆまに書房、2002年9月
松本和也「小説表象としての"十二月八日"：太宰治「十二月八日」論」『日本文学』、2004年9月
厳大漢「太宰治〈明るさを装う〉心構え—「十二月八日」論」『日本語と日本文学』、2006年2月
申丹「何为"不可靠叙述"」『外国文学評論』、2006年4月
高木伸幸「梅崎春生「微生」論—「偽」のモチーフ、国家批判と「紀元二千六百年」」『日本文学』、2008年9月
何資宜「太宰治「十二月八日」試論 —〈語り＝騙り〉構造」『国文学攷』、2010年9月

1 誤解を避けるため、本稿では、太宰治の小説を『十二月八日』、一九四一年十二月八日という日付けを十二月八日、開戦日という小説のテーマを「十二月八日」、開戦日である一九四一年十二月八日をテーマとした同時代の小説群を〈十二月八日〉小説と記す。
2 高村光太郎『彼等を撃つ』(「文芸」1942.1) など。そのほか、詩を書いた文学者として、三好達治、草野心平、斎藤茂吉などが挙げられる。
3 火野葦平『朝』「新潮」1942年2月、上林暁『歴史の日』「新潮」1942年2月、坂口安吾『真珠』「文芸」1942年4月
4 『太宰治全集4』解題より。筑摩書房、1989年12月、p.406
5 この点に関しては「2.先行研究」に詳しい。
6 奥野健男『太宰治論』角川文庫、1960年6月、pp.117-118
7 相馬正一『評伝太宰治 下巻』津軽書房、1995年2月、p.237
8 高木知子「太宰治—抵抗か屈服か」『戦争と文学者』三一書房、1984年4月、p.177
9 赤木孝之『戦時下の太宰治』武蔵野書房、1994年8月、p.32
10 鈴木敏子「「十二月八日」解読」『日本文学』37 (12)、1988年12月、pp.60-65 m鈴木雄史「肯いつつ逸れよ—太宰治『十二月八日』のことばと「生活」」『語文論叢』23、1996年1月、pp.47-59
11 松本和也「小説表象としての"十二月八日"：太宰治「十二月八日」論」『日本文学』53 (9)、2004年9月、pp.47-57
12 西川長夫「戦争と文学—文学者たちの十二月八日をめぐって」『越境する安吾』ゆまに書房、2002年9月、pp.14-29
13 李顯周「太宰治の「十二月八日」と雑誌『婦人公論』をめぐって」『日本語と日本文学』34、2002年2月、pp.43-55
14 何資宜「太宰治「十二月八日」試論 —〈語り＝騙り〉構造」『国文学攷』207、2010年9月、pp.31-44
15 川島高峰「開戦と日本人—12月8日の記憶」『明治大学大学院紀要』1990年2月、pp.411-429。

川島の論によると、開戦に際会した日本人の心境は開放感、歓喜を覚えるのが大多数で、不安感、敗北の予感を感じるのもあるが、わずかである。

16 高木伸幸「梅崎春生「微生」論―「偽」のモチーフ、国家批判と「紀元二千六百年」」『日本文学』57（9）、2008年9月、pp.45-56による引用。『東京市紀元二千六百年奉祝記念事業志』「紀元二千六百年の意義」1941年、pp.1-3には次のように記されている。「『今ヤ非常ノ世局ニ際シ斯ノ紀元の佳節ニ当ル爾臣民宜シク思ヲ神武天皇ノ創業に馳セ皇国ノ宏遠ニシテ皇莫ノ雄深ナルヲ念ヒ和衷戮力益々国体ノ精華ヲ発揮シ以テ時難ノ克服ヲ致シ以テ国威ノ昂揚ニ勗メ祖宗ノ神霊ニ対ヘンコトヲ期スベシ』と宣はせられ現下国民の向ふべき道を明示し給ふたのである」

17 韦恩・布斯『小説修辞学』广西人民出版社1987年2月、pp.163-168　ブースが「内在する作者」という概念を提出し、それを物を書いているときの作者が作り出した「第二の自己」と規定している。氏によると語りの信憑性を判断する基準は「内在する作者」の規範、あるいは作品の規範である。ここでいう「規範」とは、作品の中の事件、登場人物、文体、技法などの要素の現れた作品の倫理、信念、感情、芸術などの基準である。語り手がその規範を代弁し、それに従って行動する場合、語りが信頼できる。逆に、そうでない場合、語りが信頼できなくになる。（筆者訳）

18 鈴木敏子「「十二月八日」解読」『日本文学』37（12）、1988年12月、pp.60-65

19 荻久保泰幸「十五年戦争と文学―十二月八日という日づけ」『國學院雑誌』69（10）、1968年10月、pp.11-22

20 李顯周「太宰治の「十二月八日」と雑誌『婦人公論』をめぐって」『日本語と日本文学』34、2002年2月、pp.43-55

21 申丹「何为“不可靠叙述”」『外国文学評論』2006年4月、pp.133-143　ジェームス・フェランは「信頼できない語り」について、三つのパタンを提出し、そのうち、語り手の性格、価値観あるいは知識の欠如で事実に対し、偏頗な報道をしあるいは不十分な解釈を行う場合、その語りは「不充分な解釈」になっている。

22 何資宜「太宰治「十二月八日」試論―〈語り＝騙り〉構造」『国文学攷』207、2010年9月、pp.31-44

23 同注4

24 桜本富雄『戦争はラジオにのって』マルジュ社、1985年12月、p197

25 小田切進「十二月八日の記録」『文学』29（12）、1961年12月、pp.1551-1573　小田切の調査は同時代主要な新聞、作者に限るが、挙げられた文学者の数は13名もある。

26 桜本富雄『戦争はラジオにのって』マルジュ社、1985年12月、p197

27 小田切進「十二月八日の記録」『文学』29（12）、1961年12月、pp.1551-1573

28 松本和也「小説表象としての“十二月八日”：太宰治「十二月八日」論」『日本文学』53（9）、2004年9月、pp.47-57

29 初出『新潮』1942年2月　引用は奥野健男編『戦争文学全集4』集英社1964年8月による。

30 初出『新潮』1942年1月　引用は火野葦平『歴史』生活社1943年5月による。

31 李顯周「太宰治の「十二月八日」と雑誌『婦人公論』をめぐって」『日本語と日本文学』34、2002年2月、pp.43-55

32 鈴木雄史「肯いつつ逸れよ―太宰治『十二月八日』のことばと「生活」」『語文論叢』23、1996年1月、pp.47-59

特別賞

青年層における日中文化交流の現状と展望

～小説、映画、アニメ、伝統文化、観光の概観を通して～

一橋大学大学院言語社会研究科
博士課程前期2年
中島大地

はじめに

本論文は青年層における日中文化交流の現状を総括して、その不足点を指摘した上で、文化交流をさらに深化していくべきだと提言するものである。

文化という言葉は極めて幅広い分野を包括するが、本論文では、文化的産物の交流と人の交流の二側面を対象として取り上げる。文化的産物として主に小説、映画、アニメ、伝統文化を取り上げる。人の交流として規模の大きな観光を取り上げる。

国際交流基金文化交流研究委員会報告書「21世紀、新しい文化交流を[1]」は、21世紀を「国境の変質」に直面する転換期と捉えて、新しい文化交流の重要性を強調する。そして、文化を普遍性と固有性・特殊性、あるいは共通性と独自性の二面でとらえる必要性を説く。その上で文化交流の使命を、お互いの独自性を重視しながら協力や共同作業の糸口を見つけるきっかけを作ることとして、重層的な文化的アイデンティティ構築の重要性を指摘している。

私も報告書の理念に賛同する。文化交流とは一方通行の情報伝達ではなく、双方向の有機的なつながりに基づき、お互いの独自性を尊重しながら、新しい協力関係を構築していくためにある。その前提を踏まえて、より良い文化交流を模索していかねばならない。

一、文化交流における不均衡

第1章では、小説、映画、アニメ、伝統文化など様々な分野に関する現状分析を行う。そして、日本文化の中国に対する紹介は進んでいるが、中国文化の日本に対する紹介が進んでいない現状を明らかにする。

1-1 文学の越境

第一節では「文学の越境」という観点から近年の小説全般の動向をまとめる。2015年、お笑いタレント又吉直樹が、『文學界』2月号で小説『火花』[2]を発表した。『火花』は芸人たちを主人公に据えた文学作品である。芥川賞を受賞して記録的なベストセラーとなった。2017年、毛丹青によって中国語に翻訳されると、中国でも若者から支持されて異例の売れ行きとなった。さらに又吉直樹が「火花」中国語版発売に際して上海に赴き、書店でトークライブを行うと、百人以上のファンが駆けつけて盛り上がりを見せた。「クローズアップ現代+」[3]など日本のメディアも、その様子を取り上げた。

「文学の越境」という観点から見ると、中国における『火花』のブレイクは極めて興味深い現象である。内容自体が若者の共感を呼ぶものだったことが、ブレイクの前提だ。ただ、中国における様々な人たちの助力も欠かせなかっただろう。たとえば、編集者・毛丹青が翻訳して、中国で非常によく知られたコメディアン・郭徳綱がまえがきを書いたことも功を奏した、と考えられる。

現在、中国ではさまざまな日本作家の文学が若者に受容されている。最も代表的なのは、村上春樹の作品だ。中国の研究者も、村上春樹が中国で広く読まれて、安妮宝貝（アニー・ベイビー）など若手作家にも影響を与えたと分析している[4]。狭義の文学ではなく推理小説に属するが、東野圭吾の作品も中国で広く読まれている。その勢いはとどまることを知らず、2017年、『容疑者Xの献身』[5]が中国で実写映画化された。今後『ナミヤ雑貨店の奇蹟』も映画化される予定[6]だという。

文学愛好家からは純文学作品も読まれている。大江健三郎『水死』中国語版が発売された時には、莫言、閻連科といった中国を代表する作家がコメントを発表した[7]。歴史を遡れば、1980年代、莫言、余華は若い頃にノーベル賞作家・川端康成の作品を読んでいた。余華はエッセイ「川端康成とカフカの遺産」で、川端の具体的な描写にまで触れてインスピレーションを得たとつづっている[8]。

中国において日本の大衆小説は若者から広く受け入れられていて、その上純文学も一部のコアなファンからは受け入れられている、と分析できる。

それでは次に、日本における中国文学受容の状況を概観していく。

歴史的に、三国志、水滸伝、西遊記といった白話文学が広く受け入れられてきた。三国志は「真・三國無双」シリーズ[9]などのゲームとなり、多くの若者に親しまれている。西遊記はリメイクされて、繰り返しテレビドラマになった。また、純文学の分野では、戦後、魯迅の文学が竹内好の優れた紹介[10]や中国の政治体制への期待と関連付けられて、若者に広く読まれた時期もあった。

しかし現在、日本ではほとんど同時代の中国文学が読まれていない。唯一、2012年に莫言がノーベル文学賞を受賞した際には、大きなニュースになったが、莫言以外の作家はほとんど知られていないといっても過言ではない。

80年代にデビューした中国人作家たちは、優れた作品を書いている。たとえば、余華、蘇童、格非といった先鋒派の作家たち、あるいは莫言、閻連科などマジックリアリズムに分類されるような作家たち、上海に生きる人たちを描き出した王安憶といった作家たちの作品はそれぞれ深みがあり、なおかつ中国人や中国社会の在り方を知る上でも有益だ。

翻訳もすでに出版されている。たとえば、中央大学教授・飯塚容が余華の作品[11]を、名古屋経済大学教授・谷川毅が閻連科の作品[12]をそれぞれ翻訳するなど、多くの作品が日本語に訳出されている。しかし、日本において反響は少なく、若者に届いているとは言い難い。

文学の側面における文化交流においては大きな不均衡が生まれている、とみることができる。

1-2　映画・アニメ

第2節では映画、アニメの受容という観点からまとめる。来日した留学生に「日本に興味を持ったきっかけは？」と聞くと、高い確率で「日本のアニメが好きなので興味を持った」「日本の映画やドラマが好きだから」という返答が返ってくる。中国人留学生も例外ではなく、日本のポップカルチャー、サブカルチャーは、日本に対して興味を持つ大きな入口の一つとなっている。

中国における日本映画の受入れ状況をまとめる。文化大革命後、佐藤純彌監督の『君よ憤怒の河を渉れ』が中国で上映され、若者から熱烈な支持を受けたように、日本映画は様々な形で受け入れられてきた。ただ、中国政府は国産映画を保護するため、外国映画の輸入本数を制限している。結果として、中国において正式に上映される日本映画は少なかった。たとえば、張芸謀監督の『単騎、千里を走る。』(2005) や、呉宇森（ジョン・ウー）監督の『レッドクリフ』(2008、2009) など一部の日中合作映画や、「ウルトラマン」(2011、2012) などごく少数の日本映画に限られてきた[13]。

しかし、2016年から状況に変化がみられるようになった。とくに固定ファンを持ち、確実なヒットを見込むことができるアニメ作品が、劇場公開されるようになった。

2016年に中国で上映された日本作品をまとめると、実写映画は『ビリギャル』『寄生獣』にとどまり、他は『NARUTO』『聖闘士星矢』『ドラえもん』『ちびまる子ちゃん』『ドラゴンボール』『クレヨンしんちゃん』『ワンピース』『名探偵コナン』など、よく知られるアニメの名作だった。

特筆すべきなのは、「君の名は。」のヒットである。2016年、日本のアニメ映画「君の名は。」は日本において最終的な興行収入が249億円に達して、歴代興行ランキング4位となった。中国でも時をおかずに上映されて、興行収入97億円に達するヒットを記録した[14]。中国の若者が日本のアニメに期待していることが明らかになった。「君の名は。」の爆発的なヒットのほかにも、アニメ作品の興業収入は堅調であり、今後も一定数のアニメ映画が中国で上映されると考えられる。

アニメが日本文化への深い理解に結び付くかは検討の余地があるが、少なくとも理解の前段階としての親密感を生む効果はあるだろう。

中国映画の中では、日本映画に対するオマージュ（尊敬する作家や作品の影響を受けて、似たような作品を創作すること）がよくみられる。中国の映画製作者、観客が日本に対して強い親密感を持っていることが窺える。とくに若者に受容される傾向のある青春映画に、日本映画へのオマージュが多い。

たとえば陳正道監督の『101次求婚[15]』は、『101回目のプロポーズ』のリメイクであり、武田鉄矢も特別出演している。曾国祥監督の『七月与安生[16]』は『ラブレター』を意識していて、エンドロールで岩井俊二に対する謝辞が示されている。アンソロジー映画『奔愛』中の張一白監督が担当した部分[17]では、北海道を舞台として、『ラブレター』へのオマージュを行っている。さらに先述したように、近年では東野圭吾の小説作品が中国で実写映画化されている。

次に日本における中国映画、アニメの需要をまとめる。2016年に日本で劇場公開された中国映画は、張芸謀監督の映画作品『グレートウォール[18]』のみだった。『グレートウォール』はハリウッドとの合作であり、純粋な中国映画ではない。近年日本で上映された中国映画を振り返ると、中国と同じく『単騎、千里を走る。』(2006)、『レッドクリフ』(2008、2009) などの日中合作映画などに限られる。中国の映画と同じく、アニメもほとんど日本に輸入されていない。ただ、その背景には中国アニメが発展途上という問題がある。近年ようやく洗練された作品が生まれるようになってきた。たとえば、その代表例が2015年の『西遊記 ヒーロー・イズ・バック[19]』、2016年の『大魚海棠[20]』などである。今後の発展が期待される。

日本において中国映画が上映されない理由はいくつか考えられる。日本では中国映画の知名度が低く、固定ファンが少ない。だから上映しても採算が取れないので、日本側が権利を買おうとしない。そして中国の映画業界も、ハリウッドをはじめとする英語圏に向けた情報発信に注力しているので、日本が見過ごされがちになる。結果として日本で中国映画が劇場公開されるチャンスがない。しかし中国に良い映画がないわけではなく、良い作品は日本でも受け入れられる余地はある。

長年にわたって、日中双方で国際映画祭などの際に両国の映画に触れられる機会を設ける試みが行われている。たとえば東京国際映画祭や上海国際映画祭、北京国際映画祭などと連携して、中国で「日本映画週間」、日本で「中国映画週間」を行い、両国の映画を上映している[21]。

中国映画界には日本映画に対してリスペクトを示す監督も多く、前述したように様々な日中合作映画が制作されている。オフィス北野が国際的に評価の高いジャ・ジャンクー（賈樟柯）監督[22]に対して資金の面で援助してきたように、日中間に様々な連携が見られる。

ただ交流が幅広い範囲に及んでいるとは言えず、とくに日本側の中国映画受入れは全く進んでいない。映画、アニメの領域でも不均衡があるといえる。

1-3 伝統文化・食文化

第3節では伝統文化・食文化という観点からまとめる。中国は長い歴史を持つ国であり、様々な伝統文化がある。たとえば脈々と受け継がれてきた独特の表語文字・漢字、儒教、道教、仏教などに代表される宗教（儒教が宗教かどうかは諸説あるが)、太極拳、少林寺拳法に代表される中国武術、漢方に代表される中国医術、紙切細工などに代表される中国工芸、京劇に代表される中国の伝統劇、漢服、チャイナドレスに代表される中国の衣装文化、福建省のお茶でよく知られる中国茶などだ。

古くから中国文化は海を渡り、日本にも影響を与えた。中には日本で独自に進化を遂げたものもある。たとえば茶道は中国とは異なり、形式を重視して、わび・さびといった美意識を強調するようになった。結果として日本にも様々な伝統文化が生まれた。たとえば有名なものとして、書道、茶道、華道、着物、日本舞踊、能・狂言、俳句・短歌がある。

現在、日本においても中国においても、伝統文化に関心を持つ人は一定数いる。伝統文化というと古めかしいイメージを持つが、若者の中でも伝統文化をたしなむ人がいる。たとえば中国各地の大学には、漢服サークルがある。清明節や中秋節など祭日を祝う習慣は根強い。日本では、サークル活動や趣味として書道や茶道を学ぶ学生もいる。またお祭りや七五三の時には、着物、浴衣を着る若者も多い。伝統文化には独特の魅力があり、若者にも受け入れられやすい。

魅力をしっかりと伝えることができれば、中国人の若者にとっても日本の伝統文化は面白いものであり、日本人の若者にとっても中国の伝統文化は面白いものであるはずだ。日中相互理解における一つの切り口になるのではないだろうか。

食文化もまた親密感形成の入り口となり得る。日本には多数の中国料理店があり、中国にも多数の日本料理店がある。中国のことをほとんど知らないという日本人でも、中華料理は食べたことがある。そして四川料理は辛いといった基礎知識は持っている。日本のことをほとんど知らないという中国人でも、寿司やてんぷらは知っている。お互いに美味しいと感じるものは共通していると理解することは、お互いに対する親密感を生み出す効果があると考えられる。

しかし単に食べるだけでは、深い理解には結び付かない。その上日本にある中国料理店、中国にある日本料理店は、現地の人のために味を調整しているため本場の味ではない[23]。

まず食を通して親密感を持った後、食文化を通して、その文化的背景、歴史的背景にまで思いをはせることが必要となる。そのためには、ただ料理を振る舞うだけではなく、料理のことをより深く知ってもらうといったことが必要となるだろう。

1-4　人的交流

人的交流は相互理解を深めていく上で、大きな役割を果たす。第4節では、青年層の文化交流という枠組みからすこし離れるが、観光に着目して全体像をまとめる。

まず鈴木晶の論文などを参考にしながら、訪日する中国人観光客に関してまとめる[24]。国交正常化から1990年代にいたるまで、基本的に日本から中国への一方通行的な観光が続いた。経済発展の途上にあり、多くの中国人は観光を楽しむ余裕がなかったからである。しかし近年、訪日する中国人観光客は急速に増加する傾向にある。2000年、訪日した中国人観光客は約35万人だった。その後順調に増加していき、2005年には65万人、2010年には141万人に達した。東日本大震災が発生した2011年は大幅に減ったが、翌年に持ち直し、2015年には499万人に達した。

とくに2010年から、日本政府の観光ビザ発給要件の緩和が進み、単独家族旅行の許可、数次ビザの拡大などが実施されたことが功を奏した。航空便の増加、円安の進行なども訪日中国人観光客を後押しした。その結果、中国人観光客は大幅に増加して、観光客全体の2割以上を占めるまでになった（中国、台湾、香港など中国語圏からの観光客を合算すれば、ほぼ5割に達する）。2015年、中国語観光客の購買意欲をあらわす「爆買い」という言葉が流行語大賞を受賞した（ただ、爆買い自体はすでに終息して、体験重視の観光にシフトしたとされる[25]。）

今後も中国人観光客は増えると予想される。日本の観光業にとって中国人観光客は極めて重要な存在となっている。

次に訪中する日本人観光客に関してまとめる。2000年に訪中した日本人観光客は220万人だった。その後2005年、339万人、日中国交正常化35周年記念観光交流事業が大々的に行われた2007年に397万人となる。そして、上海万博が行われた2010年には373万人に達した。ところが2015年には249万人まで減ってしまった。

日本人は2週間までの滞在であれば、ビザ申請の必要がない。航空券代も欧米に比べたら格段に安く、格安航空を選べば沖縄に行くのと大差がない。阻害要因は少ないと考えられる。

しかし、中国が人気の旅行先として挙げられることはあまりない。たとえば一般社団法人日本旅行業協会が、JATA会員会社の社員341名を対象に行った夏休みの人気の方面調査[26]では、1位ハワイ、2位台湾、3位グアム、4位シンガポール、5位ベトナム、6位タイ、7位オーストラリア、8位アメリカ（本土）、9位韓国、10位カナダという結果になった。中国語圏として台湾は2位にランクしているが、中国は人気がないことがうかがえる。

訪中する日本人観光客が2007年をピークとして近年減少傾向にあるのは、いくつかの要因があると考えられる。日本側、中国側双方に問題があるだろう。

まず日本側の問題をあげていく。一点目、まず日本では中国に対して親密感を持つ機会が少ない。歴史認識問題や尖閣諸島をめぐる領土問題は中国に対する好感を大きく引き下げた。インターネットの旅行関連サイトや個人ブログでは、台湾に対する好意的な口コミは多く見つかり、その口コミがさらに観光客を呼ぶ効果を生んでいる。しかし、中国の大都市に関する情報は数少ない。結果として台湾と中国の大都市（上海など）を比べると、利便性、安全性に大差はないにも関わらず、訪中する日本人観光客は増えない。

二点目、中国に行きたいという人が少ないので、観光業界の人たちも観光客も中国を敬遠するようになり、負のスパイラルに陥っていく。

次に中国側の問題をあげていく。一点目、まず中国の観光業自体は発展途上だ。北京、上海、広州などの大都市を除けば、受け入れ態勢に大きな問題がある。長期休暇になると、観光地はキャパシティオーバーになり、国内観光客が溢れる状況が生まれている。設備や標識もまだ十分とは言い難い。英語はほとんど通じないので、中国語ができない観光客は様々な困難に直面するだろう。

二点目、中国による海外向けの広報が的を射ていないと考えられる。中国といえば北京故宮、万里の長城、陝西省西安の兵馬俑に代表される歴史遺産、四川省九寨溝に代表される雄大な自然がクローズアップされがちだが、実際はより多くの観光地がある。

たとえば、上海は歴史を思い起こさせる弄堂や租界跡地と未来都市を夢想させる摩天楼が組み合わさった都市であり、現代芸術などの面でも魅力にあふれる。あるいは広東省広州は広東語が飛び交う異色の空間であり、日本人の想像を超える本場の広東料理がある。雲南省や貴州省などでは、豊かな自然とエキゾチックな少数民族の文化を体験することができる。しかし、そういったところは日本ではあまり注目されない。

三点目、中国の安全性に対する懸念も阻害要因となっていると考えられる。スモッグ、黄砂をはじめとする大気汚染の問題や、食品安全問題は繰り返し日本でも報道されてきた。

日中双方が阻害要因をなくしていくため、努力する必要があるだろう。

二、新しい文化交流に向けて

第2章では第1章で取り上げた文化交流における不均衡を解決するため、様々な提案を行う。とくに日本側の問題を解決するために検討を行う。

2-1 日本における中国文化の紹介

第1節では、日本で中国文化に触れる機会を増やすことによって親密感と理解を深めていくことを提案する。

中国現代文学の翻訳は、いわゆる格式高い文学に偏ってきた。結果として、難解だというイメージを生んでしまった。今後は若者に読まれている大衆文学も積極的に翻訳していくべきだ。

大衆文学が翻訳の対象にならなかったのは、恐らく一般的に価値が低いとみなされてきたためだろう。その上、必要とする背景知識も多い。たとえば、武侠小説であればそのジャンルに対する理解が一定程度必要となる。しかし、2000年代以降に登場した郭敬明や韓寒といった若者向けの青春小説[27]は、日本の若者向け小説から影響を受けたためか、日本人の感性にも訴えるものがある。日本人の若者にとっても理解しやすい。今後、若者によく読まれている中国人作家たちの作品を日本語に翻訳していけば、今より広く受容されて、中国への理解が深まる可能性がある。

そして小説だけではなく、映画、アニメ、漫画、ゲーム、ポピュラー音楽といった若者によく受け入れられるジャンルにも、目を向けていくことが必要となる。

2004年頃から日本で韓流ドラマ、韓流スターが流行して韓国に興味を持つ人が急増したように、ポピュラー音楽やアイドルは、相手国に親密感を持つ重要なきっかけの一つである。来日する中国人留学生に対して日本に興味を持ったきっかけを聞くと、日本のアイドルグループAKB48や、ジャニーズの嵐などをあげる人も多い。中には初音ミクという日本人が作り出した仮想アイドルが好きだという人までいる。

現在、日本で知名度のある華流スターは成龍（ジャッキー・チェン）、周星馳（チャウ・シンチー）など一部の香港出身のスターに限られる。しかし、現在、大陸でもTFBOYS[28]、EXO中国人メンバー、元メンバー[29]など多くの新しいスター、アイドルが出現している。彼らの紹介がすすめば、日本人が中国に親密感を持つきっかけとなるだろう。

また2016年、「陰陽師[30]」という日本のあやかしの世界をモチーフにしたゲームが中国で流行して日本に輸入された。ゲームという切り口は驚きかも知れないが、若者にとっての共通言語ともなり得る可能性を秘めた有効なツールだ。

前章の映画に関する節でも触れたが、現在、日本ではほとんど中国の映画作品が受容されていない。『キネマ旬報』といった映画雑誌で、中国映画に触れるとき、代表格として言及されるのは決まって賈樟柯（ジャ・ジャンクー）など難解さが際立つ映画監督だ[31]。若者にとって面白いと感じることのできる娯楽作品は紹介されない。そもそも存在自体が知られていない。今後、映画祭を利用して、より面白い作品を伝えていく努力が必要となる。

あるいは日中合作映画によって、中国映画に触れるきっかけをつくるという方法もある。呉宇森（ジョン・ウー）監督が、福山雅治と張涵予（チャン・ハンユー）をキャスティングして、『君よ憤怒の河を渉れ』のリメイク作品『追捕』を撮影していること[32]や、陳凱歌（チェン・カイコー）監督が染谷将太、黄軒、阿部寛、松坂慶子、火野正平らをキャスティングして「空海 KU-KAI」を撮影していること[33]には期待させられる。

2-2 face to faceの文化交流の充実

第2節では密な人的交流の充実によって日中の相互理解を深めていくことを提案する。第1章では、日中相互理解の不均衡に関してまとめてきたが、とくに問題として浮かび上がったのは、日本人の中国に対する親密感の欠如、およびに理解の欠如だった。相互理解を図るためには、まず人的交流を充実させていく必要がある。とくに今後の社会を担う日中の若者間の相互理解は欠かせない。そこで若者の日中交流に重点を置き、相互交流を進めていく方策を検討する。

人的交流においては、その質が重要となる。一般的な観光はその土地に対する親密感を生む効果はあるが、強い共感や深い理解には結び付きにくい。より意義深いものにしていくためには、「人」との密な交流、つまりface to faceの交流が最も重要だと考える。知識として国際交流の意義を学ぶより、人と触れ合う体験のほうが、より記憶に残り、影響力もあると考えるからだ。

現在、多くの日本の大学は長期休暇を利用して、中国への短期留学を企画している。また中国政府が外国人向けに奨学金なども用意している。文部科学省のデータによれば、2015年度に日本から中国に留学した人の数は、短期と長期をあわせて約1万5千人だという[34]。

短期留学は他国の親密感を生む上では意味がある。ただ、中国人とは参加する授業が異なる。結局、日本人あるいは各国からの留学生と交流することとなり、中国人と交流する機会が少ない。結果として深い理解には結び付きづらい、という問題がある。

短期の滞在であれば、今まで以上に工夫を凝らした企画が必要となるだろう。現在でも参考にするべき先進的な取り組みはいくつかある。たとえば、純粋な民間事業とは言えないが、独立行政法人国際交流基金日中交流センターが推進している大学生交流事業[35]は参考になる。

大学生交流事業では交流イベントを行いたいと考える日本人大学生を募集して中国各地に派遣、現地の大学生と協力しながら、大学生主体で交流イベントを開催している。

民間の活動としては、たとえば日中学生交流団体freebirdによる日中交流合宿[36]が参考になる。

freebirdの日中交流合宿は、北京、上海、関東、関西の計約20名の学生スタッフ（主に前年の合宿の参加者）が主体となり、実施している。開催場所は毎回変わり、日中が年ごとに交代で担当する。スタッフが企画を構想して、日中双方に関心を持つ計20名の学生の参加者を日中で募り、家庭訪問、討論会、南京訪問、企業見学、日中文化体験、自由散策、外部への発表会などの様々なコンテンツを通して相互理解を深める。合宿期間中に、外部向けの発表会を開き、50名程度の報告会参加者に対して成果を報告している。freebirdの活動は、さまざまな文化に触れることができる点が特色となっている。

学生の主体性に基づいたface to faceの活動がさらに広がっていくことは、日中の相互理解のために大きな意味がある。

短期留学では中国人学生と触れ合う機会が少ないという問題があったが、半年から1年以上の長期留学であれば、現地の社会や文化に幅広く触れることができる。これから中国に長期留学する人がさらに増えれば、日本においても中国を理解する人が増えていくだろう。

2-3　新しい文化交流を検討する若者会議の設立

第3節では、若者主体で日中相互理解のための方策を検討する場を設けることを提案する。

本稿でこれまでさまざまな検討を行ってきたが、基本的には常識にとらわれた提案に留まった。私自身も固定観念に束縛されているからだろう。今必要とされているのは、常識を突き破り、未来を切り開く若者の提案だ。より魅力ある日中交流活動を生み出していくために、若者主体で日中の相互理解を深めていく場を設けることを提案したい。

以前、日中学生交流団体freebirdの合宿に参加した際、日中両国の学生とともに、日中関係改善の方策を話したことがある。

日本に短期滞在した中国人学生は日本の清潔なトイレに驚いた経験に基づいて、「日本の清潔なトイレの素晴らしさを切り口として、日本のことを知らない農村の人たちにも日本のことを知ってもらおう」という意見を提出した[37]。ある中国人留学生は、廃校の危機に瀕する学校を救うためアイドルグループを結成した女子高生たちを描いたアニメ作品『ラブライブ！[38]』に触発されて、「日中混成アイドルを結成して、日中の若者を巻き込んでいこう」という構想を考え出した。

一方、日本人学生は日本人がLINEを使い、中国人がwechatを使っていることが相互理解の妨げになっていると考えて、「日中共同の通信アプリを開発してバーチャル交流会を行おう」という意見を出した。

日中の学生と話し合う中で多くの新鮮な意見に出会った。これから新しい文化交流を構想しフォーカスした場をつくれば、さらに魅力的な案が次々と生まれることが予想される。実現性に関しては検討の余地がある。しかし様々な意見を出し合うこと自体が、相互理解を深めていくことにつながる。話し合いの中からイノベーションが生まれるかも知れない。

新しい文化交流を検討する若者会議を設立することは様々な点で良い効果を生むだろう。

終わりに

本論文では民間の文化交流が日中青年層の相互理解において果たしている役割を明らかにしようとした。私の力が及ばず全体像を明示することはできなかったが、一端をまとめることはできたのではないかと思う。中国では日本の文化が受容されることにより、日本への親密感が生まれているが、日本では中国の文化がほとんど受容されないことにより、親密感が生まれていない現状が明らかになった。

昨今、日本の店舗でもWeChatPay、Alipay決済の導入が始まり[39]、中国のシェア自転車「Mobike（モバイク）」が札幌で導入された[40]。日本でも中国のテクノロジーが紹介されるようになり、中国の経済面に対する関心は増している。しかし、相変わらず日中双方に対する国民感情は良好とは言えない。これから必要とされるのは文化面への関心、そして文化を通して垣間見ることのできる人への関心だ。

これから中国のテクノロジーだけではなく、中国の文化も紹介されていけば、日中間の親密感の増加と相互理解の深化に結び付くだろう。

今後の日中青年層におけるさらなる文化交流に期待したい。

参考文献

（書籍）

又吉直樹『火花』文藝春秋、2015年

王志松「消費社会転型中的"村上現象"」（「消費社会転換期における"村上現象"」）『読書』、2006年第1期

余華「川端康成和卡夫卡的遺産」（「川端康成とカフカの遺産」） 余華『没有一条道路是重複的』、作家出版社、2014年、pp.177-181

竹内好『魯迅入門』東洋書館、1953年

中根研一『映画は中国を目指す（映画秘宝collection）』洋泉社、2015年

独立行政法人国際交流基金日中交流センター『国際交流基金日中交流センター10年のあゆみ』2016年

freebird責任編集『日中学生交流団体freebird 2014年度活動報告』2014年

中島恵『なぜ中国人は日本のトイレの虜になるのか？ ―「ニッポン大好き」の秘密を解く』中央公論新社、2015年

（ウェブサイト）

国際交流基金文化交流研究委員会報告書「21世紀、新しい文化交流を」 https://www.jpf.go.jp/j/about/survey/bkk/pdf/2010.pdf

NHK公式web site「"火花"中国を行く～又吉直樹が見た"90后"～」 http://www.nhk.or.jp/gendai/articles/3999/?utm_int=detail_contents_news-link_001

新浪娯楽「東野圭吾最催泪作品！予告曝光」（東野圭吾の最も泣かせる作品！『ナミヤ雑貨店の奇蹟』の予告が公開） http://ent.sina.com.cn/m/f/2017-09-04/doc-ifykpysa3149051.shtml

人民網 日本語版「莫言氏ら中国作家が支持する大江健三郎の小説」 http://j.people.com.cn/206603/8346869.html

コーエー「真・三國無双 総合サイト」 https://www.gamecity.ne.jp/smusou/#home

百度百科「你的名字。」 https://baike.baidu.com/item/%E4%BD%A0%E7%9A%84%E5%90%8D%E5%AD%97%E3%80%82/19127928

日中友好映画祭実行委員会web site http://cjiff.org/index.html

鈴木晶『日中観光の変遷に関する研究―中国人からみる日本の観光資源の魅力を中心に―』 http://ci.nii.ac.jp/naid/120005436535

インバウンドBiz「モノからコトへ、食や美容にシフトし始めた中国人観光客」（岡田寿都栄、2016年04月28日） http://www.nikkeibp.co.jp/atcl/column/15/IB-NT/042700035/

日本旅行業協会公式web site「JATAニュースリリース」 https://www.jata-net.or.jp/data/trend/ranking/pdf/170720_rank.pdf

「陰陽師」公式サイト https://www.onmyojigame.jp/

レコードチャイナ「福山雅治×ジョン・ウー監督の話題作、中国では11月24日から上映―中国」 http://www.recordchina.co.jp/b189752-s0-c70.html
レコードチャイナ「染谷将太主演、日中合作の超大作映画「空海 KU-KAI」、18カ国で公開決定―中国」 http://www.recordchina.co.jp/b179850-s0-c70.html
文部科学省「日本人の海外留学状況」 http://www.mext.go.jp/a_menu/koutou/ryugaku/__icsFiles/afieldfile/2017/05/24/1345878_1.pdf
日経ビジネス「中国モバイル決済、アリペイが日本でぶつかる壁」（高口康太、2017年8月23日） http://business.nikkeibp.co.jp/atcl/report/15/226265/082100160/
毎日新聞「シェア自転車　モバイクが札幌で国内初の事業スタート」（最終更新2017年8月23日22時45分） https://mainichi.jp/articles/20170824/k00/00m/040/081000c

（映像作品）
蘇有朋『嫌疑人X的献身』（『容疑者Xの献身』）光線影業、青春光線、深圳中匯影視文化伝播、北京夢工場、2017年
陳正道『101次求婚』（『101回目のプロポーズ』）新麗伝媒他、中国、2013年　武田鉄矢が特別出演。
曾国祥『七月与安生』（『七月と安生』）極客影業、嘉映影業、我們製作、阿里巴巴影業集団、2016年
張一白ほか『奔愛』北京永利文化、青春光線、伝逓光年、華誼兄弟、2016年
張芸謀『グレートウォール』Legendary Pictures, Inc.、Atlas Entertainment、楽視影業、中国電影股份有限公司、2016年
田暁鵬『西遊記 ヒーロー・イズ・バック』（『西遊記之大聖帰来』）、横店影視、天空之城、燕城十月、微影時代、2015年
梁旋、張春『大魚海棠』、彼岸天文化、北京光線影業、霍尔果斯彩条屋影業、2016年

（注）参考文献としてあげたwebsiteは全て2017年9月25日最終確認。映画作品に関しては筆者が中国上海に留学している期間に動画サイト「愛奇芸」等で閲覧した。

1　国際交流基金公式web site「文化交流についての研究者からの提言」国際交流基金文化交流研究委員会報告書「21世紀、新しい文化交流を」 https://www.jpf.go.jp/j/about/survey/bkk/pdf/2010.pdf
2　又吉直樹『火花』文藝春秋、2015年
3　NHK公式web site「"火花"中国を行く ～又吉直樹が見た"90后"～」 http://www.nhk.or.jp/gendai/articles/3999/?utm_int=detail_contents_news-link_001
4　王志松「消費社会転型中的"村上現象"」（「消費社会転換期における"村上現象"」）。『読書』2006年第1期
5　蘇有朋『嫌疑人X的献身』（『容疑者Xの献身』）光線影業、青春光線、深圳中匯影視文化伝播、北京夢工場、2017年
6　新浪娯楽「東野圭吾最催泪作品！予告曝光」（東野圭吾の最も泣かせる作品！『ナミヤ雑貨店の奇蹟』の予告が公開） http://ent.sina.com.cn/m/f/2017-09-04/doc-ifykpysa3149051.shtml
7　人民網 日本語版「莫言氏ら中国作家が支持する大江健三郎の小説」 http://j.people.com.cn/206603/8346869.html
8　余華「川端康成和卡夫卡的遺産」（「川端康成とカフカの遺産」）余華『没有一条道路是重複的』作家出版社、2014年、pp.177-181

9　コーエー「真・三國無双 総合サイト」 https://www.gamecity.ne.jp/smusou/#home
10　竹内好が『魯迅入門』（東洋書館、1953年）、『魯迅選集』などで日本に魯迅作品を広く広めた。
11　『活きる』（角川書店、1992年）、『血を売る男』（河出書房新社、2013年）、『死者たちの七日間』（河出書房新社、2014年）などがある。2017年、中短編集『世事は煙の如し』（岩波書店、2017年）も出版された。
12　『人民に奉仕する』（文藝春秋、2006年）、『丁庄の夢 中国エイズ村奇談』（河出書房新社、2007年）、『愉楽』（河出書房新社、2014年）、『年月日』（白水社、2016年）などがある。2016年、泉京鹿の翻訳で『炸裂志』（河出書房新社、2016年）が出版された。
13　中根研一『映画は中国を目指す（映画秘宝collection）』（洋泉社、2015年）に、中国におけるウルトラマン人気の詳細がまとめられていて参考になる。
14　百度百科「你的名字。」によると、興行収入は5.76億元であり、日本円に換算すると約97億円である。https://baike.baidu.com/item/%E4%BD%A0%E7%9A%84%E5%90%8D%E5%AD%97%E3%80%82/19127928
15　陳正道『101次求婚』（『101回目のプロポーズ』）新麗伝媒他、中国、2013年、武田鉄矢が特別出演。
16　曾国祥『七月与安生』（『七月と安生』）極客影業、嘉映影業、我們製作、阿里巴巴影業集団、2016年
17　張一白ほか『奔愛』北京永利文化、青春光線、伝逓光年、華誼兄弟、2016年
18　張芸謀『グレートウォール』Legendary Pictures, Inc.、Atlas Entertainment、楽視影業、中国電影股份有限公司、2016年
19　田暁鵬『西遊記 ヒーロー・イズ・バック』（『西遊記之大聖帰来』）、横店影視、天空之城、燕城十月、微影時代、2015年
20　梁旋、張春『大魚海棠』彼岸天文化、北京光線影業、霍尔果斯彩条屋影業、2016年
21　日中友好映画祭実行委員会のweb siteを見ると詳細を確認することができる。 http://cjiff.org/index.html
22　ジャ・ジャンクー（賈樟柯）は中国の映画監督。1997年、『一瞬の夢』で広く注目を浴びた。中国映画界の「第六世代」の監督。ヴェネツィア、カンヌ国際映画祭などに出品されて国際的な評価も高い。
23　近年では池袋駅北口や、西川口駅周辺に本場の中国料理を出す料理店も多数現われている。
24　鈴木晶『日中観光の変遷に関する研究―中国人からみる日本の観光資源の魅力を中心に―』。http://ci.nii.ac.jp/naid/120005436535
25　インバウンドBiz「モノからコトへ、食や美容にシフトし始めた中国人観光客」（岡田寿都栄、2016年04月28日） http://www.nikkeibp.co.jp/atcl/column/15/IB-NT/042700035/
26　日本旅行業協会公式web site「JATAニュースリリース」 https://www.jata-net.or.jp/data/trend/ranking/pdf/170720_rank.pdf
27　韓寒の邦訳としては『上海ビート』（平坂仁志訳、サンマーク出版、2002年）、郭敬明の邦訳としては『悲しみは逆流して河になる』（泉京鹿訳、講談社、2011年）があるが、数は少ない。
28　TFBOYSは、王俊凱、王源、易烊千璽の三人からなるアイドルグループ。デビュー当時（2013年）のメンバーの平均年齢は13.5歳だった。
29　EXOはSMエンターテインメント所属の男性アイドルグループ。韓国人メンバーと中国人メンバーがいる。中国人メンバー三人は脱退、以後幅広く活動している。
30　「陰陽師」公式サイト　https://www.onmyojigame.jp/
31　2017年、キネマ旬報社による「第90回キネマ旬報ベスト・テン」の外国映画部門では、賈樟柯（ジャ・ジャンクー）監督の「山河ノスタルジア」が5位に選ばれた。
32　レコードチャイナ「福山雅治×ジョン・ウー監督の話題作、中国では11月24日から上映―中国」 http://www.recordchina.co.jp/b189752-s0-c70.html

33 レコードチャイナ「染谷将太主演、日中合作の超大作映画「空海 KU-KAI」、18カ国で公開決定―中国」 http://www.recordchina.co.jp/b179850-s0-c70.html
34 文部科学省「日本人の海外留学状況」 http://www.mext.go.jp/a_menu/koutou/ryugaku/__icsFiles/afieldfile/2017/05/24/1345878_1.pdf
35 独立行政法人国際交流基金日中交流センター『国際交流基金日中交流センター 10年のあゆみ』2016年、54頁をもとに筆者がまとめた。
36 freebird 責任編集『日中学生交流団体freebird 2014年度活動報告』2014年をもとに筆者がまとめた。
37 中島恵が『なぜ中国人は日本のトイレの虜になるのか？ ―「ニッポン大好き」の秘密を解く』（中央公論新社、2015年）で等身大の中国人の意見をまとめているが、それに近い。
38 『ラブライブ！』は廃校の危機に瀕した学校を救うため結成された架空のアイドルグループの奮闘と成長を描く日本のメディアミックス作品群。アスキー・メディアワークス、ランティス、サンライズの3社によるプロジェクト。
39 日経ビジネス「中国モバイル決済、アリペイが日本でぶつかる壁」（高口康太、2017年8月23日） http://business.nikkeibp.co.jp/atcl/report/15/226265/082100160/
40 毎日新聞「シェア自転車 モバイクが札幌で国内初の事業スタート」（最終更新2017年8月23日22時45分） https://mainichi.jp/articles/20170824/k00/00m/040/081000c

特別賞

大正期の総合雑誌における五四運動の捉え方

～1919年の『中央公論』と『太陽』を中心に～

武漢大学外国語学院博士課程
前期3年
周渝陽

はじめに

五四運動は中国近代史上における画期的な一大運動と言えるばかりでなく、東アジアの貴重な歴史の記憶としても重要視されている。

1919年、パリ講和会議の山東問題をきっかけに、中国では排日的な性格を有する五四運動が勃発した。その後、三罷闘争（授業ボイコット、商人・労働者のストライキ）や日貨排斥運動などの排日の炎が中国の大地に燃え広がった。中国情勢に関心を寄せた日本の総合雑誌の論壇では、官僚・政治家から学界の歴史学者・経済学者、ジャーナリストまで多くの知識人たちが、五四運動を端緒とする中国時局の変動に大いに注目した。

五四運動が起きたのは、ちょうど日本の大正期にあたり、この時期の日本社会では、総合雑誌の「大衆化」の動きが顕著に見られた。中でも、『中央公論』と『太陽』は代表的な二大総合雑誌といってもよかろう。『中央公論』は発行部数がひと月当たり12万部に達し[1]、「総合雑誌を背負って立つ存在[2]」だと称された。一方、『太陽』の詳しい発行部数は不明だが、1905年まではおおむね『中央公論』とともに平均10万部弱程度だったようだ。1917年前後、ライバル誌の『中央公論』に追いあげられた[3]ともいわれるが、『中央公論』とともに総合雑誌の重鎮だったのは間違いない。したがって、日本人の五四運動をめぐる論争の実態を究明するためには、『中央公論』と『太陽』

における関連論説こそが適確かつ貴重な史料だろう。

従来の研究では、様々な有益な示唆を与えてくれたが、その一方で主に吉野作造という個人のケースを研究対象としたり、あるいは『日華公論』のような一誌の論説を分析したりすることで、日本人の五四運動に対する認識の一側面を考察したものに限られている。当時の雑誌論壇の状況や論争の実相、またその裏に潜む中国の排日思潮への検討が十分だったとはいいがたい[4]。

小論では、「一人の言論」や「一誌の誌面」のみのケーススタディーにとどまらず、1919年の『中央公論』と『太陽』の関連論説を多角的に分析して、誰が五四運動に関心を示したのか、その言論はどんな特徴をもつのか、また彼らはどの程度まで五四運動を理解できたのかについて究明してみたい。

一、五四運動前夜の論説
（1919年1月号～5月号）

1-1 山東利権返還についての論争

1919年に第一次世界大戦がようやく終わり、いよいよパリ講和会議の開催を迎えた。この時期には、戦後の恒久平和を実現するため、中国に対してどのような政策を講じるべきかが論じられた。代表例としては、雑誌『太陽』誌上に掲載された神戸正雄の「戦後世界の整理と永久の平和」と千賀鶴太郎の「恒久平和の準備条件」があげられる。

①無条件返還説

講和会議の前に、神戸正雄は中国人が「既に覚醒の第一歩にある。吾々日本人は目前の小利に眩(げん)して永遠の大利を忘れてはならぬ[5]」として、日本が中国に対する領土上の要求や鉄道管理の主張をしてはならないと指摘した。

道義上、日本も欧米諸国も中国のような後進国の自立を援助する責任がある。これは世界の潮流だけでなく、日本の将来にもかかわることだ。いち早く中国に対し、不平等の利権を放棄し、対等権を認めることこそ日中両国の友好にも、日本自らの経済的利益にも寄与し得るだろうという主張だ。

神戸はさらに具体的な方策を以下のように提案した。

> 日本が支那に対し西伯利亜(シベリア)に対して領土上の要求や、鉄道管理の主張やの如き之を敢てすべきことでないことは勿論のこと（中略）特に支那に就

きては其の苦しむ所の治外法権や、税権拘束の如きよりして解放さるゝやう[6]。

日本が中国についての利権を徹底的に放棄すべきだと力説したものだ。神戸は、他の国が近いうちに不平等の権利を解除すると判断し、日本が外交的不利な境地に陥らないように、また日中親善が傷つかないように、青島の領有をはじめ、鉄道の管理、治外法権や税権の制限など多くの特殊利益と優越権をことごとく解除すべきだと主張した。

すなわち、中国のような植民地支配下の国々を漸次解放する世界の大勢に順応した方が、日本にとって「最も得策」と考えたのだ。

②遅延方策説

一方千賀鶴太郎は、「条件付き」青島変換の方策を提議した。

（青島）是は最初から支那に還付すると云うことを声明した関係もあるが、講和の際に還付を約束するが如きは外交上の失策であるとせねば成らぬ。講和の時には是非に日本の有として、講和成立後ゆるゆる支那と直接談判して或は日支親善の目的を達する為めに最初の声明通りに還付するも宜しい[7]。

青島を講和会議という手段を通じていったん日本のものにし、それから日中親善という名目で中国に返還したらよいと考えた。すなわち日本は講和会議中ではなく、講和が成立した後で、少しずつ中国側と協議して、山東の権益の返還を実行すべきだと千賀は力説した。

千賀は法学者の立場から、日本はすでに青島を中国に返還する声明を出した以上、法理上においてそれを実行すべきだと主張した。またたとえ講和会議中に返還しても、恐らく中国人の眼には、それは日本の本意によるものではなく、欧米側に干渉・脅迫された結果だと映るのではないかと懸念を示した。

千賀はもし日本が約束を破れば、日中間の相互不信が高まり、東アジアの平和も守れなくなり、欧米列強のアジア進出、とくに「米国の活躍」を阻むこともできなくなると深く憂えた。そして欧米の勢力を牽制するためには、日中が連携しなければならないと考え、パリ講和会議の後、中国への山東返還を実行し、日本の善意を中国に伝えればよいという方策を主張した。

1-2 対中政策転換論

①自己反省への呼びかけ

1919年2月、オーストラリアとアメリカで排日の盛り上がりを見せたことを受けて、日本国内では人種差別の撤廃を求める運動が盛んになった。そうした背景の下で、日本代表団は講和会議に人種差別撤廃条項案を提出したが、かえって民族問題をめぐる日本の利己的な動機の膨張拡大と道義的な正義観念の不足という二重基準が露呈することになった。吉野作造は『中央公論』で論陣を張り、それを猛烈に批判した。

> 自己に反省せざるものは兎角(とかく)責任を他人に嫁する。支那に於ける排日思想の結局の根本は官僚軍閥の政治家の侵略的膨張主義——少くとも支那人並びに在支外人から斯く見られたる——に在ることは疑なき事実である。故に支那が我々に反感を有したという事実があるならば先ず自ら反省し、誤解あらば其誤解を解くべきである。[8]

吉野はモルヒネ問題の実例をとりあげ、議論を展開した。当時、日本の商人が法律上かつ道徳上の禁令を犯し、中国にモルヒネを大量に密輸入した。しかしそれについて、日本の新聞は欧米人のモルヒネ密輸入を強く非難した一方、自己反省の意を少しも示さなかった。強国に向かっては正義と公平を求め、弱国に向かっては不義と横道を挺する新聞論調に、吉野は怒りを覚えた。

吉野は、かように利己的な動機に基づく「怨言(えんげん)」は、何の道徳的な権威をも認め難いと考えた。吉野は日本のナショナリズムのダブル・スタンダードを論難した上で、植民地統治政策の変更の必要性を唱えた。彼は中国で排日的な風潮を引き起こす根本的原因は日本にあると考え、常に自己反省し、対中政策を「根本的廓清(かくせい)」し、日中間の誤解を解くべきだと主張した。

朝鮮や中国の国民の反感を招きかねないという吉野の危惧は現実のものとなり、3月に朝鮮で反日運動である三一独立運動が勃発した。吉野は三一運動の直後に「対外的良心の発揮」を執筆し、デモクラティックな視点から外交政策の転換の必要性を力説した。

吉野は、「国際民主主義を外交関係の根基とする新局面を開かねばならぬ」[9]と認識し、従来の植民地主義をもって外交を進めるわけにはいかないと考えて、日本もその潮流に順応する政策へと転換すべきだと訴えた。

②国民の力への注目

寺内内閣の段祺瑞軍閥政府を支援する政策（援段政策）は、原内閣になって不徹底な南北融和勧誘策と変わったが、1月にパリで顧維鈞代表が山東権益の返還を要求した。2月には日中両国間に締結された秘密条約の一部が公表され、世論を騒がした。これについて、吉野作造はその外交的失態の要因を次のように分析した。

> 我国の外交史上に斯くの如き一大汚点を印したる原因は、一つには偏狭なる利己的政策の誤りにも因るけれども、又一つには世界の物議と支那民衆の排日心理とに重きを措かなかった（中略）排日の事実起れば、當局は故意か有意か自ら反省するの煩を避けて直ちに第三者の扇動に帰する。[10]

自己の責任を免れるために、自己反省もせずに失政を否認し、中国排日の原因を米国の扇動に帰する原内閣に批判的であった。

吉野は中国国民の民心の動静を少しも考慮に入れずに、袁世凱や段祺瑞のような軍閥に利権を拡張すべく巨資を賭けた従来の日本政府の対中策を「一大謬想」と喝破した。

> （中国の場合）各種の勢力各々割據して勝手放題の事をするという従来の形勢は当分の間続くであろう。故に真に支那の統一を希望するとなれば、実際政治家の顧ずして而かも今や民間に鬱勃たるところの所謂和平の精神を後援助長するの外に途はない。[11]

吉野は軍閥割拠による中国の混乱ぶりを認識するとともに、次第に強くなってきた「国民革命」の力にも気づき、新時代における「見えざる思想の後援者」の影響を重要視する姿勢をとった。

中国国民の力を発揮することこそ、日本政府が力を入れるべき務めだった。日中間の外交問題を解決するために、あらゆる手段を尽くし、有力軍閥のだれかを籠絡するより、むしろ中国国民の力に注目し、その成長を見守る方が日本政府の務めではないかと述べた。

まとめれば、『中央公論』と『太陽』の両誌（1月号-5月号）では、この時期、五四運動自体を直接論じる論説はなかったが、中国の排日思潮に対する関心が高かったため、経済・法学・政治といった様々な角度からそれらの考察がなされたといえる。

二、五四運動中の論説
(1919年6月号～9月号)

2-1　五四運動に対する反応

1919年5月4日、北京の学生約3,000名がデモ行進を行った。学生運動はただちに民衆の関心と支持を呼び、当時の段軍閥政府および日本への激しい批判となって、全国的な大衆運動に広まっていった。5月7日、東京でも2,000名に及ぶ中国人留学生がデモを行い、9日には上海で張継、戴天仇、何天烱の三人が日本の新聞記者を招き、「日本国民に告ぐ」という檄文を公表した[12]。これに対して、当時の日本の世論は痛烈に批判するものが多かったのだが、『太陽』と『中央公論』誌上には、激しく批判するものもあれば、理性的に分析を行うものもあった。

①中国批判論

『太陽』6月号の誌面で、東洋史学者である市村瓚次郎と内藤湖南は、パリ講和会議における中国代表の発言と北京の学生運動を強く批判した。

市村は「少数の識者」が「世を誤り国を滅す」中国宋代の歴史を顧みながら、以下のように述べた。

> 北京の学生団と東京の留学生団とがこれに憤慨し示威運動を試み更に暴行をなすが如きは、猶宋代の大学生が主戦派に声援して講和派に反抗したるの類にして時局に益なきは同一なり[13]。

市村によると、学生運動は唐紹儀や張継のような識者が学生運動を利用して中国国内の世論をあおりたて、反対派を牽制した方略に過ぎなかったという。「英米の二国が世界の覇者としてその蓄積せる勢力を東洋方面へ傾け来る[14]」として、英米両国の勢力を牽制するには、日中両国が共存しなければならないと市村は指摘し、また中国の識者たちは「東亜の大局」のために冷静沈着に行動すべきだと反省を促した。

一方内藤湖南の論説では、中国の国民道徳の墜落を突き、克己心と独立精神に乏しい国民性を批判し、それを「支那の亡兆」としてとらえた。

> 元来民族自決と云う事は自決の能力有る国民に在りて始めて有効なもので其の能力無き国民は却って此の主義に由りて、自ら滅亡を速めることこ

> そあれ、何等利する所が無い。支那人の如き其の最も著しきものである。[15]

内藤はこう主張した。中国に対する日本の行為は「勿論不当」なことだが、弱肉強食が常の当時の国際社会において、日本も不平等条約を押し付けられた。しかし外国の力に頼らずに、明治維新以来の何十年もの隠忍と努力を重ねて、自ら条約改正と利権回復を実現した。それに対して、中国国民の無気力と外国への依頼は中国を滅亡の道に導くに違いない。

当時中国では、「大節を持し大計を決する政治家の絶えて無い事が最大の弱点」[16]で、滅亡の運命を変える唯一の方法だとして、内藤は中国国民の「自覚」を提起し、民族自決の前提条件としての中国国民の「自覚」の養成を唱えた。

②日本批判論

『太陽』誌上の中国批判と対照的に、『中央公論』の吉野作造は五四運動批判一辺倒に異論を唱え、中国を非難するより、むしろ日本の対中策を反省すべきではないかという理性的見解を示した。

> 彼等が曹章諸君（売国奴として批判された曹汝霖、章宗祥らの事）の罪を鳴らすの傍、山東の直接収回を叫び、延いて排日の声を高むるの故を以て、我国の新聞などの頻に之等学生諸君の行動を漫罵する者あるに至ては、吾輩不幸にして之に与みすることが出來ぬ。[17]

吉野は学生の行動を遺憾に思いながらも、彼らを漫罵する日本の世論を不幸に感じた。そして学生の行動を評価するにあたり、次の二点を考慮に入れるべきだと主張した。

一つは、曹汝霖や章宗祥などの青年政客は真の親日派ではないこと。従来親日派として知られる曹・章は日本の「官僚乃至財閥の親友」だったことは疑いないが、日本国民の友人だったかどうかは分からないという。

もう一つは、学生をはじめとする中国民衆の排日運動は、日本国民への嫌悪感によるものではないこと。吉野の観察によれば、中国国民は日本の藩閥・財閥の対中政策を非難したが、彼らの日本嫌悪は、実は一般国民によって代表される「平和の日本」への嫌悪ではなく、軍閥と財閥によって代表される「侵略の日本」への嫌悪だったという。従来のいわゆる日中親善こそ、かえって本当の親善を妨げる障害であるため、中国国民の誤解を解くには、日本は藩閥支配から脱却しなければならないとした。

> 故に支那に於ける排日の不祥事を根絶するの策は、曹章諸君の親日派を援助して民間の不平を圧迫する事ではない。我々自ら軍閥財閥の対支政策を拘制（こうせい）して、日本国民の真の平和的要求を隣邦の友人に明白にする事である。[18]

日本でデモクラシー運動を興し、軍閥財閥の野心を抑制し、さらに同じく平和の理念を持つ中国のデモクラシー運動と連動してこそ、真の国民的親善関係が築かれるだろうと吉野は述べている。

興味深いのは、国民による「平和の日本」をモットーに掲げる吉野とほぼ同時に、『太陽』の6月号の誌面で、内田魯庵（ろあん）も日本の軍閥勢力の拡張に反対の意見を表明したことだ。

> 武力を国家の唯一の支柱と信ずる軍閥は益々全力を軍事に傾注して世界に稀なる国力不相当の大陸軍を作り上げた。（中略）日本が如何に辯解しようとも、一方に愈々益々軍備を盛んにしつゝ申訳的に宣言する平和の声がドレほど列国の安心を買う力がある乎。[19]

内田によると、中国人留学生が帰国後かえって排日の急先鋒となったケースが多いことは、日本がただ目の前の利益拡張に関心を持ち、中国人留学生を冷遇したことにかかわっているという。また日本の藩閥が、中国南部の有志を間接的に鎮圧したことにも関係がある。中国の民主主義運動に反対し、常に北部の軍閥政府を援助していた日本の藩閥政府は、共和制の破壊者として中国の国民に嫌悪されたという。さらに、内田は内藤湖南の中国国民道徳への批判と正反対に、「国際道徳の改善進歩しつつある今日、国民はショービニズムの迷夢を破って先ず自ら改造せねばならぬ」[20]と、日本国民の盲目的愛国主義に危惧の念を抱き、日本の国禍を免れるように、日本国民心理の根本的改造を喚起しようとした。

2-2　原因と対策についての議論

五四運動の深化につれて、『中央公論』と『太陽』の両誌で、日本の知識人は認識を深め、運動の原因を究明しながら、その対策を探ろうとした。特に『太陽』では、五四運動の勃発にかかわる排日思潮について、多くの誌面を割いて論説を展開するようになった。

全体的にみれば、五四運動の原因と対策について、彼らの認識は主に以下の四つに分けられるだろう。

①アメリカ扇動説

五四学生運動は全国に広がる過程で、日貨排斥運動へと性質を変えてしまった。それは日本の世論の反感を買い、猛烈な中国批判を招いた。それだけでなく、その裏にアメリカの宣伝と扇動が働いているのではないかと日本の世論は不満を抱いた。

『太陽』において、小林丑三郎（うしさぶろう）は借款問題の経緯を詳述し、排日運動の勃興がアメリカの扇動にかかわるという認識を示した。

> 外字新聞は捏造的の攻撃論を為し、北京親米的学生、外交研究会、及び外交委員会等は相策応して排日の気運を煽り、日支条約及び借款廃案の運動を開始し、折柄天津の英米人及び外字新聞は日本の正義外交新方針の標榜を逆用し、支那主権回復論を高調して之れに声援を与えたる[21]。

小林は、山東問題に関連する中国各地の排日活動は「其の裏面に、否な表面に迄某国人が立現われて画策し、扇動し指揮し応援して居る[22]」というように、アメリカの排日扇動を五四運動の発生原因としていた。

小林の考えでは、アメリカは中国の英語新聞を通して、中国民衆の排日思潮を扇動していた。それがきっかけで、日使恫喝事件をはじめとする報道が中国人の反感を招き、2月から中国の排日親米の気運が著しく高まり、排日的運動が急速にわき起こり、さらにパリ講和会議における親米的中国代表の行動によって、五四運動へと発展させたとした。

その要因分析に基づいて、小林はこの中国全土を席巻するアメリカの勢力に抵抗するために、「局面を展開し、支那の利益の為に支那を援助し、東洋の大禍乱を一掃するの大運動を開始する[23]」という対中政策の方向を提示した。

②日本経済脅威説

『太陽』7月号に掲載されたもう一本の関連論説は内藤湖南の「山東問題と排日論の根柢」だった。内藤も山東問題をはじめとする一連の情勢は「日本国民の発展を考うる上にも甚だ重大[24]」だと考え、真剣に対応すべきだと主張した。

なぜ中国民衆の排日気風が盛んになったかについて、彼は次のように述べた。

> それは外ではない、日本は益々発展の気運の隆々たるものあるに反し、支那は漸々崩落衰退の兆候を呈するからである。（中略）日本人の商売が、支那内地に於て発展することは、田舎の荷主には利益を与うるが、開市場の支那商人には不便である。[25]

内藤によると、ますます経済的発展をとげていく日本と、国力が衰えていく中国との間に、ギャップが拡大したからこそ、対華21カ条要求にも露骨に現れたような日本の利権獲得の野望に、中国人は大きな反発を覚えたという。内藤は1917年の秋から冬にかけて中国を旅行した際、日中間の貿易摩擦にも気づき、経済発展の不均衡による両国の相互不信を懸念した。

内藤の理解では、中国の政治は、商人の勢力を度外視することができない。立憲政治ができても、農民より商人の方が政治的な影響力が大きい。日本商人の経済進出は中国商人の利益を脅かす恐れがあるため、中国人の反感を買うのは当然のことだとした。

日本の商工業の発展とともに、益々中国の「荷主」と貿易関係を深める日本商人が、中国の「商売人」を圧倒する状況は顕著になるばかりだった。この状況に対して、内藤は「要は堅忍不抜で以て日本人の支那内地発展は結局支那の国民に利益であると云う事が内地の荷主に発見せらるゝこと[26]」を待つと判断した。

稲葉君山も内藤の経済脅威説に同調して、「今や国民間に最も重視せられ」た五四運動などの排日運動を以下のように論述した。

> 主に支那領土の上に現われたのであるから、いかに鈍感の支那でも経済的脅威を感ぜずには居られぬわけ合である。排日の総括的原因はこゝに在りといわねばなるまい。[27]

> 内藤博士の所論が悉くされてあるから、更めて言うまでもないが（中略）今回の排日に関して、若し支那商人が、共鳴して居るものがあるとしたらば、それは主に、外人雇用の買弁の手合であるとみて大差はあるまい。[28]

稲葉の分析では、日中両国が隣国同士であるゆえに、国力旺盛なる日本の

「特異の発達」が中国の「脅威」となってきたと中国人に思われるようになったのも不思議ではない。

また「買弁」の排日は、中国の新しい商業習慣を生み出す一種の「陣痛」で、その排日も避けられないことだという。いわゆる「日支共存」のために、中国の「発憤」を促し、「旧慣を放棄」する時機を待つしかないと稲葉は述べた。

③日本外交失敗説

パリにおける日本の講和外交に対し、長島隆二と浅田江村（えむら）は日本全権の無能を批判した。長島は、山東問題が日本の主張通りに解決することは何も不思議ではないが、「何故之れが講和会議に於て問題として起ったかゞ問題である」[29]かと非難した。浅田も日本全権の「偉い所」を風刺した。

> 問題にしたのは全権の偉い所といえばいい得る。てんで問題にならぬものを問題にしただけの働きは、当然問題となるべきものを問題となし得ず（中略）日本全権の無能、無知無見識に比し、遙かに偉い所がある[30]。

中国の講和代表が積極的に働いたが、日本の全権はどこまでも「木偶の坊」のような受け身で、外交的才能が全くないと批判した。

さらに、長島隆二は、単に日本全権の無能だけでなく、二十一カ条の交渉後の日本の対中外交は完全に失敗したものだと指摘した。

> 其の後の対支外交は全然失敗の外交である。或は自分をして無遠慮に言わしむれば、こは対支外交の失敗と云うべきでなく、我国には対支外交は無くなったと謂（い）うべきである。（中略）此の間に支那の各方面の信用を失したのは当然である。支那の各方面の軽侮を招き誤解を来したのも当然である[31]。

段祺瑞軍閥政府を支援した「援段外交」においても、中国南北妥協の斡旋においても、日本の外交関係者は中国事情に全く盲目で、常に中国の一部の軍閥に引き回されたという。長島ははっきりした目的も決心もない日本の外交の盲目さを突き、それによって中国人の誤解と嫌悪を買ったのも自業自得のことだとした。

その外交的苦境を脱出するために、長島は次のように提言した。

日支関係は回復しなければならぬ。日米関係は親善にすべきである。其の為めに国民は世界の大勢を察し、内に顧みて国政の大改造を行い、国際関係に於ても新しき出発点の上に誠意且つ力ある外交を行わなければならぬ。[32]

つまり、日本は国内において政治改革を行うだけでなく、国際関係においても、誠意ある外交政策を実行し、日中関係を回復し、日米関係を強化しようとすることこそ外交的孤立を避ける適切な方策だとした。

④中国社会進歩説

この時期に『中央公論』では、吉野作造が中国社会の進歩に大いに注意を払った。また『太陽』の誌面では、貴族院議員の江木翼(たすく)と教育家の山本良吉も同じような見解を示した。

中国での排日運動について、吉野は次のようにとらえた。

此問題を慎重に攻究するに際して第一に見逃してならぬ事は、昨今の運動が支那国民の自発的運動なる事である。日貨排斥など丶云う之れまでも屢々(るる)あった。而して其多くは官界商界の有力者の扇動によるものであった。今度のも亦之れと同じようなものであろうと考うるのは怪むに足らないけれども、之れ実に時勢の変遷を知らざるものである。[33]

吉野は五四運動を中国国民の「自発的運動」とみなし、アメリカの扇動説に反対した。もしその原因がアメリカ人の「助勢」だとしたら、日本も同じ方法で中国の排米運動を起こせばいいのだが、事実は全く違う。ゆえに、中国の排日運動はアメリカの扇動によるものではないと力説した。

江木翼も中国が政治革命より社会革命に入りつつあったと考え、中国の社会が「漸次進歩しつ丶ある以上は、斯くの如き誤解は漸次雲散霧消すべきものであることは疑い[34]」と述べた。

社会進歩のおかげで、中国の国民はもういつまでも進歩しない「呉下の阿(あ)蒙(もう)」ではなかった。五四運動は帝国主義の中国進出、また国内の軍閥専制への反発によって起こされた大規模な民衆運動だった。日本はいつも中国侵略の先頭に立ち、また専制主義の元凶とされた政治家も親日派であったため、この運動の矛先は日本に向かっていたとした。

この自発的な国民排日に、吉野作造は「大いに同感の意を表」し、「彼等の本来の精神に大いに共鳴するものある[35]」として、支持の意を表明した。さらに、日本国内の冷静な対応と日中両国国民の相互理解を呼びかけた。

> 我々は冷静なる隣邦識者の公明なる提案に対しては冷静に考慮する丈けの準備を有って居る。斯くして兩國國民の間に眞の諒解と適當なる解決の成立んことを希望し且つ期待するものである[36]。

その後彼は、東京でデモした中国留学生の救援に奔走し、また東京大学と北京大学との青年交流計画の実現などに向けて力を注いだ。吉野は日中両国の青年が連携すれば、東アジアの将来が期待できると確信し、排日の風潮も一時のことにすぎず、言うに足りないと判断した。

山本良吉も同じように、「相互理解の増進という根本方針」を提言した。

> （対支問題の）更に深い原因は、外交や政治という表面的事実にのみ原因を求めて、その真の原因がもっと深い処にあると忘れるにある。各人の胸裡、人と人との内心的理解を外にしては、如何なる政策も技倆も決して相互の接近を来すに足らぬ。（中略）支那に関する事件についてはどこまでも相互理解の増進という根本方針から割り出したい[37]。

山本によると、内心に情愛の念を抱いてこそ、外面に親密の形となって現れる。国民の内心に働く力が共鳴しないと、いくら和親と借款の契約を結んでも、真の親密は来なかった。

一方、吉野の議論に異議を唱える論者もいた。稲葉君山は「日支関係論」で、「東大の某博士」が排日を「支那民族の自覚的運動」とする見方を批判した。また、澤柳政太郎も「日本の某支那通が山東問題よりせる排日運動こそ中国青年の最初の自覚的運動と称して居るが如きは最も笑う可き観察[38]」だと非難した。

しかし「国賊」とまで呼ばれても、吉野は批判に直面し、中国の社会進歩に終始関心を寄せ、「幾分でも日本國民の文化的向上に貢献せんとするに外ならない[39]」と考え、中国の民衆運動を応援した。

まとめてみると、この時期に『中央公論』と『太陽』の誌面では、五四運動に限らず、中国の排日思潮についても論争が展開された。五四運動及び排日運動の発生要因をアメリカの扇動に帰結する論者もいれば、日本の外交策の失敗や対中貿易策の盲点にその手がかりを探る論者もいた。

さらに自己の反省をよびかけると同時に、中国の社会的進歩に気づき、国民的相互理解を促進しようとする吉野作造らの鋭い卓見もあった。

三、五四運動以降の論説
(1919年10月号～12月号)

1919年の10月号以降、『中央公論』と『太陽』の両誌では、労働問題や普通選挙の実施などが焦点となる一方、五四運動および排日運動の関連論説は少なくなり、本数からみれば4本しかなかった。

吉野作造は『中央公論』に書いた「対支政策の低迷」と題した論説で、日本の商人が中国の排日運動に苦しまされた「根本の原因」は、日本人の商業が欧米人と違い、常に政府と緊密な関係を持つことにあると指摘した。また、彼は再び「何よりも早く為すべき今日の急務は、支那の民心を掴む事の外に方法が無い[40]」と力強く提言した。

これに対して『太陽』における千賀(せんが)鶴太郎は、排日思潮の原因をアメリカの扇動に求める認識にとどまった。千賀によると、「米国人などが鼻薬りに足らぬ金銭でも蒔き散して、支那人を扇動する[41]」ことこそ、中国の排日思潮を盛り上げた要因だったという。「刻下の急務」の「第一義」としては、何よりもまず日本に対する中国人の誤解を解くことだと主張した。

一方、澤柳政太郎は『太陽』の誌面に、「日華存亡の機」と「日華共存論の中」と題した論説を2号連続で書き、日中共存の意義などを訴えた。

彼によると、日中両国の国民が東洋の文明を共有すると同時に、地理的関係においても隣国同士であるため、両国の共存には「親和提携、相互尊重」という深い意義が含まれるとした。

澤柳も「英米人の離間」策を中国の排日要因としてあげた。中国利権の争奪において、日本は英米、とくにアメリカと競争関係にあるため、中国の排日活動を熱心に支持するアメリカの野心に要注意であるとした。だがそれはあくまでも野心のある英米人による日本への中傷にすぎないので、日中両国が信頼関係を築いていけば、英米が「術策を弄する」余地はなくなるだろうと強調した。

かくして澤柳は12月号で、「日華共存論」にたどり着いた。共存の方法としては、第一に「両国国民の相互了解」が必要で、第二に「互助共栄政策」が大切だとした。澤柳の理解では、「日中共存」が大切なのは両国国民の

「親和提携」にあるとし、お互いに誠意を持って相手の主権を尊重してはじめて、両国国民の間の親和が実現できるわけなのだ。

> 日華両国共に深く従来の政策行動に就いて省る処無ければならぬ。日本国民は中国に対し誠意を披瀝するに於て遺憾無かりしか否か、中国人士は日本に対するに疑心を以てすること無かりしか否か或る意味に於て従来日華の国交は相互に偽瞞と脅威との交換であったとも云われ得る。[42]

要するに個人の間の親和が相互の人格尊重を元にするのと同じように、日中両国の親和もまた国民の相互尊重を前提としなければならないということだ。

また「互助共栄政策」について、澤柳は以下のように述べた。

> 日本の必要として又缺乏せる点は多く中国に産出されて居る。（中略）日本は此等原料を西隣中国に得て之に加工精製し、或物は之を日本国内の需用に充て、又或る物は之を中国に輸入して中国人に販売するを得策とする。[43]

日本が主として中国に精神、技能の両面から援助できるのに対して、日本が中国に求める援助は主に物資と経済だ。これらの「互助」政策を通して、日中両国の「共同繁栄」は大いに期待できるだろうと澤柳は確信した。だが、このいわゆる「互助共栄」はあくまで、中国の資源と市場を占有する口実にすぎないのだろう。

まとめてみれば、この時期に日本の知識人は労働問題や普通選挙の問題に関心を引かれ、中国の五四運動と排日思想に対する論争は退潮しつつあったが、日中関係ないし東アジアの時局への関心と思考は引き続きなされていたといってもよかろう。

おわりに

小論の考察から分かるように、1919年は一年間を通して、『中央公論』と『太陽』を中心に激しい論争がなされていた。両誌の執筆者の掲載本数と属性について集計してみると次のようになる。

表1　掲載本数別執筆者一覧（1919年）

順位	人名	掲載本数
①	吉野作造（政治学者）	17
②	千賀鶴太郎（法律学者）、内藤湖南（東洋史学者）、澤柳政太郎（教育家）	2
③	堀江帰一（経済学者）、神戸正雄（財政学者）、内田魯庵（評論家）、市村瓚次郎（東洋史学者）、小林丑三郎（経済学者）、長島隆二（衆議院議員）、浅田江村（ジャーナリスト）、稲葉君山（東洋史学者）、江木翼（貴族院議員）、山本良吉（教育家）	1

表2　執筆者の属性別寄稿比率　単位：人

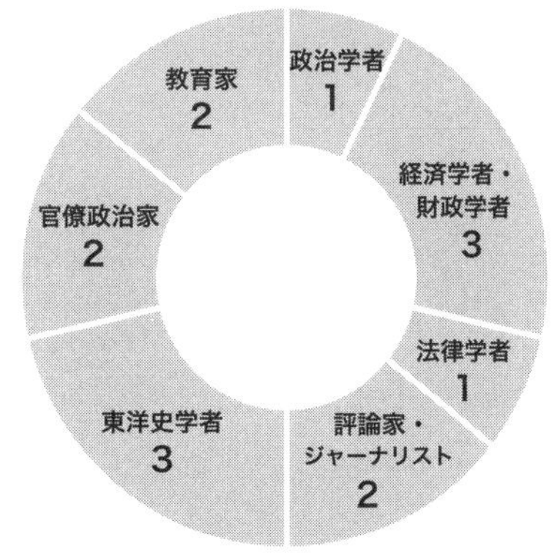

以上の表1と表2に示されたように、『中央公論』と『太陽』の執筆陣は主に七つのカテゴリーに分けられる。掲載本数からみれば、ほとんどの執筆者が1本の評論を寄稿したのに対して、吉野作造は17本の関連評論を寄稿した。また執筆者の属性別からみれば、経済学者・財政学者と東洋史学者が比較的に五四運動と中国の排日思潮に関心を寄せていたことがよく分かる。

論者たちは、中国の南北和平会議、山東問題、日米摩擦や新借款団の問題など一連の時事を論じ、中国滞在の体験あるいは専攻の分野から中国の排日運動の原因と対策を議論し、それぞれ異なる見解を示していた。

『中央公論』は大家主義の編集方針で、吉野作造一人の言論舞台といってもよいほどデモクラティックな立場を保ちつづけた。吉野は五四運動を中国国民の自発的な行動としてとらえ、日中両国民の親善を呼びかけていた。

これに対して「百家」主義の編集方針を採用した『太陽』は、執筆者が十人十色だった。編集人の浅田江村をはじめ、内藤湖南、稲葉君山や小林丑三郎などの東洋史の専門家、また政府の関係者も五四運動と中国での排日思潮に反発した。五四運動に対しては、中国の反省を促す批判の声が多かったが、内田魯庵や山本良吉のように日本の軍閥勢力の拡張に反対し、日中両国の相互理解を増進すべきという理性的な見解もあった。

1919年、日本世論の多くは、五四運動が排日運動へと変わったことの原因をアメリカの扇動や日本外交の失敗に帰結させたが、中国社会の進歩に関心を寄せ、国民的理解を促進すべきだという認識も見逃してはならない存在だった。五四運動の意義を理解して、日本の対中政策に冷静な目を向けた吉野作造らは、今日の我々にも有益な示唆を与えてくれるのではなかろうか。

参考文献

宮本信太郎 『中央公論社の八十年』中央公論社、1965年
尾崎秀樹 『書物の運命』出版ニュース社、1991年
鈴木貞美 『雑誌「太陽」と国民文化の形成』思文閣出版、2001年
松尾尊兊「民本主義者と五・四運動　ブルジョワ革命の比較研究」、筑摩書房、1964年
野原四郎「五四運動と日本人 アジアの歴史と思想」弘文堂、1966年
嶋本信子「五四運動と日本人―同時代の反応と研究史」史潮、1967年10月号
神戸正雄、千賀鶴太郎、内田魯庵ほか「太陽」博文館、1919年1月号-12月号
吉野作造、堀江帰一「中央公論」中央公論社、1919年1月号-12月号

1　宮本信太郎『中央公論社の八十年』中央公論社、1965年、p.118
2　尾崎秀樹『書物の運命』出版ニュース社、1991年、p.221
3　鈴木貞美『雑誌「太陽」と国民文化の形成』思文閣出版、2001年、pp.28-38
4　小論は、主に松尾尊兊「民本主義者と五・四運動」(1964年)、野原四郎「五四運動と日本人」(1966年)、嶋本信子「五四運動と日本人―同時代の反応と研究史」(1967年) を先行研究として参考にした。
5　神戸正雄「戦後世界の整理と永久の平和」太陽、1919年1月号、p.61
6　同上、p.52
7　千賀鶴太郎「恒久平和の準備条件」太陽、1919年1月号、pp.99-100
8　吉野作造「人種的差別撤廃運動者に与う」中央公論、1919年3月号、p.71
9　吉野作造「対外的良心の発揮」中央公論、1919年4月号、p.102
10　同上、p.109
11　吉野作造「南北妥協の行悩み」中央公論、1919年5月号、p.101
12　例えば『大阪朝日新聞』には、「支那人の盲動」(5.5)「日貨排斥陰謀」(5.7) や「学生妄動益甚し」(5.24) など、『大阪毎日新聞』には「冷静なれ支那人」(5.6)「天に向て唾する支那」(5.13) といった一連の記事が掲載された。
13　市村瓚次郎「支那の伝統的対外行動」太陽、1919年6月号、p.119
14　同上、p.120
15　内藤湖南「支那の亡兆」太陽、1919年6月号、p.128
16　同上、p.128
17　巻頭言 (吉野作造)「北京学生団の行動を漫罵する勿れ」中央公論、1919年6月号
18　同上
19　内田魯庵「国民心理の根本的改造」太陽、1919年6月号、p.40
20　同上、p.43
21　小林丑三郎「対支借款問題」太陽、1919年7月号、p.9
22　同上、p.10
23　同上、p.19
24　内藤湖南「山東問題と排日論の根柢」太陽、1919年7月号、p.66
25　同上、p.71

26 同上、p.71
27 稲葉君山「日支関係論」太陽、1919年9月号、p.77
28 同上、p.78
29 長島隆二「日本の講和外交」太陽、1919年8月号、p.11
30 浅田江村「日支関係険悪」太陽、1919年8月号、p.18
31 前掲「日本の講和外交」pp.9-10
32 同上、p.16
33 吉野作造「支那に於ける排日事件」中央公論、1919年7月号、p.84
34 江木翼「日支の関係を論ず」太陽、1919年9月号、p.99
35 前掲「支那に於ける排日事件」pp.86-87
36 同上、p.86
37 山本良吉「支那学生に対して」太陽、1919年9月号、pp.113-116
38 澤柳政太郎「日華共存論」太陽、1919年12月号、p.70
39 吉野作造「友人の好意に対して」中央公論、1919年7月号、p.90
40 吉野作造「対支政策の低迷」中央公論、1919年10月号、p.144
41 千賀鶴太郎「新借款と対支政局の前途」太陽、1919年10月号、p.58
42 前掲「日華共存論」p.63
43 同上、p.70

特別賞

中国の日本語学科生における学習動機の変遷と教師の役割についての考察

～学習継続プロセスの仮説モデル提起の試み～

復旦大学外国語言文学学院
日語語言文学系博士課程2年
丹波秀夫

はじめに

本研究では、中国の日本語学科生における学習動機の変遷と、それらに及ぼす教師の影響、果たすことのできる役割について考察した。大学で不本意ながら日本語学習を開始し、現在大学院（専門は日本語翻訳）に在籍している学生に対する半構造化インタビュー（調査者が予め設定した基本質問を中心に、周辺的な事柄も含めて情報収集する形式のインタビュー）データから、中国の日本語学科生が動機を維持しながら学習を継続するためのプロセスに関する仮説モデルを提起した。そのプロセスに想定された学生の学習動機の3段階を踏まえると、教師には学生の関心を引き出し、能力を伸ばし、社会との接点を提供する役割が期待される。その後、本研究の一般化の限界と分析手法、調査手法の限界を指摘した。

一、問題と目的

1-1　中国人日本語学習者の学習動機上の課題

筆者が中国の大学で日本語教育に携わって5年が過ぎ、その間に教壇から話をした学生は数百を数える。様々な大学、様々な学生に向けて話をしたが、すべての学生が日本語学習に対して積極的だったわけではない。むしろ学習意欲に乏しい学生が多く目に付き、次第に彼らの学習動機がどのような状況にあるのか、あるいは対照的に、熱心な学習者がどのような動機を持って学習を継続しているのかについて興味を持つようになった。

学生に直接尋ねてみると、学習意欲が乏しいと見られる学生の多くは、入学時点では日本語の専門を希望していなかった。中国の大学では、入学試験の成績によって大学だけでなく、希望する専門に入れるかどうかまで決定するため、成績次第では希望しない専門に配属されること（専攻服従調整）も多いという。例えば、王（2005）の報告によると、清華大学日本語学科1年生51人中65％が「日本語専攻が第1希望ではないのに日本語学科に編入された」と回答した。入学時点で専攻服従調整の“壁”を経験することは、中国の大学における日本語学科生特有の事情と言える。

また、1、2年次に熱心に学習していた学生も、日本語能力試験（国際交流基金・日本国際教育支援協会）のN1レベルに合格する3年次頃を境に、日本語学習に対する目標を失いがちだという声を学生・教員双方から聞いた。例えば、「N1に合格すると“日本語の勉強は終わった”と感じる」（学生）、「N1合格後の学生に勉強を続けさせるのは難しい」（教員）などである。

確かに事実上、大学の日本語教育において日本語能力試験N1レベルに合格することが一定の到達点となっており、その後は学生個々人が目標を設定しない限り、学習態度は相対的に消極的になると考えられる。これは、N1合格後の“プラトー”（高原／停滞状態）とでも呼ぶべき状態であり、中国特有とは言えないだろうが、大学の日本語学科で第2言語として日本語を学ぶ学習者に共通する課題と言えるかもしれない。

1-2 学習動機上の課題に対応することの限界

これら2つの事情は共に中国の現行制度上不可避であるとも言えるため、現代の中国人日本語学習者にとって、大学の4年間を通じて学習動機を強く維持し続けることは困難である。1人でも多くの学生に充実した学習を継続し、できるだけ満足度の高い学生生活を送ってもらいたいという期待を持ちながら日々、教壇に立っている教員は多いだろう。ただし一教員の立場からは、動機に関わる課題を抱える多くの学生に個別対応、あるいは制度を含む現在の環境自体を変えることには限界がある。

上記の状況を鑑みれば教員が、学生がいかなる動機上の課題を抱えているかをある程度まで類型的に把握し、またそれらへの対応策をある程度まで整理し、今後の見通しを持って指導にあたることができれば、学生・教員双方にとって利益があるものと考えられる。それによって、学生の立場からは学生生活の質の向上が可能となり、教員の立場からは指導の効率を高めることが可能となるからだ。

1-3 先行研究

これまでに外国語学習の動機づけに関わる先行研究は多くあるが（例えば、Dörnyei（2005）による「L2動機づけのプロセスモデル」など）、特に近年の中国における日本語学科生の学習動機に関するものとしては李（2015）がある。李は、従来の研究動向を整理した上で、不本意ながら日本語学科に配属され、最終的に大学院進学に至った学生を対象に学習動機づけのプロセスを整理している。そして学習者の動機づけに影響を与えた要因として、日本語学習に対する興味や達成感、自己効力感（自己の行為や、その結果に対する有能感のこと）、モデリング対象としての教師の出現などを挙げている。

動機づけ研究における社会構成主義的観点の重要性の指摘（中田、2003、羅、2005）に則り、李は中国の学習者の動機づけを理解する上で、個人要因（興味・達成感・自己効力感など）だけでなく、彼らを取り巻く環境要因（家族や教員との相互作用など）までを検討した点で、既存の研究よりも学生の動機に関わる状況をより学習者の立場から理解することに貢献した。

ただし、家庭と大学以外の領域（以下、「第3領域」と呼ぶ[1]）からの影響に対する検討は未だ不十分であるように思われる。大学・大学院での課程を終え、就職を考える時など、卒業後を含めた長いスパンでの日本語学習について考えるならば、家庭・学校以外からの学習動機への影響も考慮すべきだと言えるだろう。それは先に指摘した、卒業前の動機のプラトーに直接的に影響を及ぼすと考えられる。

1-4 教師の役割の相対的大きさ

学習動機の維持にとっての第3領域の重要性を指摘したが、事実上、大学4年間のほとんどの日本語学習は大学という領域で行われるため、そこでの学習を指導・牽引する立場にある教員の学生への関与が、大学4年間を通じて学生の動機に相対的にかなり大きな影響を及ぼすことになる。李で分析された事例でも、モデリング対象となる教師の出現が学習初期の学生にとって重要な動機となったことが確認されている。

第3領域の要因にまで分析対象を拡大することは、今後の研究の1つの課題となるが、一つ言えるとすれば、多くの大学生が学生寮で生活をする現在の中国で、大学領域と第3領域との橋渡し役を担う適任者として教師を想定できるということであろう。学習者の動機づけプロセスにおいて教師の果たすべき役割は、教室で授業時に学習を支援するだけでなく、大学以外の領域との接点を積極的にプロデュースし、学生の大学卒業後の人生に日本語学習を位置づけるための契機を与えることにもある。

1-5 本研究の目的

ここまでの議論をまとめる。中国の大学で日本語を学ぶ学習者には、入学時点に経験する専攻服従調整、卒業前に経験する学習目標の喪失などに代表される、動機の不在あるいは動機づけの停滞などの問題が現れやすい。これらの問題をある程度まで類型化し、類型ごとの対策を整理することは、学習者・教員の双方にとって有益である。その際、家庭や大学での要因だけでなく、それ以外の第3領域の要因も考慮することが課題となる。

これらの問題に対して、動機が不在、あるいは動機づけが停滞した事例を分析するのでは不十分であろう。なぜならば、在学期間中に変遷する動機の全体像を把握するためには、それらの課題に直面しながらも克服した事例を分析する必要があるからである。ただし、動機上の課題に直面しながら、それでも学習を継続し続け、卒業後まで日本語学習を継続することを選択する学生は必ずしも多くない。

本研究では、一人の代表事例をもとに、中国人日本語学習者の動機に注目した学習継続プロセスの仮説モデルを提起する。併せて、学生の学習動機の変遷過程中で教師の果たすべき役割についての考察も行う。ただ少数事例を元に一般性の高い結論を得ることは難しいため、結論の一般化は一旦保留しておきたい。

二、方法

筆者がこれまで指導を担当した中に、不本意ながら大学入学と同時にゼロから日本語学習を開始したが、やがて日本語についての各種コンテストで優秀な成績を収め、最終的に大学院（専門は日本語翻訳）へ進学するまでに至った学生がいる。当該学生は2017年5月現在までに3度の訪日経験（3度とも東京を含む）を有しており、本研究の目的とする第3領域要因の影響の縦断的な分析にとって好条件を備えていると考えられる。

そこで中国の大学における日本語学習の動機の変遷についての手がかりを得るため、本研究では上記学生を対象として、メールによる半構造化インタビューを行った[2]。その手続きの詳細は以下の通りである。なおこれらの概要はインタビュー前に、当該学生に対しても説明を行い、了解を得た。

①目的…これまでの日本語学習について、学習開始時点・訪日機会およびそれぞれの時点における心境とその変化を確認すること（動機という用語は文面では意図的に使わなかった）

②対象…当該学生1名（対象者の基本情報は3-1で詳述）

③日時…2017年4月3日（筆者からの質問の送付と当該学生からの回答は同日中に行われた。ただし、一部解釈に幅がある回答については追加で質問をし、翌4日中に再度回答を得た）

④質問内容…本研究の目的に照らして筆者が独自に考案した、大学入学時から3度の訪日経験を経て現在に至るまでの各段階の心境を聞く質問、そして教師のあり方についての質問（表1）（質問には正解が無いこと、直接的な回答以外にも質問内容から思いつくことがあれば自由に書いてもよいことを明記）

⑤使用言語…日本語（当該学生は2014年12月次の日本語能力試験N1レベルに合格しており、質問の理解や回答に困難が無いことが事前に確認された）

⑥倫理的配慮…本インタビューについて(1)学術目的に行われる(2)回答は任意である(3)研究成果は公表する、ことを紙面および口頭にて説明、当該学生の承認を得た

⑦分析…当該学生による回答原文から筆者がその主旨を要約し、動機に注目したストーリーラインを作成の上、学習動機の変遷を解釈した

表1　インタビュー・シートの構成[3]

項目番号	記載・質問内容
	（責任者／連絡先／倫理的配慮の説明／質問への答え方の説明）
F	基本情報について
F1-F3	F1：性別／F2：年齢／F3：出身地
S1	「大学入学までの状況について」
S1Q1	大学までの学歴…
S1Q2	日本語学習のきっかけ…
S1Q3	それまでの日本語との主要な接触経験…
S1Q4	大学の専門決定時の心境…
S1Q5	勉強を継続しようとした理由…
S2	「第1回訪日機会について」
S2Q1	活動の経緯（年月、期間、訪問先、参加理由などの基本情報）…
S2Q2	活動の概要…
S2Q3	活動の感想…
S2Q4	参加前後の日本語学習に対する態度の変化…
S3	「第2回訪日機会について」
S3Q1-Q4	（S2Q1-Q4と同じ）
S4	「第3回訪日機会について」
S4Q1-Q4	（S2Q1-Q4と同じ）
S5	「現在の状況について」
S5Q1	今のあなたにとって、日本語学習の理由は何ですか？…
S5Q2	日本語学習を始めてから学習理由は変化しましたか？あるなら、どんな変化でしたか？…
S5Q3	あなたの人生における日本語学習の意味（役割や価値など）はどんなものだと思いますか？…
S6	「教師の役割について」
S6Q1	あなたの日本語学習において教師はどんな役割を果たしましたか？…
S6Q2	あなたの日本語学習における教師への評価はどんなものですか？…
S6Q3	あなたにとって理想的な日本語教師像はどんなものですか？…

三、結果

表1に示した構成に沿って、大問ごとに当該学生の回答内容を適宜要約する。なお、本研究の目的に直接関わらなかった回答については、不必要な個人情報開示を極力減らすという倫理的配慮から省略した。同様の目的で、分析に関わらない固有名詞は曖昧な表現に修正した。

3-1 F「基本情報」

当該学生は2017年4月のインタビュー時点において満22歳の男性で、中国華南地域の某大学大学院にて修士課程1年次（専門は日本語翻訳）に在籍している。出身は安徽省で、高校までは地元の公立学校で学んだ。高校卒業後、安徽省から離れ、中国西北地域の4年制大学日本語学科で2012年2月から4年間日本語を学んだ。

なお、調査者は対象者が大学に在籍した4年間のうち、1学期分（4カ月程度）のみ対象者の所属するクラスの授業を担当したことがある。その他、本研究でも言及している各種コンテストや卒業論文の指導教員は調査者が担当した。

3-2 S1「大学入学までの状況について」

地元安徽省の農村で小・中・高校時代を過ごした（S1Q1）。日本語学習のきっかけは、入学試験に失敗したことである。本来志望していた経済の専門（将来性があることで定評がある）には進めず、強制的に日本語学科に調整された（以上S1Q2）。それまで日本語との接触は幼少時に「ドラえもん」や「ウルトラマン」をテレビで見た程度（以上S1Q3）。専門が決定した時は失望した（S1Q4）。ただし、勉強さえ頑張ればその後、専門を変えられるだろうと思った（筆者注：実際に成績優秀者にのみ、限られた範囲ではあるが、専門の変更を認める大学は存在する）。学習開始後、日本語の面白さ（日本語は発音がきれい。柔らかいし、読むとそのリズムに惹かれた。習った言葉がすぐ使えるという達成感も）を感じるとともに、日本人教師（後述）との関わりを通じて日本人へのイメージが変わった（その結果、専門変更をやめた）（以上S1Q5）。

3-3 S2「第1回訪日機会について」

2015年6月から7月にかけての1週間、東京と秋田を訪問（S2Q1）。日本の某公益財団法人が友好交流を目的に、中国全国から学生100人を募集、その一員として日本へ行った。活動は大学の教員や学生と交流、講演を聞く、観光、農家でのホームステイなど（以上S2Q2）。日本人は真面目で優しかった（サービスも良かった）。建物が立派だった（特にホテル、便所など）。日本で爆買いをした（化粧品とか電子製品は質が良い）（以上S2Q3）。自分の日本語が通じた。発音が褒められた。日本人の日本語が80％ほど聞き取れて深い交流もできた。中国内陸部の大学でも頑張れば日本語は上達すると、後輩たちにも伝えたい。チャンスがあったら、ぜひ日本へ留学に行きたい（以上S2Q4）。

3-4　S3「第2回訪日機会について」

2015年7月の1週間、某スピーチコンテスト決勝へ参加するため東京へ行った（S3Q1）。活動は主にコンテストだったが、東京の学生たちと交流もして勉強になった。他に主催・協賛会社の本社見学や東京観光など。一番印象に残ったのはディズニーランドで、美しい夢を見たようだった（以上S3Q2）。中国に自分より日本語が上手な学生が多くいることがわかり、もっと頑張らなければならないと思った。文法、単語だけでなく、会話能力、文学鑑賞能力も高めたい。日本の会社はどれも素晴らしく、将来チャンスがあれば（以前はあまり考えなかった）日系企業に入りたい（希望の強度は50％ほど）（以上S3Q3）。コンテストではあまりいい成績を収められず、落ち込んだ。日本企業、観光地は確かに素晴らしかったが、自分とあまりに遠すぎ、将来専門を活かして仕事できるかと恐怖を感じた。日本語以外にも何かできたらいい（以上S3Q4）。

3-5　S4「第3回訪日機会について」

2017年2月下旬の1週間、某作文コンクール最優秀賞副賞として東京に招待された（S4Q1）。協賛各社や大学を訪問。その他、政治家や外交官を訪問して交流（S4Q2）。将来日本へ留学や仕事に行きたいと強く思った（今から貯金してでも）。今度お会いした人とまた会いたい。日本社会、日本人に深く興味を持った。四六時中、日本人、日本、日本語のことを考えさせられ、日本語への感度が上がった。日本の政治家、日中友好のために頑張っている多くの方を見て、自分も何かできる、やらなければならないことがたくさんあると思った。日本で感じたものを中国人に伝え、日本人には中国あるいは中国人の良さを伝えたい。将来そういう仕事ができたら（以上S4Q3）。自分の日本語会話はもう大丈夫だと思った。中国語の勉強を頑張らなければならないと感じた。中国の伝統文化、中国の美しいものを学び、将来日本に紹介したい（以上S4Q4）。

3-6 S5「現在の状況について」

今は好きだから日本語を勉強している（日系企業に入れるように、自分のやりたい仕事ができるように）（S5Q1）。最初は日系企業や通訳業の給料が高いことが魅力だったが、今は本当に心から日本語が好きで勉強を続けている。（具体的には）自分の言いたいことが日本語で言えて、外国人と意思疎通できることはかっこいい。最近は文学作品（夏目漱石の『心』）も好きになった（心理活動や環境の表現などに日本語の美しさを感じる）（以上S5Q2）。日本語の勉強は私の人生を変えた。大きな意味を持っている。日本語という言語より、この言葉を使っている日本人に興味を持つようになった。今まで接した日本人は様々で、変な日本人もいれば親切な日本人もいる（以上S5Q3）。

3-7 S6「教師の役割について」

大学4年間一緒に暮らした日本人教師と深い絆を築けた。2人の先生とはもう教師と学生の関係ではなく、家族と理解してもいい。おかげで日本人のことをもっと知りたくなった。日本語、日本の知識はもちろん、人生の長い道をどう進むべきか教えて頂いた（人としてどう他人と接するべきかなど）。今までの付き合いは楽しいことだけではなかったが（先生から説教も受けた）、すべて一生の宝物になり、私の成長と着実に繋がっている（以上S6Q1）。

私の日本語教師はどなたも親切で日本語の知識が豊富。おかげで日本語が大好きになった。いつも会話を練習してくださり、ありがとうございました。いつも私のしつこい質問に丁寧に答えてくださり、ありがとうございました（以上S6Q2）。

（理想的な日本語教師とは）学生の質問に対して丁寧に親身に答える。勉強し始めた時の自分を思い出し、どうすれば理解しやすいか常に考える。授業後、学生と友達のように交流する。できるだけ会話の機会を探す。付き合う時には、日本語そのものだけでなく、その国の文化、更に深いものを常に教える（以上S6Q3）。

四、考察

4-1　学習継続のストーリーライン

当該学生は、入学前に希望しなかった日本語に専門が決まって失望したが、専門の変更に望みを託して勉強を開始した。次第に日本語自体の面白さ（発音の美しさと学習の達成感）、そして日本人教師との関わりを通じて学習継続を決めた。

第1回の訪日（2015年6月～7月）は日本の財団法人主催の視察団の一員としての訪日であり、「サービス」「建物」への言及、「爆買い（化粧品とか電子製品は質が良い）」といった観光客的視点での記述が見られる。また、明確なビジョンは無いものの、日本留学への希望が生じている。日本語については、日本語が通じた、80％ほど聞き取れた、発音が褒められたと述べ、日頃の大学での学習成果が確認されたことによる達成感があったことが読み取れる。

2回目の訪日は、第1回訪日直後、東京でのスピーチコンテストに参加するためであった。コンテスト以外、様々な活動の中でも「一番印象に残ったのはディズニーランド」と述べている。企業訪問があった影響からか、「留学に行きたい」（第1回訪日での回答）から「将来チャンスがあれば日系企業に入りたい（希望の強度は50％ほど）」という変化が見られた。一方で、「日本企業、観光地は確かに素晴らしかったが、自分とあまりに遠すぎ、恐怖を感じた」と理想と現実とのギャップに悩む記述も見られた。

日本語については、「自分より上手な学生が多くいる」ため、「もっと頑張らなければ」、「文法、単語だけでなく、会話能力、文学鑑賞能力を高めたい」という、能力の限界の認識とともに、次の目標に対する向上心も見られた。

第3回訪日は前回から約1年半後の2017年2月下旬、作文コンクールの副賞として東京に招待され、協賛各社や大学、政治家や官僚のもとを訪問した。「日本の政治家、日中友好のために頑張っている多くの方を見て、自分も何かできる、やらなければならないことがたくさんあると思った」「日本社会、日本人に深く興味を持った」という記述から、訪問先で出会った人々が彼にとってモデルとして機能したことが読み取れる。そして、「日本で感じたものを中国人に伝え、日本人には中国あるいは中国人の良さを伝えたい」「将来そういう仕事ができたら」という大目標が設定され、「将来日本へ留学や仕事に行きたいと強く思った（今から貯金してでも）」「今度お会いした人とまた会いたい」という具体的な小目標が演繹され、彼の中で動機として安定したと解釈できる。

日本語については、「四六時中、日本人、日本、日本語のことを考えさせられ、日本語への感度が上がった」「自分の日本語会話はもう大丈夫だと思った」「中国語の勉強を頑張らなければならないと感じた」「中国の伝統文化、中国の美しいものを学び、将来日本に紹介したい」というように、日本語を学習対象として見る目的的視点から、日中交流のために日本語を活かそうという手段的視点へのシフトが見られた。

現在は「好きだから日本語を勉強している」と明言しており、当初の全く興味関心の無い段階からの動機上の著しい変化が確認できる。将来についても、最初は高給を得る手段として外発的な動機によって学習をしていたようだが、現在は「好き」という内発的な動機で勉強を続けているという。学習範囲は日本文学鑑賞へ展開しており、興味の対象も日本人や日本社会へと拡大した。

4-2　3段階の想定

当該学生の回答とストーリーラインを検討した結果、日本語学習の学習動機の変遷には大きく以下の3段階が想定された。下記中の丸数字は動機の変化が起きた契機に付している。

第1段階：日本語への関心を高める段階

強制的に日本語学習が開始されたが、①日本語の特長への気づき②教師との交流を通じて、当初のイメージが変わり、日本語学習への関心を高めた。

第2段階：日本語に関わる経験を蓄積する段階

訪日時の体験を通じて、③成功体験（主に第1回訪日）と失敗体験（主に第2回訪日）を積み重ね、徐々に④自分ができること、自分に足りないものを確認することができた。

第3段階：日本語学習の目標を模索する段階

第3回訪日時、日中交流に貢献する⑤様々なモデルとの接触を通じて、⑥将来の大目標が設定され、具体的な小目標も演繹されたことによって学習動機が安定した。

①～⑥の契機のうち、①④⑥は個人要因、②③⑤は環境要因に属すると解釈すると、これらの各段階で個人要因と環境要因の相互作用が起こり、徐々に当該学生を次のステップに向かわせたと考えることができる。第2段階と第3段階で環境要因として学生の動機に影響を与えたのは、第3領域の要因であり、特に将来の目標設定において第3領域の要因を考慮する重要性が指摘できるだろう。

4-3　学習継続の3段階モデル

当該学生の場合はこれらの3段階が直線的に現れたが、各段階には次の段階に至るための課題があり、それを克服することができなければ次の段階に進むことが困難となるだろう。すなわち、第1段階で学習への関心を高めることがなければ、学生は学習へ無関心なまま学生時代を過ごし、第2段階で経験の蓄積と能力の向上を怠ると興味本位の学習に留まってしまう。また、第3段階で個人の志向に合ったモデルや情報に触れる機会が乏しければ、学習継続の意味を喪失してしまうことが想定された。

以上の考えを図示したのが、図1である。図中の「○」は課題をクリアした場合の経路、「×」はクリアできない場合の経路を示している。図中の左上に列挙してあるのは、これらの3段階に影響する要因の例である。

図1　学習継続の3段階モデル

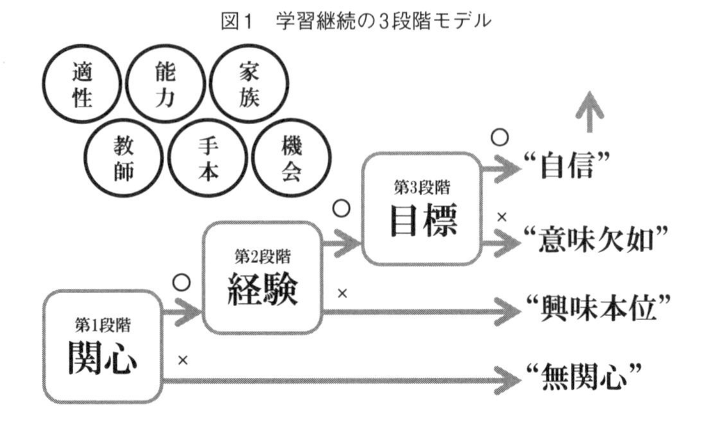

4-4　教師の役割を導入

教師が学生の動機の変遷を把握し、個々の学生にとって最適な働きかけ、課題設定をすることは学生の学習継続にとって重要であろう。当該学生にとって教師がどんな役割を果たしたか、教師への評価、当該学生の理想的教師像についてのストーリーラインを以下にまとめる。

大学で深い絆を築いた2人の日本人教師は家族と理解してもいい。日本人、日本語、日本についてだけでなく、人生についても学んだ。今までの付き合いは成長と着実に繋がっている。私の日本語教師は親切で、日本語の知識が豊富なので、日本語が大好きになった。

理想的な教師像は学生の質問に丁寧に親身に答え、同じ目線でどうすれば理解しやすいか常に考える。学生と友達のように交流し、できるだけ会話機会を探す。日本語だけでなく、文化、更に深いものを教える。

これらの記述を解釈し、先のモデルに教師の役割を組み込むと以下のようになる（図2）。当該学生の回答からすれば、図1で左上に列挙していた要因のうち、家族と手本（モデル）の役割を教師が兼ね得ることが想定できる。また教師は、学生の適性に合わせて関心を引き出すこと、授業を通して学生の日本語能力を向上させること、第3領域との接触機会を提供することによって、学生の動機づけに影響を及ぼすことが可能だと考えられた。つまり、それらが学生の動機づけを高めるための教師側の課題だと言えよう。

図2　教師の役割を組み込んだ学習継続の3段階モデル

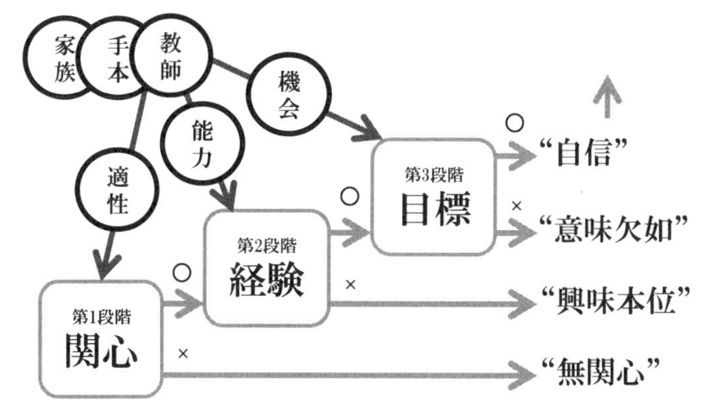

五、限界と展望

5-1　一般化の限界

本研究には以下の限界が指摘できる。まず、一般化の限界がある。中国の多くの日本語学習者や彼らを指導している教員に、ある程度普遍的に役に立つ知見を提供するためには、対象事例が1名である本研究結果は頼りない。ただし大学入学後からの学習期間中に3度、異なる目的で日本の同一地域を訪問した経験を有する学生は筆者の知る限りおらず、第3領域の要因からの動機づけへの影響を考察する上では好事例ともいえる。

5-2　調査手法の限界

調査手法の限界として、調査者と対象者との関係性が結果に影響した可能性が挙げられる。本研究における調査者と対象者は、かつて教師－学生関係にあった。その影響を最小限にするため、調査実施前に対象者へ「あくまでも研究者として協力を求めるものであり、教師への否定的な回答があっても対象者に何らの損失も及ばないことを保障する」旨を約束したが、その時期の関係性がある程度回答に影響を及ぼしたものと想定される。ただし、本研究のように個人の内面に関わる質問、負担の大きい回答方法の場合、調査者と対象者との間に相応のラポール（相互信頼の関係）が無ければ十分な量・回答を得ることも難しくなるため、限界ではあるがデメリットばかりとも言えない。

5-3　分析手法の限界

分析手法の限界もある。本研究では半構造化インタビューの内容が筆者単独の解釈によって分析された。個人の社会的相互作用を含む動的なプロセスを分析する手法として確立された修正版グラウンデッド・セオリー・アプローチ（M-GTA）（木下、2003）や、個人によって分岐するプロセスを時系列的に把握しようとする複線径路等至性アプローチ（TEA）（サトウ・安田・木戸・髙田・ヴァルシナー、2006）など、より洗練された分析を行う余地が残されている。

5-4　展望

先述の通り、本研究は学生と教員が大学という場で有意義な時間を共有するための一助となることを目指して行われたものである。そのため学術的な手続きの厳密性より、直感的な理解のしやすさを優先している。先に指摘した限界を克服する努力はなされるべきであるとしても、厳密性を追求することで過度に複雑になり過ぎないよう配慮する必要はあるだろう。

おわりに —日中関係への示唆—

本研究は、筆者のこれまでの日本語教師としての経験から得られた問題意識に対して、1つの回答を得ようと企図されたものであり、その問題意識はこれまで筆者が相対してきた学生たちとの間で培われてきたものである。もちろん、今回の調査に協力してくれた学生もその中の1人だ。現在の彼は筆者と異なる大学で、大学院生として充実した学生生活を送っている。卒業後にもかかわらず、今回の調査への協力を快諾してくれた。まずは、そのような対応に記して感謝したい。

筆者が日本語教育の研究を志そうと思えたのは、ひとえに彼をはじめとする中国の学生たちの素朴で、ひたむきな生き様に胸を打たれたからだ。恥ずかしながら筆者は、政治はおろか、経済の専門性にも乏しい。だが、必ずしも良好とは言えない昨今の日中関係にあって、民間交流、とりわけ、教育分野での交流は十分に熱いことを知ることができた。むしろ、教育の分野であればこそ、政治や経済などと一線を画した、個人対個人の議論も可能なのだと思う。

日中関係の大勢にどこまで影響を及ぼせるものかはわからないが、今後も本研究のような現場の経験に根ざした研究を継続し、日本語教育の分野から日中の相互理解の深化を目指すつもりである。とはいえ、本研究のような素朴な研究は、専門性を追求する学術雑誌には必ずしもフィットしない。このような研究を発表できる機会を頂戴したことに対して、最後に、関係者各位に深く感謝したい。

参考文献

ドルニェイ・Z、米山朝二、関昭典（訳）『動機づけを高める英語ストラテジー35』大修館、2005年（Dörnyei, Z. "*Motivational Strategies in the Language Classroom.* Cambridge" Cambridge University Press, 2005）

木下康仁『修正版グラウンデッド・セオリー・アプローチの実践【質的研究への誘い】』弘文堂、2003年

李冬梅「中国人日本語学習者の動機づけプロセスに関する事例研究」『日本学研究』第24辑、2015年、pp.424-450

グロービス・マネジメント・インスティテュート「MBAクリティカル・シンキング」2001年、p.76

羅暁勤「ライフストーリーインタビューによる外国語学習動機に関する一考察—台湾における日本語学習者を対象に」『外国語教育研究』8、2005年、pp.38-53

中田賀之、木村裕三、八島智子「英語学習における動機づけ—多様なアプローチに向けて」

『JACET関西紀要』2003年、pp.1-20
サトウタツヤ、安田裕子、木戸彩恵、髙田沙織、ヤーン＝ヴァルシナー「複線径路・等至性モデル―人生径路の多様性を描く質的心理学の新しい方法論を目指して」『質的心理学研究』5、2006年、pp.255-275
王婉莹「大学非专业学生日语学习动机类型与动机强度的定量研究」『日语学习与研究』第3期总第122期、2005年、pp.38-42

1　因果関係が想定される二つの事象の背後に存在し、両者に影響を及ぼすと予想される要因を一般に「第3因子」と呼ぶ（グロービス・マネジメント・インスティテュート、2001）。この考えを中国の大学生の生活領域に当てはめ、主たる生活領域である家庭・大学以外の不特定領域を「第3領域」と呼ぶこととした。

2　一般に、記述された質問に対して記述による回答を行う方法は「質問紙調査」と呼ばれる。本研究の方法は自由記述式なので、これを自由記述式質問紙調査の一種と考えることも可能だが、調査の説明やフォローには電話も用いており、随所にインタラクションを含んでいたため、主要な質問だけを設定した半構造化インタビューとして扱った。

3　項目番号欄の「F」は「Facesheet」、「S」は「Series」、「Q」は「Question」をそれぞれ意味する。

特別賞

スペンサーの進化論の翻訳と重訳

～日本語訳『政法哲学』とその二つの中国語訳をめぐって～

名古屋大学大学院国際言語文化研究科
博士課程後期2017年3月満期退学
宋暁煜

はじめに

近代において、日本と中国で大きな反響を呼び起こした西洋の学者として、スペンサー（Herbert Spencer、1820～1903）を無視することはできない。日本では、1877年にスペンサーの著作の日本語訳が初めて出版され、1898年までにその数は計30点にのぼった[1]。中国の場合、日本に5年遅れて1882年に、中国人牧師の顔永京が最初にスペンサーの著作を英語から中国語に翻訳している。しかし、当時の中国では、厳復（1853～1921）が1895年3月に発表した『原強』という時局論文でスペンサーを紹介し、高く評価するまでは、彼の著作がとりわけ注目されたとは言えない。当然ながら、日中両国におけるスペンサー受容には、「時差」が生じることになり、英語から直接中国語に翻訳するだけでなく、日本語訳からの重訳（原語から直接に翻訳するのでなく、一度他の外国語に翻訳されたものを通して翻訳すること）も現れたのである。

中国におけるスペンサー受容に関しては、韓承樺（2010）がすでに翻訳史の視点から着手し、スペンサーの著作の導入ルートを整理しているので、その詳細に立ち入る必要はない。他方、韓は、日本の翻訳者たちがスペンサーの原著を翻訳した際に、削除、修正、加筆などの工夫を加えたため、原著の内容をそのまま伝えることができず、その結果、日本語訳を介した重訳の翻訳水準がそれぞれ異なり、中国人読者を満足させるものが少なかったと指摘している[2]。しかし、これまでスペンサーの著作の重訳は具体的に考察されたことがほとんどなく、すべての重訳が韓の指摘の通りなのかどうかは不明である。したがって、本稿では代表的な重訳を取り上げて分析することにしたい。

なかでも、スペンサーの『政治制度論』（*Political Institutions*, 1882）の翻訳と重訳は注目に値する。

スペンサーの『政治制度論』は、『社会学原理』（*The Principles of Sociology*, 1876～1896）の第二巻第五部に当たり、1882年に出版された。図1が示しているように、『政治制度論』は日本語訳が二つある。その中で、『政法哲学』は多くの読者を得て、第三版まで出版された。後に中国語に翻訳されたのはこの日本語訳で、その重訳は三点もある。ここから、スペンサーの『政治制度論』が近代日中両国の知識人の関心を集めたことが窺える。

しかしながら、日本語訳『政法哲学』とその中国語訳についての先行研究は少ない。筆者が調べたところでは、渡辺憲正（2013）が日本語訳『政法哲学』を取り上げ、スペンサーの「文明と野蛮」理解について少し分析しているほか[3]、孫宏雲（2016）が中国語訳の『原政』の底本（翻訳・校訂などのもとにした本）について検討しているだけである[4]。

また、翻訳者に関する研究も非常に少ない。したがって、日本語訳『政法哲学』とその中国語訳について分析し、スペンサーの進化論の翻訳と重訳の一側面を明らかにすることは意味があるだろう。孫は中国語訳の「政法哲学」と『原政』の訳者が同一人物である可能性も否定できないとしているが、本稿はこの点についても自説を主張したい。

図1　『政治制度論』（*Political Institutions*）の日本語訳と中国語訳

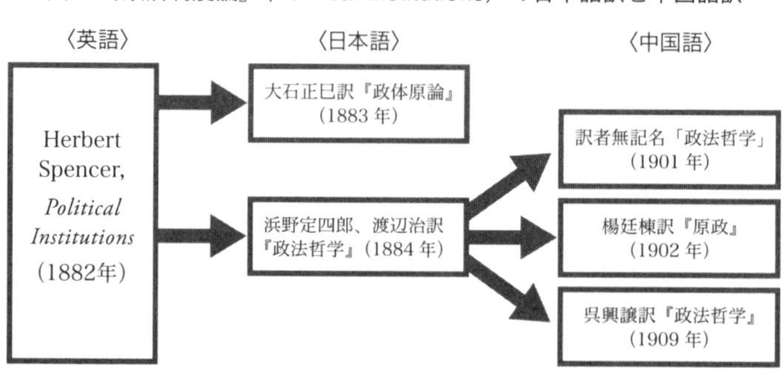

一、日本語訳の『政法哲学』について

1884年10月、浜野定四郎（1845～1909）と渡辺治（1864～1893）の共訳による『政法哲学』が公刊された。なぜこの二人が共訳することになったのかに関しては、倉知典弘（2015）が、「『政法哲学』は、ハーバート・スペンサーの「社会学原理」の一部を福沢諭吉の指示の下、（渡辺治と）浜野定四郎と二人で訳出したもの[5]」であると簡単に紹介しているが、「福沢諭吉の指示の下」についての根拠は示していない。

浜野と渡辺は同じく慶應義塾の卒業生で、『政法哲学』の公刊前後、浜野は福沢諭吉が創設した慶應義塾の塾長、渡辺は福沢が発行した『時事新報』で編輯と庶務会計を務めており、共に福沢の側近であった[6]。

福沢の1884年4月1日付の『政法哲学』序文には、「学弟浜野渡辺ノ二氏此頃政法哲学書ヲ翻訳シテ世ニ公ニセントシ来テ此旨ヲ迂老ニ告ぐ」、「其請ニ応シテ此本ヲ閲読シタル」と書かれている。したがって序文によれば、浜野と渡辺が福沢の「指示の下」に翻訳したわけではなく、彼らが翻訳出版を決めてから福沢に伝えたという順序になる。

『政法哲学』の初版自序において、浜野と渡辺はまず冒頭でスペンサーを高く評価し、その『総合哲学体系』（*A System of Synthetic Philosophy*）という大著を紹介してから、「社会学原理ノ第二冊『ポリチカル、インスチチューションス』の一部ハ広ク政法ノ哲理ヲ論ジ、其所説新規精確、政学ノ妙ヲ穿チタル実ニコレニ過グル者アル可ラズ。余輩乃ち譾劣ヲ顧ミズ訳シテ以テ世ニ公ケニセント欲」したと述べている[7]。つまり二人は政治理論に興味を持ち、『政治制度論』の論理に啓発されたため、翻訳することにしたのである。

では、『政法哲学』という翻訳から訳者たち自身の政治思想を読み取ることはできるだろうか。答えは否である。訳書の『政法哲学』を原著の『政治制度論』と対照すると、訳者は原著における冗長な例を削除し、加筆して複雑な内容を説明する場合はあるが、比較的忠実に原著の内容を訳している。訳文は漢文訓読体であるが、訳者は意図的に意訳の手法を用いて、できるだけ日常的で分かりやすい言葉で西洋の概念を説明している。この訳し方は精確とは言えないが、抽象的な概念を分かりやすく伝えるのに適しており、原著の意味を大きく変更してはいない。

二、中国語訳の「政法哲学」と『原政』の訳者

原著の『政治制度論』は凡そ450頁で、計19章（chapter）から構成されている。日本語の『政法哲学』は同書の完訳であるが、英語のchapterは「巻」と訳されており、これは二つの中国語訳でも同じである。

1901年、在日中国人留学生によって東京で発刊された月刊誌『訳書彙編』には、「政法哲学」と題する翻訳が第2期（1月28日）と第3期（4月3日）に連載された。その内容は第一巻の「緒論」と第二巻の「政治制度概論」の翻訳である。

翌年12月15日に、同じ『政法哲学』の中国語訳、『原政』が単行本として作新社[8]から出版された。『訳書経眼録』には『原政』が計四巻から成ると記載されているが[9]、第三、四巻はどこにも所蔵が見当たらず、孫宏雲（2016）も第三、四巻が入手できなかったと述べている[10]。筆者が入手した『原政』も上編第一巻の「総論」と上編第二巻の「政綱」から成り、中国語訳の「政法哲学」と同じ部分を翻訳している。従って、本稿は孫と同様、『原政』の最初の二巻を研究対象とする。

中国語訳の「政法哲学」には訳者の名がない。他方、『原政』には「呉県楊迅棟訳」と記載されているが、孫宏雲（2016）は1903年の『新学書目提要』と1934年版の『訳書経眼録』などの書誌目録を調べた結果、訳者は「楊迅棟」ではなく、呉県出身の楊廷棟（1878～1950）であると判断した[11]。筆者も同じ意見である。

しかし、両書の翻訳者が同一人物かどうかに関しては、孫は決めかねている。彼は中国語訳の「政法哲学」と『原政』の第一段落の訳文を比較して分析し、共に日本語訳の『政法哲学』の重訳であるとした上で、前者の表現は比較的分かりやすく、後者のほうが典雅で複雑であると指摘する。その結果、中国語訳の「政法哲学」の訳者は楊廷棟ではない可能性もあるが、両方とも楊廷棟による翻訳で、『原政』の方は、作新社が文才のある人に中国語訳の「政法哲学」を添削してもらった可能性もあると述べている。

筆者が二つの中国語訳を細部にわたって比較したところでは、訳者は同じ人物ではない。例えば、スペンサーは原著の中で常に様々な例を挙げている。イギリス、フランスのような周知の国名の訳語は近代においてだいぶ定着が進み、特に問題はないが、先住民の部族、西洋の歴史的人物、当時の中国人にほとんど知られていなかった地名などの訳語は定着していなかったため、中国人翻訳者は発音にしたがって自分で翻訳するしかなかった。

表2-1 部族、地名、人名の翻訳

原著： *Political Institutions* 1882年	現代日本語	日本語訳： 『政法哲学』 1886年5月 三版	中国語訳： 「政法哲学」『訳書彙編』第2、3期、 1901年1月28日、 1901年4月3日	中国語訳： 『原政』 1902年12月15日
those in Bengal (p.234)	ベンガル人	「ベンガル」ノ諸人種（p.11）	孟加諸人種 （第2期、p.85）	匈牙利種（p.11）
the Tipperahs (p.234)	インドの北東部及びバングラデシュに居住した部族	「チペラ」人 （p.11）	鐵判来人 （第2期、p.85）	奇魄拉人（p.11）
the Khonds (p.235)	コンド族 （インドの部族）	「コンド」ト称スル一種族 （p.11）	空特一族 （第2期、p.85）	康特族（p.11）
the Fijian（p.236）	フィジー系 （オセアニアに居住した先住民）	太平洋ニ「フヰジ」ト云ヘル一種族 （p.13）	太平洋中有所謂非其之種族 （第2期、p.85）	太平洋中有腓奇族 （p.13）
Dahomey（p.236）	ダホメ王国 （アフリカの王国、17世紀～19世紀）	「ダホメー」ト称スル種族 （p.14）	達化曼之種族 （第2期、p.85）	達藿墨族（p.13）
Caracalla（p.238）	カラカラ（本名は、ルキウス・セプティミウス・バッシアヌス、188～217）	羅馬ノ「カラカレイ」王（p.15）	喀爾■(口偏に容)蘭王 （第2期、p.86）	羅馬王喀拉喀蘭（注）生於西暦紀元後一百八十八年卒於二百十七年 （p.14）
the mountains of the Sierra Nevada (p.248)	シエラネバダ山脈	「シヱーラ、チベーダ」ノ群嶺（p.35）	殺愛臘及難勃達両山之巓 （第3期、p.66）	撒臘納孛達群嶺之間 （p.36）
The Nile（p.252）	ナイル川	「ナイル」河 （p.41）	泥綠河 （第3期、p.70）	尼羅河（p.43）
the Nizam（p.252）	ニザーム王国 （インド、デカン地方の王朝、1724～1948）	「ナイザム」 （p.42）	於闡 （第3期、p.70）	挪墨（p.43）
Gwalior（p.252）	グワーリヤル （インドの地名）	「グウオリオル」 （p.42）	華立安 （第3期、p.70）	格哇黎爾（p.43）
Madame de Maintenon（p.253）	マントノン侯爵夫人フランソワーズ・ドービニェ （1635～1719）	「メインテノン」夫人（p.43）	梅退儂夫人 （第3期、p.70）	曼推諾（注）曼氏於一千六百三十五年生於巴黎、嫁某氏而寡、後為法王路易第十四女官、尋邀寵選入後宮、氏富於文学、権勢甚威 （pp.44-45）
M. Comte（p.257）	オーギュスト・コント （1798～1857）	佛国ノ碩学「コント」氏 （p.51）	空特者。 法国績学士也。 （第3期、p.73）	法人康突（注）法国著名哲学家生於一千七百九十五年卒於一千八百五十八年 （pp.54-55）

表2-1が示しているように、中国語訳の「政法哲学」と『原政』における部族、地名、人名の訳語はかなり異なっている。もし誰か他の人に「政法哲学」の添削を依頼したとすれば、その人はこれらの訳語まで変える必要はない。従って、両者の翻訳者は同じ人物ではないと考えられるのである。

「政法哲学」の中国人翻訳者は無記名であるが、訳文が『訳書彙編』に掲載されていることから、在日中国人留学生、しかも、訳書彙編社のメンバーであった可能性が非常に高い。

『原政』の訳者である楊廷棟[12]は1897年に上海の南洋公学に入学し、在学中すでに文才によって評価されていた。1899年、南洋公学は日本へ6名の学生を派遣したが、楊はその中の1人であった。日本に到着した後、彼はまず日本文部省が創設した日華学校で日本語などを勉強し、それから東京専門学校（のちの早稲田大学）に入学した。1900年末ごろからほかの在日中国人留学生たちとともに訳書彙編社を創設し、1901年6月から『国民報』の主筆も務めた。1902年に帰国後、南洋公学訳書院で翻訳の仕事を行い、新聞発行や政治活動などにも関わった。

三、和製漢語に対する導入及び対抗

孫宏雲（2016）が指摘した通り、中国語訳の「政法哲学」と『原政』の文体は非常に異なっている。しかし、問題はその差異を指摘することをもっては終わらない。「政法哲学」と『原政』からは、当時の中国知識人の和製漢語に対する態度の相違が窺えるのである。

3-1 厳復が作った翻訳語の使用

その相違を「社会」と「群治」というキー概念の訳語に注目して示せば、表3-1の通りである。中国語訳「政法哲学」には「社会[13]」という和製漢語がよく使用されている。一方、楊廷棟の『原政』では、「社会」を「群治」と訳した場合が多く、「社会党」（the socialist party）という言葉さえも「均産党」と翻訳して、「社会」という言葉を徹底的に排除している。

実はスペンサーの原著には、groupとsocietyを明確に区別する一文がある。「各人」（individuals）が「共同ノ目的」（common end or ends）を持って「共同」（cooperation）しなければ、それはただの「群」（group）であり、「社会」（society）にはならないという[14]。日本語訳の『政法哲学』では、

groupは「群」、societyは「社会」と翻訳されている[15]。この文脈では、日本語の「各人」は上下関係を含んでおらず、日本語の「群」は、政治組織ではなく単なる個々人の集まりを意味している。しかも、「社会」という日本語は「各人」と「共同」のような要素を含み、上下関係をとりわけ強調してはいない。日本語の訳文は英語の原著を忠実に翻訳したと言える。

表3-1 「社会」と「群治」

原著：*Political Institutions* 1882年	日本語訳：『政法哲学』1886年5月三版	中国語訳：「政法哲学」『訳書彙編』第2、3期、1901年1月28日、1901年4月3日	中国語訳：『原政』1902年12月15日
―― (p.230；p.232)	社会学者（p.3；p.7）	講求社会学者（第2期、p.82；第2期、p.83）	言群治者（p.3；p.7）
The Study of Sociology (p.230)	社会学階梯（p.3）	社会学階梯（第2期、p.82）	群治論綱（p.3）
the course of evolution (p.242)	社会進歩ノ針路（p.23）	進化之道（第2期、p.89）	群治日進之道（p.24）
social organization (p.244)	社会ノ組織（p.29）	社会（第3期、p.64）	群治（p.30）
the socialist party (p.257)	社会党（p.51）	社会党（第3期、p.73）	均産党（p.55）

しかし、日本語訳を介した中国語訳の場合、「政法哲学」では「群」と「社会」のような言葉がそのまま使われているが、『原政』では「社会」(society) は「群治」と翻訳されている。字義から見れば、「群治」は「群」の「治」であり、「治」は統治などを表すから、「群治」という言葉自体に上下関係が強調されている。つまり、「群治」より「社会」のほうが原著におけるsocietyの意味を適確に表現しているわけである。

「群治」という言葉は厳復が作った翻訳語である。1898年6月に出版された単行本の『天演論』においては、「群治」という言葉はpolityの訳語として用いられていた[16]。換言すれば、「群治」はもともとpolityの訳語であり、政治組織体などを指したが、『原政』の訳者はそれを日本語の訳語「社会」(society) の中国語訳として用い、意味のずれを引き起こしたのである。

『原政』には、厳復の翻訳語である「群治」が使用されたほか、表3-2のように、「治化」(例①)、「自営不仁」(例④)、「官品」(例⑥、⑦)、「分官」(例⑩)、「具体」(例⑪) など、同じく『天演論』に現れた語彙が見られる[17]。

その中で、「治化」という言葉は古代からすでに存在し、『天演論』では、「倫理過程」(the ethical process) と「文明」(civilization) の訳語として使われているが、『原政』においては、日本語の「組織発生」に対応しており、適切とは言えない。

ハクスリーの『進化と倫理』の中国語訳『天演論』は、原著と比較して、厳復による加筆や削除などが非常に多い。しかも、当時の中国には、厳復のように英語が堪能な人材がかなり少なかったため、清末の知識人にとって、『天演論』の翻訳語がどの英語に対応するのかを把握することは至極困難であった。日本に留学した楊廷棟はできる限り厳復の翻訳語を活用しようとして、「群治」、「治化」などのような誤用を引き起こしたのだろう。

表3-2　和製漢語と厳復の訳語

例	原著： *Political Institutions* 1882年	日本語訳： 『政法哲学』 1886年5月三版	中国語訳： 「政法哲学」『訳書彙編』 第2、3期、1901年1月28日、1901年4月3日	中国語訳： 『原政』 1902年12月15日
①	societies relatively advanced in organization and culture（p.236）	組織発生ノ稍々高等ニ位シ半開或ハ文明トモ称シ得ベキ邦国（p.13）	――（第2期、p.85）	治化少進暨以文明自詡之国（p.12）
②	police（p.236）	警察（p.14）	巡察（第2期、p.85）	警察（p.13）
③	the struggle for existence（p.240）	生存競争（p.17）	生存競争（第2期、p.87）	生存競争（p.17）
④	those constituted by purely personal desires（p.246）	専ラ私ヲ営ム（p.31）	営私（第3期、p.65）	自営不仁（p.31）
⑤	resistance（p.254）	抗力（p.45）	抗力（第3期、p.71）	觝抗変化之力（p.47）
⑥	an individual organism（p.254）	個々ノ有機物（p.45）	大地万物（第3期、p.71）	天下之官品（p.47）
⑦	a living animal（p.257）	有機物（p.53）	生物（第3期、p.74）	官品（p.58）
⑧	cells（p.258）	細包（p.53）	小包（第3期、p.74）	細包（p.58）
⑨	the nervous centres（p.258）	神経系（p.54）	――（第3期、p.74）	神経系統（p.58）
⑩	units（p.262）	分子（p.62）	――（第3期、p.77）	分官（p.68）
⑪	aggregate（p.262）	全体（p.62）	――（第3期、p.77）	具体（p.68）

3-2　和製漢語の導入

中国語訳の「政法哲学」には、「哲学」、「社会」、「生存競争」（例③）、「抗力」（例⑤）などのような和製漢語が導入されており、訳者は厳復の翻訳語に影響されなかったように思われる。

これに対して、厳復の翻訳語に魅了された楊もまた、和製漢語を導入せざるを得ない場面があった。「警察」（例②）、「生存競争」（例③）、「細包」（例

⑧)、「神経」(例⑨) などの和製漢語が『原政』にも見られるが、中でも、「神経」という和製漢語が導入されたのは興味深い。実は『天演論』の案語には、nerveの発音に基づいて作られた翻訳語「涅伏」が見える[19]。しかし、楊は日本語訳を底本としたため、日本語の「神経」が厳復の訳語「涅伏」に対応することに気づかず、「神経」という和製漢語を導入したのだろう。

このように、激動する近代を背景に、日本語訳からの重訳で和製漢語を徹底的に排除することはとても無理であっただろう。

四、改革と革命

中国語訳の「政法哲学」は和製漢語の導入に抵抗感を示さなかったのに対し、『原政』は和製漢語に対抗する姿勢を示し、厳復の訳語を数多く使用することになった。この問題にはおそらく、二人の訳者の進化論受容の相違も関係している。

中国語訳の「政法哲学」と『原政』最初の二巻は、原著『政治制度論』の最初の二章の翻訳であり、その概要は次の通りである。

社会問題を分析する際には、感情を控えるべきである。社会の形態はその社会を構成する個体の性質によって確立され、社会内部の衝突は社会組織の発展を推進する効果がある。故に、奴隷制や専制政治などは人々に苦痛をもたらしたが、社会進化（social evolution）の過程においては多大な利益を生み出した（原著の第一章)。

政治組織は協同を可能にし、社会の発達を促進する機能があるが、いったん確立されると、更なる発達を妨害する。なぜなら、更なる発達は再編成（re-organization）を必要とし、現存する組織は再編成に反対するからである。人々の地位や職業などが世襲によって決められる場合、社会構造は変化しにくい。その一方、人々の地位や職業などが才能によって決められる場合、社会構造は変化しやすいという（原著の第二章)。

『政治制度論』の全書を通じて最も中核的な内容は、政治組織が進化の法則に基づいて展開しており、専制主義を特徴とする軍事型社会（the militant type of society）から民主主義を特徴とする産業型社会（the industrial type of society）に転じることが望まれるということである。社会有機体論と社会進化論が強調され、国民の性質と政治組織との関係が重視されている。したがって、スペンサーは明確にフランス革命のような急激な革命に反対し[20]、明治政府にも「保守的な忠告」を伝えたのである[21]。しかしながら、スペンサーの理論を受容した二人の中国人翻訳者が中国のために選んだ進路は相違していた。

4-1　光緒新政に対する期待

中国語訳の「政法哲学」には、以下のような加筆が見られる。

「大都今世文明之国。尚未造文明極頂」。(現今における多数の文明国はまだ文明の頂点に到着していない。)「政法哲学」第2期、p.86。

「迨其後文化日進。民智漸開。需用日繁。漸知交易之利」。(それから日が経つにつれて文化が進み、民の知性が次第に高くなり、需用するものが益々多くなり、次第に交易のメリットを知るようになった。)「政法哲学」第3期、p.64。

「社会之有官吏人民。亦猶人身之有五官四肢」。(社会における官吏や人民は、あたかも身体における五官や四肢のようである)。「政法哲学」第3期、p.72。

上記の加筆から、中国語訳「政法哲学」の訳者は日本語訳ないし英語の原著の内容に対する理解力がかなり高く、スペンサーの社会進化論と社会有機体論を正しく受容したことが分かる。

スペンサーは社会の進化が漸進的であるべきだと常に主張していたが、中国語訳の「政法哲学」にも、清朝政府に反対するような加筆は見られず、むしろ光緒新政に対する期待が窺える。

1900年6月21日に西太后を中心とする清朝政府は、義和団を利用し、欧米列国（日本を含む）に宣戦布告した。2カ月も経たないうちに北京が占領され、西太后と光緒帝は西安に逃れた。この義和団事変を契機に、西太后が主導する朝廷は1901年1月29日に詔書を発布し、各地の官僚に改革案を募集し、光緒新政の端緒を開いた[22]。

この時代背景は疑いなく「政法哲学」の翻訳にも大きな影響を及ぼした。1901年1月28日の『訳書彙編』（第2期）に掲載された「政法哲学」には、「改革」という言葉が一度も現れていないのに対し、4月3日の同誌（第3期）に掲載された「政法哲学」には、「改革」という言葉が頻繁に見られるからである。

原著の第二章で、スペンサーは社会構造の再編成（re-organization）について分析している。英語のre-organizationは日本人訳者によって「組織ノ変更」と翻訳され、日本語の「組織ノ変更」は中国語で「改革」と訳された[23]。それだけではなく、英語のalterationとchangeは日本語の「変化」に、日本語の「変化」は中国人訳者によって「改革」と訳された[24]。

このように、日本人翻訳者は原著の内容を正確に理解し、現存している組織は再編成に反対することを適切に翻訳した。これに対して、中国人訳者は「改革」という言葉に執着し、しかも、「組織が固ければ固いほど、抵抗力が大きく、改革が難しい[25]」という加筆までして「改革」が直面する困難を強調した。

さらに、この中国人訳者は「旧法を破壊し、古い弦を張り替えるべきだ[26]」と自分の主張を訳文に織り込んでいる。一見すれば、「破壊旧法」という言葉には革命的な要素が入っているように思われるが、この加筆の文脈において、「旧法」とは即ち人々の地位や職業などの世襲を意味し、「破壊旧法」は才能に応じて人々の地位や職業などを決めることを指しているのである。「政法哲学」の中国人訳者に清朝政府を打倒する意思がなかったことは明らかである。

4-2　革命的な傾向

光緒新政は1901年から1911年まで推進されたが、1902年12月15日に出版された『原政』においては、日本語の「組織ノ変更」や「変化」は中国語でも「変化」と翻訳されている[27]。訳者の楊廷棟が中国の情勢に関心を持たなかったわけでは決してない。なぜなら、訳文における加筆を通して、しばしば楊の危機感が読み取れるからである。

> 「設於此而不知互相争競之術。則吾群将渙。而無足以制群外之勝[28]」。（もしここにおいて互いに競争する方法を知らなければ、わが社会はばらばらになる恐れがあり、他の群れとの勝負に勝てない。）『原政』、p.9。
>
> 「保種宜族之念。亦湖騰湧往而不可復遏」。（種族保護の気持ちがまた湧いてきて、止めることができない。）『原政』、p.15。
>
> 「若狄克安族之冥然罔覚。亦為仁人君子所痛心者矣」。（「ヂッガル」という種族が四隣の発展に気づかなかったことに対し、仁心をもつ人は痛惜に耐えない。）『原政』、p.36。

厳復は『天演論』の案語や加筆部分で常に優勝劣敗の苛酷さを伝え、中国人読者に厳しい国際情勢に対する危機感を植え付けた。この危機感が訳者の楊廷棟に継承されたのだろう。楊の用いる「群渙」（社会がばらばらになる）、「保種」（種族を保護する）のような言葉は『天演論』によく見られるからである。

とは言え、中国の情勢に危機感を抱いた翻訳者たちは異なった反応を示した。戊戌政変以前という時点で、光緒帝はまだ幽閉されていなかった。『天演論』の中でしばしば加筆してスペンサーに言及した厳復は、スペンサーの社会段階発展説を受け入れ、『天演論』で常に「聖人」という言葉を繰り返し、強い統治者に期待を寄せた。その一方、西太后が主導する光緒新政を背景に、楊廷棟は革命的な進路をほのめかしている。

例えば、人々の地位や職業などが世襲によって決められる場合、長者（the oldest）が権力を独占し、保守主義（conservatism）が勢力を得る、とスペンサーは指摘している。楊廷棟は日本語訳に従って原著の内容を忠実に翻訳したが、次のように加筆した。「光緒新政に際して、天道も人事も望みが少ないのは、怪しむに足らない[29]」。つまり、楊廷棟は光緒新政に失望感を抱いたのである。

さらに、楊廷棟は敢えて加筆して封建主義に対する嫌悪感を示している。日本語訳の『政法哲学』で、「古来ノ君主、極テ貪欲ニシテ専ら収斂ヲ重クシ[30]」と書かれている部分で、楊は「君主」（monarchs）を「暴君」と訳し、さらに、「（暴君は）土地と人民を盗みとって皇族の私有財産にした[31]」と加筆する。しかも、「（君と相は）社会における元凶である[32]」のような踏み込んだ加筆も見られる。

胡適が指摘したように、『天演論』を読んだ人の中で、「ハクスリーの科学史上また思想史上の貢献を理解し得た人は極めて稀であった。彼等が理解し得たものは、『優勝劣敗』の公式が国際政治上にもつ意義だけであった[33]」。楊廷棟が『天演論』から受容したのもまた正にその危機感である。楊が厳復の作った翻訳語を用い、厳復のように典雅な文体に執着したのは、中国の伝統的な表現を保持して知識人層にアピールするだけでなく、『天演論』のインパクトを継承して『原政』の読者に中国の危機的状況を伝えるためでもあったと思われる。

『原政』翻訳に先立つ1900年12月6日から1901年12月15日にかけて、楊廷棟はルソー（Jean-Jacques Rousseau、1712～1778）『民約論』の重訳を『訳書彙編』に連載した[34]。楊はこれを契機に革命的な理論を受容したのだろう。1901年6月25日、革命排満を唱えた『国民報』が東京で発刊され、楊はその主筆の一人となった。彼は時事評論のような文章のみではなく、翻訳書の『原政』の中にも自らの政治思想を織り込み、革命的な主張を伝えようとしたのである。

おわりに

本稿はスペンサー著『政治制度論』、日本語訳『政法哲学』、中国語訳「政法哲学」と『原政』を比較対照することによって、以下の点を明らかにした。

(1) 浜野定四郎と渡辺治は比較的忠実にスペンサーの『政治制度論』を翻訳しており、日本語訳『政法哲学』から訳者自身の政治傾向は読み取りにくい。

(2) 中国語訳の「政法哲学」と『原政』の翻訳者は同じ人物ではない。

(3)「政法哲学」の中国人訳者は、厳復が作った翻訳語に影響されず、和製漢語にも抵抗感を示していない。この訳者はスペンサーの社会進化論・社会有機体論を正確に理解し、スペンサーと同じく漸進的な社会進化に賛成している。訳文から彼の光緒新政に対する期待感が読み取れる。

(4) 戊戌政変以前という時点で、厳復はスペンサーの漸進的な理論を受容し、中国の緊急課題を解決するために統治者に期待を寄せた。しかし、光緒新政を背景に、『原政』の訳者である楊廷棟は厳復訳『天演論』から翻訳語と危機感だけを継承した。楊は伝統的な文体を保持したが、スペンサーの漸進的な理論より、むしろ進化論から当時中国が置かれていた国際情勢に危機感を抱き、急激な変化に期待していた。その結果、彼は厳復の用語をしばしば活用して読者に『天演論』と同様のインパクトを与え、加筆して革命的な思想を伝えようとしたのである。ただし、楊が厳復から借用した用語には、原語（英語）を知らなかったため、誤用したものもあった。

近代において、中国知識人は日本語の訳書を重訳することを通して、西洋思想を迅速に導入することができたが、重訳のゆえに、西洋思想を正確に理解できなかったという見方もかなり強い。本稿は日本語訳『政法哲学』とその二つの中国語訳をめぐって考察した結果、日本語訳『政法哲学』は原著に比較的忠実であったが、それを重訳した中国語翻訳者の方がそれぞれの政治的立場から訳文に「工夫」を加えていたことが判明した。このように見るならば、重訳の底本として使われた日本語翻訳書は再評価に値するのではないか。

参考文献

（本稿が取り扱うスペンサー著『政治制度論』の原著及び翻訳）
Herbert Spencer, *Political Institutions: Being Part V of The Principles of Sociology*［M］D. Appleton and Company, 1882
ハーバート・スペンサー著 浜野定四郎、渡辺治訳『政法哲学』［M］石川半次郎出版、1886年5月第3版
訳者無記名「政法哲学」 坂崎斌編『訳書彙編』［J］訳書彙編発行所、1901年1月28日第2期
訳者無記名「政法哲学」 坂崎斌編『訳書彙編』［J］訳書彙編発行所1901年4月3日第3期
スペンサー著 楊廷棟訳『原政』［M］作新社、1902年12月15日第1版

（厳復訳『天演論』及びその底本）
Thomas H. Huxley, *Evolution & Ethics and Other Essays*［M］Macmillan, 1894
Thomas H. Huxley著、厳復訳（1898）「天演論」厳復著、王栻主編『厳復集』［M］第五冊、中華書局、1986年1月第1版

（日本語文献）
倉知典弘「明治初期における「通俗教育」の用例について——渡辺治訳『三英双美政海之情波』における「通俗教育」の検討」［J］吉備国際大学研究紀要（人文・社会科学系）、2015年3月第25号
胡適著、吉川幸次郎訳『四十自述』［M］創元社、1940年第1版
宋暁煜、清末における加藤弘之の著作の翻訳および受容状況：『強者の権利の競争』とその中国語訳を中心に［J］ICCS現代中国学ジャーナル、2017年6月第10巻第1号
福沢諭吉事典編集委員会編集『福沢諭吉事典』［M］慶應義塾、2010年第1版
松本秀士「神経の概念の初期的流入に関する日中比較研究」［A］沈国威編著『漢字文化圏諸言語の近代語彙の形成：創出と共有』［C］関西大学出版部、2008年第1版
柳父章『翻訳語成立事情』［M］岩波書店、1982年第1版
山下重一「ベンサム，ミル，スペンサー邦訳書目録」［J］参考書誌研究、1974年11月第10号
山下重一『スペンサーと日本近代』［M］、御茶の水書房、1983年第1版
渡辺憲正「明治期日本の「文明と野蛮」理解」［J］経済系：関東学院大学経済学会研究論集、2013年10月第257集

（中国語文献）
曹麗国「浅析楊廷棟的救国歴程」［J］邢台学院学報　2013年3月第28巻第1期
顧燮光「訳書経眼録」（1934）熊月之編『晩清新学書目提要』［M］上海書店出版社、2007年12月第1版
韓承樺「斯賓塞到中国——一個翻訳史的討論」［J］編訳論叢、2010年9月第三巻第二期
黄克武「新名詞之戦：清末厳復訳語與和製漢語的競賽」［J］中央研究院近代史研究所集刊、2008年12月第62期
孫宏雲「楊廷棟：訳介西方政治学的先駆者」［N］中国社会科学報、2015年3月6日第B03版
孫宏雲「楊廷棟訳『原政』的底本源流考」［J］政治思想史、2016年第1期
王中江「中日文化関係的一個側面——従厳訳術語到日訳術語的転換及其縁由」［J］近代史研究、1995年7月

姚純安『社会学在近代中国的進程：1895 ～ 1919』［M］生活・読書・新知三聯書店、2006年3月第1版

---

1 山下重一「ベンサム，ミル，スペンサー邦訳書目録」［J］参考書誌研究、1974年11月第10号を参照のこと。

2 韓承樺「斯賓塞到中国——一個翻訳史的討論」［J］編訳論叢、2010年9月第三巻第二期、pp.33-60を参照。また中国におけるスペンサーの著作の翻訳史に関する資料は、姚純安『社会学在近代中国的進程1895 ～ 1919』［M］生活・読書・新知三聯書店、2006年3月第1版、pp.43-72を参照のこと。

3 渡辺憲正「明治期日本の「文明と野蛮」理解」［J］経済系：関東学院大学経済学会研究論集、2013年10月第257集。『政法哲学』に関する内容はこの論文の第4章第1節（約4頁）にある。

4 孫宏雲「楊廷棟訳『原政』的底本源流考」［J］政治思想史、2016年第1期

5 倉知典弘「明治初期における「通俗教育」の用例について——渡辺治訳『三英双美政海之情波』における「通俗教育」の検討」［J］吉備国際大学研究紀要（人文・社会科学系）、2015年3月第25号、p.83

6 浜野定四郎と渡辺治の経歴に関しては、福沢諭吉事典編集委員会編集『福沢諭吉事典』［M］慶應義塾、2010年第1版、p.554、pp.607-608を参照。

7 ハーバート・スペンサー著、浜野定四郎、渡辺治訳『政法哲学』［M］石川半次郎出版、1886年5月第三版、訳本政法哲学初版自序、p.10

8 作新社（上海）は主に日本の書籍を翻訳して出版し、その創設者は在日中国人留学生の戢翼翬（1878 ～ 1908）と実践女学校長の下田歌子（1854 ～ 1936）である。『原政』は東京の秀英社で印刷され、上海を拠点にして販売された。また、戢翼翬は訳書彙編社の創設者でもある。

9 顧燮光「訳書経眼録」（1934）熊月之編『晩清新学書目提要』［M］上海書店出版社、2007年12月第1版、pp.327-328

10 前掲孫宏雲（2016）、pp.179-180

11 同上、p.179。また呉県は現在、中国江蘇省蘇州市の呉中区及び相城区に当たる。

12 楊廷棟の経歴に関しては、曹麗国「浅析楊廷棟的救国歴程」［J］邢台学院学報、2013年3月第28巻第1期、孫宏雲「楊廷棟：訳介西方政治学的先駆者」［N］中国社会科学報、2015年3月6日第B03版、宋暁煜「清末における加藤弘之の著作の翻訳および受容状況：『強者の権利の競争』とその中国語訳を中心に」［J］ICCS現代中国学ジャーナル、2017年6月第10巻第1号、pp.92-95をそれぞれ参照のこと。

13 「社会」という翻訳語の成立に関しては、柳父章『翻訳語成立事情』［M］岩波書店、1982年第1版、pp.1-22を参照のこと。

14 Herbert Spencer, *Political Institutions: Being Part V of The Principles of Sociology*［M］D. Appleton and Company, 1882, p.244

15 『政法哲学』の訳文：各人相聚テ唯ニ群ヲナスノミニテハ、未ダ社会ヲ組成シタルニハ非サルナリ。社会学ノ見解ヲ以テスレバ人類群居シタリトテ社会ト称ス可ラス。群居シテ且ツ共同アリ、然ル後チ始テ社会ノ成立アルナリ。若シモ人類ノ群居シタルノミニテ其間ニ共同ノ目的ナク、又互ニ其力ヲ合スベキ事物ナケレハ、假令一時ノ結合ハ之アルモ以テ永久ニ維持スルヿ甚ダ難カルベシ。前掲ハーバート・スペンサー著、浜野定四郎、渡辺治訳（1886年5月）、p.27。また『政法哲学』の再版自序と三版自序によると、第二版は「唯二三字句」及び文字の間違いを修正し、引用書目を添付し、第三版は人地名の注釈を加えたという。表2-1のように、『原政』における人名には注釈があり、それは第三版の注釈を訳したものである。そのため、本稿は『政法哲学』の第三版を使用する。

16 「each man who enters into the enjoyment of the advantages of a polity」という原文は、厳復によって、「蓋以謂群治既興，人人享楽業安生之福」と翻訳された。Thomas H. Huxley, ***Evolution & Ethics and Other Essays***［M］Macmillan, 1894, p.82、Thomas H. Huxley著、厳復訳（1898）「天演論」、厳復著、王栻主編『厳復集』［M］第五冊、中華書局、1986年1月第1版、p.1395を参照。

17 厳復が作った翻訳語に関する研究は、王中江「中日文化関係的一個側面——従厳訳術語到日訳術語的転換及其縁由」［J］近代史研究、1995年7月、黄克武「新名詞之戦：清末厳復訳語與和製漢語的競賽」［J］中央研究院近代史研究所集刊、2008年12月第62期などを参照のこと。

18 「神経」という翻訳語の成立に関しては、松本秀士「神経の概念の初期的流入に関する日中比較研究」［A］沈国威編著『漢字文化圏諸言語の近代語彙の形成：創出と共有』［C］関西大学出版部、2008年第1版を参照のこと。

19 前掲Thomas H. Huxley著、厳復訳（1898）、p1328を参照。また「涅伏」という翻訳語の詳細に関しては、前掲黄克武（2008）、pp.18-19を参照のこと。

20 Herbert Spencer（1882）*Ibid*, p.662

21 山下重一『スペンサーと日本近代』［M］御茶の水書房、1983年第1版、pp.200-206

22 詔書には、「変」や「革」が頻繁に見られる。中国語訳「政法哲学」では「改革」がしばしば使われている。

23 スペンサーの原著：an organization resists re-organization；日本語訳の『政法哲学』：一定セル組織ハ必ス組織ノ変更ヲ拒抗スル；中国語訳の「政法哲学」：制度已定。即有抗拒改革之力。Herbert Spencer（1882）*Ibid*, p.255。前掲ハーバート・スペンサー著、浜野定四郎、渡辺治訳（1886年5月）p.47、訳者無記名「政法哲学」坂崎斌編『訳書彙編』［J］訳書彙編発行所、1901年4月3日第3期、p.72

24 例えばalterationの翻訳について、Herbert Spencer（1882）*Ibid*, p.254、前掲ハーバート・スペンサー著、浜野定四郎、渡辺治訳（1886年5月）p.45、前掲訳者無記名「政法哲学」（1901年4月3日第3期）p.71を参照。changeの翻訳について、Herbert Spencer（1882）*Ibid*, p.255、前掲ハーバート・スペンサー著、浜野定四郎、渡辺治訳（1886年5月）p.47、前掲訳者無記名「政法哲学」（1901年4月3日第3期）p.72を参照。

25 原文：故結構愈固則抗力愈大而改革愈難也。前掲訳者無記名「政法哲学」（1901年4月3日第3期）p.72

26 中国語訳の「政法哲学」の加筆：非破壊旧法改弦而更張之何能為力耶。前掲訳者無記名「政法哲学」（1901年4月3日第3期）p.74

27 スペンサー著　楊廷棟訳『原政』［M］、作新社、1902年12月15日第1版、p.47、p.50を参照。

28 前掲スペンサー著 楊廷棟訳（1902年12月15日）p.9

29 原文：新政鼎革之際。何恠其天道闕而人事闇哉。前掲スペンサー著　楊廷棟訳『原政』［M］p.62。Herbert Spencer（1882）*Ibid*, p.259、前掲ハーバート・スペンサー著、浜野定四郎、渡辺治訳（1886年5月）p.56を参照。

30 前掲ハーバート・スペンサー著、浜野定四郎、渡辺治訳（1886年5月）p.39。またHerbert Spencer（1882）*Ibid*, pp.250-251を参照。

31 原文：竊土地人民為一姓之私産。前掲スペンサー著、楊廷棟訳（1902年12月15日）p.40

32 原文：（君相……）身為群以内之元悪大凶。前掲スペンサー著、楊廷棟訳（1902年12月15日）p.52。またHerbert Spencer（1882）*Ibid*, p.255、前掲ハーバート・スペンサー著、浜野定四郎、渡辺治訳（1886年5月）p.49を参照。

33 胡適著、吉川幸次郎訳『四十自述』［M］創元社、1940年第1版、p.103

34 『訳書彙編』に連載された「民約論」には訳者の名がないが、1902年に単行本として出た楊廷棟訳『路索民約論』は、連載版の内容と大きな相違がないので、訳者は同一とみなされている。

付　録

日中関係学会主催「第6回宮本賞（学生懸賞論文）」募集要項

2017年6月

日中関係学会では以下の要領で、「第6回宮本賞（学生懸賞論文）」の論文募集を行います。若い世代の皆さんが日本と中国ないし東アジアの関係に強い関心を持ち、よりよい関係の構築のために大きな力を発揮していただきたい。また日中関係学会の諸活動に積極的に参加し、この地域の世論をリードしていってもらいたい。宮本賞はそのための人材発掘・育成を目的とし、2012年からスタートしました。

論文のテーマは日中の政治、経済、文化など幅広い分野を対象としています。専門性の高い研究論文ももちろん歓迎しますが、それだけに限りません。実践報告や体験談をレポート形式でまとめていただいても構いません。オリジナリティがあり、これからの日中関係について明確なメッセージを持った論文・レポートを期待しています。

応募は「学部生の部」と「大学院生の部」に分かれており、審査によってそれぞれの部から最優秀賞1本、優秀賞若干本を選びます。また応募者多数の場合には、佳作若干本をそれぞれに設けます。最優秀賞には副賞として10万日本円、優秀賞には3万日本円、佳作には5000日本円（図書券）をそれぞれ贈呈します。また受賞者論文集を日本僑報社から発刊予定です。

昨年の第5回宮本賞には、「学部生の部」に38本、「大学院生の部」に24本、合計62本の応募がありました。この中から「学部生の部」では最優秀賞1本、優秀賞3本、佳作4本を選びました。また、「大学院生の部」では、最優秀賞1本、優秀賞3本、佳作3本を選びました。

このほか、受賞者全員に日中関係学会への入会資格が与えられます（大学院を含め、卒業まで年会費無料）。また、中国国内の各大学から応募し、受賞した方の中から、特に優れた3～4名を東京で開催の受賞者表彰式・若者シンポジウムに招待します（3月半ばに開催。航空運賃など交通費・宿泊費は学会が負担）。

なお、中国人受賞者の招請（航空運賃など交通費・宿泊費）や受賞者発表会（若者シンポジウム）の開催については、国際交流基金から資金助成を受けております。

皆さん、奮ってご応募ください。

募集内容

（1）テーマ：日本と中国ないし東アジアの関係に関わる内容の論文、レポート。政治・外交、経済・経営・産業、文化・教育・社会、環境、メディアなどを対象とします。なお論文の最後の部分で、論文内容がこれからの日中関係にどのような意味を持つか、提言も含めて必ず書き入れてください。

（2）応募資格：「学部生の部」か「大学院生の部」かのどちらかに応募できます。

学部生の部＝大学の学部生

大学院生の部＝①大学院の修士課程学生、博士課程学生、聴講生、研究生

②学部・大学院を卒業・修了・満期退学後3年以内で、研究職に就いていない人

（3）執筆言語：日本語で執筆してください。

（4）字数：字数には図表、脚注、参考文献を含みます。字数制限を厳守してください。特に上限を大幅に超えた場合には、字数調整をお願いすることがあります。

学部生の部 ＝ 8,000 ～ 10,000字

大学院生の部 ＝ 8,000 ～ 15,000字

（5）論文スタイル：論文サンプル（2本）をご覧いただき、同様なスタイルでの執筆をお願いします。

（詳しくはhttp://www.mmjp.or.jp/nichu-kankei/を参照）

これまでの主な応募大学一覧（あいうえお順）

中国の大学　●青島大学（山東）　●青島濱海学院（山東）　●外交学院（北京）　●華東師範大学（上海）　●華南師範大学（広東）　●広東外国語外貿大学（広東）　●曲阜師範大学（山東）　●吉林華僑外国語学院（吉林）　●三江大学（江蘇）　●山東大学（山東）　●上海外国語大学（上海）　●上海海事大学（上海）　●上海交通大学（上海）　●上海商学院（上海）　●首都師範大学（北京）　●西安交通大学（陝西）　●清華大学（北京）　●西南大学（重慶）　●浙江工商大学（浙江）　●蘇州大学（江蘇）　●大連外国語大学（遼寧）　●中国江南大学（江蘇）　●中国人民大学（北京）　●中国政法大学（北京）　●東華大学（上海）　●南京大学（江蘇）　●南京師範大学（江蘇）　●武漢大学（湖北）　●復旦大学（上海）　●北京外国語大学（北京）　●北京師範大学（北京）　●北京大学（北京）　●北京第二外国語学院（北京）　●北京理工大学（北京）

日本の大学　●愛知大学　●愛知県立大学　●青山学院大学　●大阪大学　●桜美林大学　●関西大学　●関東学院大学　●関西外国語大学　●京都大学　●京都外国語大学　●杏林大学　●神戸大学　●東京大学　●東京外国語大学　●東京学芸大学　●静岡県立大学　●大東文化大学　●拓殖大学　●中央大学　●同志社大学　●名古屋大学　●名古屋学院大学　●日本大学　●二松学舎大学　●一橋大学　●明海大学　●明治大学　●名城大学　●明星大学　●山梨県立大学　●横浜国立大学　●立命館大学　●麗澤大学　●早稲田大学

第6回宮本賞　ご推薦いただいた主な団体や先生方

諸団体 中日関係史学会（会長：武寅・元中国社会科学院副院長）、日本華人教授会議（代表：廖赤陽・武蔵野美術大学教授）、NPO中国留学生交流支援 立志会（理事長：五十嵐貞一・国際空港上屋㈱相談役）、九州中国研究会（会長：田中旬一・アジアマーケティング㈱社長）、日中交流研究所（段躍中所長）

日本の大学 阿古智子（東京大学大学院総合文化研究科准教授）、王敏（法政大学教授）、岡田実（拓殖大学国際学部教授）、郝燕書（明治大学経営学部教授）、梶田幸雄（麗澤大学教授）、川西重忠（桜美林大学教授）、川村範行（名古屋外国語大学特任教授）、河村昌子（明海大学准教授）、刈間文俊（東京大学大学院総合文化研究科教授）、菅野真一郎（東京国際大学教授）、菊池一隆（愛知学院大学教授）、後藤康浩（亜細亜大学都市創造学部教授）、近藤伸二（追手門大学経済学部教授）、周瑋生（立命館大学政策科学学部教授）、朱建榮（東洋学園大学教授）、鈴木隆（愛知県立大学准教授）、諏訪一幸（静岡県立大学国際関係学部教授）、高久保豊（日本大学商学部教授）、高原明生（東京大学教授）、立松昇一（拓殖大学外国語学部教授）、張兵（山梨県立大学国際政策学部教授）、杜進（拓殖大学国際学部教授）、西澤正樹（亜細亜大学教授）、範雲涛（亜細亜大学教授）、細川孝（龍谷大学経営学部教授）、馬場毅（愛知大学名誉教授）、水野一郎（関西大学教授）、茂木創（拓殖大学政経学部准教授）、結城佐織（アメリカ・カナダ大学連合日本研究センター講師）

中国の大学 艾菁（復旦大学専任講師）、王宝平（浙江工商大学教授）、加藤隆則（汕頭大学新聞・伝播学院教授）、夏晶（武漢大学副教授）、姜弘（北京師範大学外文学院日文系副教授）、許慈恵（上海外国語大学教授）、高潔（上海外国語大学教授）、高文勝（天津師範大学政治・行政学院教授）、呉英傑（対外経済貿易大学外語学院副教授）、勾宇威（北京師範大学歴史学院博士課程）、江暉（中山大学外国語学院副教授）、呉琳（西安交通大学外国語学院日語系専任講師）、蔡建国（同済大学教授）、謝宇飛（河南大学歴史文化学院）、徐一平（北京外国語大学北京日本学研究中心主任）、肖平（浙江工商大学教授）、蒋芳婧（天津外国語大学高級翻訳院副教授）、張厚泉（東華大学教授）、沈海涛（吉林大学国際政治研究所教授）、丁紅衛（北京外国語大学北京日本学中心副教授）、本郷三好（中国人民大学法学院特聘助理）、葉琳（南京大学教授）、李東軍（蘇州大学教授）、劉江永（清華大学当代国際関係研究所教授）

第6回宮本賞　審査委員会・実行委員会メンバー

審査委員会 審査委員長：宮本雄二（元駐中国大使、日中関係学会会長）

審査委員（学部生の部）：大久保勲（福山大学名誉教授、日中関係学会顧問）、林千野（双日株式会社海外業務部中国デスクリーダー、日中関係学会理事）、藤村幸義（拓殖大学名誉教授、日中関係学会副会長）、村山義久（時事総合研究所客員研究員、元時事通信社中国総局長、日中関係学会理事）、吉田明（前清華大学外国語学部日本語教員、元朝日新聞記者）

審査委員（大学院生の部）：江原規由（国際貿易投資研究所チーフエコノミスト、日中関係学会監事）、加藤青延（NHK解説委員、日中関係学会副会長）、北原基彦（日本経済研究センター主任研究員、日中関係学会理事）、高山勇一（元現代文化研究所常務取締役、日中関係学会理事）、露口洋介（日本大学経済学部教授、日本銀行初代北京事務所長、日中関係学会評議員）、村上太輝夫（朝日新聞論説委員、日中関係学会理事）

実行委員会 実行委員長：藤村幸義（拓殖大学名誉教授、日中関係学会副会長）

副実行委員長：江越眞（監査法人アヴァンティアシニアアドバイザー、日中関係学会副会長）、川村範行（名古屋外国語大学特任教授、日中関係学会副会長）、伊藤正一（関西学院大学教授、日中関係学会副会長）、村上太輝夫（朝日新聞論説委員、日中関係学会理事）

実行委員：内田葉子（スポーツプログラマー、日中関係学会理事）、杉本勝則（桜美林大学北東アジア総研客員特別研究員、日中関係学会理事）、高山勇一（元現代文化研究所常務取締役、日中関係学会理事）、田島純一（日中関係学会理事）、林千野（双日株式会社海外業務部中国デスクリーダー、日中関係学会理事）、三村守（日中関係学会評議員）、吉田明（前清華大学外国語学部日本語教員、元朝日新聞記者）

第1回宮本賞受賞者（2012年）

最優秀賞（1編）

謝宇飛（日本大学大学院商学研究科博士前期課程2年）
アジアの未来と新思考経営理論 ―「中国発企業家精神」に学ぶもの―

優秀賞（2編）

宣京哲（神奈川大学大学院経営学研究科博士後期課程修了）
中国における日系企業の企業広報の新展開 ―「期待応答型広報」の提唱と実践に向けて―

馬嘉繁（北海道大学大学院経済学研究科博士後期課程）
中国国有企業における民主的人事考課の実相 ―遼寧省における国有銀行の事例分析―

奨励賞（3編）

周曙光（法政大学大学院人文科学研究科修士課程2年）
清末日本留学と辛亥革命 ―留学ブームの成因及び辛亥革命への影響の一考察―

長谷亮介（法政大学大学院人文科学研究科博士後期課程1年）
現状において日中関係を阻害する要因の考察と両国の将来についての展望

山本美智子（中国・清華大学国際関係学研究科修士課程）
日中国交正常化以降の両国間の経済貿易関係
―日中経済貿易関係に影響を与える政治要因を分析する―

努力賞（1編）

沈道静（拓殖大学国際学部4年） 尖閣問題を乗り越えるには

第2回宮本賞受賞者（2013年）

最優秀賞（1編）

江暉（東京大学学際情報学府Ⅲ博士課程） 中国人の『外国認識』の現状図
～8ヶ国イメージ比較を通じて日本の位置づけに焦点を当てて

優秀賞（3編）

長谷川玲奈（麗澤大学外国語学部4年）
中国人富裕層をターゲットとするメディカルツーリズムの可能性
～亀田総合病院の事例研究を中心に～

周会（青島大学日本語学部3年） 冬来たりなば春遠からじ ―中日関係への体験談―

佐々木亜矢（愛知大学現代中国語学部卒業、中青旅日本株式会社中部営業本部勤務）
華僑・華人のアイデンティティについて ―変化し続けるアイデンティティ―

佳作（4編）

鈴木菜々子（明治大学経営学部4年）
中国における日系小売業の企業内教育に関する一考察 ―CIY社の事例より―

劉暁雨（立命館アジア太平洋大学アジア太平洋学部4年）
心の繋がりからみる東アジア平和的な未来

桑建坤（西南大学4年） 中日両国の社訓に関する対照考察

龔奕珑（上海外国語大学研究生部修士課程卒業）
中国市場におけるユニクロの成功要因 ―ブランド構築を中心に―

第3回宮本賞受賞者（2014年）

最優秀賞（1編）

間瀬有麻奈（愛知県立大学外国語学部中国学科4年）　日中間の多面的な相互理解を求めて

優秀賞（6編）

佐々木沙耶（山梨県立大学国際政策学部3年）
日中間における歴史教育の違いに関する一考察

陸小璇（中国人民大学4年）
日本人の『甘え』心理の働き方 ―漫画『ドラえもん』を中心に―

韓静ほか6人（日本大学商学部3年）
日本における外国人学生の就職と大学の支援施策に関する一考察

陳嵩（東京大学大学院学際情報学府博士課程後期課程5年）
尖閣諸島（釣魚島）問題をめぐる反日デモに対する中国民衆の参加意欲
および規定要因に関する所得階層ごとの分析

丁偉偉（同志社大学大学院社会学研究科博士後期課程２年）
日中関係促進とテレビ番組の役割に関する一考察
―中国中央テレビ『岩松が日本を見る』の分析を例に―

王鳳陽（立命館大学・政策科学研究科・D2）
食品安全協力の視点から日中関係の改善を考える

佳作（5編）

丸山健太（早稲田大学政治経済学部国際政治経済学科３年、北京大学国際関係学院双学位留学生）
中国における非効率的市場の存続
―売り手の行動に着目したゲーム理論的分析とその原因の考察―

渡辺航平（早稲田大学法学部3年、北京大学国際関係学院）
僕らの日中友好@北京活動報告レポート

耿小蘅（中国人民大学日本語学科13年卒業）
日本メディアの中国進出についての研究
―『朝日新聞中文網』の中国報道記事を中心に―

王暁健さん（中国人民大学国際関係学院外交学系大学院1年）
中日協力の視点から見る東アジア経済一体化の可能策

張鶴達（神戸大学大学院法学研究科国際関係論研究生）
日本の対中政策における支援と抑止 －長期的戦略と短期的目標－

第4回宮本賞受賞者（2015年）

最優秀賞（1編）

方淑芬（日本大学商学部3年）、董星（同4年）、関野憲（同3年）、
陳文君（同3年）、小泉裕梨絵（同2年）、姜楠（同2年）
日中経済交流の次世代構想　～華人華僑の新しい日本展開を巡って～

優秀賞（7編）

幡野佳奈（山梨県立大学国際政策学部4年）
日中映画交流の歴史と意義 ～高倉健の事例を中心に～

倪木強（日本大学商学部3年）、佐藤伸彦（同4年）、
趙宇鑫（同3年）、韓姜美（同3年）、林智英（同2年）
日本企業は中国リスクをどう捉えるか
～中国労働者の権利意識に関するアンケート調査からの示唆～

福井麻友（明治大学経営学部4年）
在中日系企業の中間管理者の確保に関する一考察

張鴻鵬（名城大学法学研究科博士課程後期3年）
陸軍中将遠藤三郎の『非戦平和』思想と日中友好活動

龍蕾（広東外語外貿大学東方言語文化学院日本語言語文化研究科博士課程前期2年）
中国清朝末期における福沢諭吉認識への一考察

堀内弘司（早稲田大学アジア太平洋研究科博士課程2015年3月修了）
中国在住の日本人ビジネスパーソンらの異文化社会適応のアスペクト
—Swidlerの『道具箱としての文化』の理論を援用した考察—

胡優（立命館大学大学院政策科学研究科博士課程前期2年）
日中韓三国の排出権取引制度のリンクについて

佳作（5編）

西野浩尉（明治大学経営学部4年）
日中企業の評価制度比較と企業経営への影響

艾鑫（北京師範大学外国言語文学学院4年）
戦後国民党対日賠償放棄の出発点についての研究
—蒋介石『以徳報怨』の方針と賠償請求権の放棄をめぐって

盧永妮（北京外国語大学北京日本学研究センター社会コース博士課程前期2年）
21世紀初頭における日本経済界の対中認識について

宋鄧鵬（広東外語外貿大学東方言語文化学院日本語言語文化研究科博士課程前期1年）
中国人の爆買いをめぐる一考察

李書琴（北京外国語大学北京日本学研究センター社会コース博士課程前期2年）
中日関係における国家中心主義及びその衝撃

第5回宮本賞受賞者（2016年）

最優秀賞（2編）

苑意（東京大学教養学部3年）、李文心（同3年）
日中外交関係の改善における環境協力の役割 ―歴史と展望―

楊湘云（北京第二外国語学院日本語言語文学研究科2015年7月卒業）
21世紀中国における日本文学翻訳の特徴 ～文潔若『春の雪』新旧訳の比較を通して～

優秀賞（6編）

高橋豪（早稲田大学法学部3年）
日中関係のカギを握るメディア ―CRI日本語部での経験を交えて―

王嘉龍（北京第二外国語学院日本語学部2016 年7月卒業）
日系企業の中国進出についての文化経営研究 ―ユニクロを例にして―

宮嵜健太（早稲田大学商学部1年）
『草の根』の日中関係の新たな構築 ～農業者、農協の交流を通して～

田中マリア（早稲田大学政治学研究科博士課程後期2016年3月満期退学）
日中関係における競争と協力のメカニズム ～アジア開発銀行（ADB）と
アジアインフラ投資銀行（AIIB）の相互作用を事例として～

李坤（南京大学外国語学部博士課程前期2年）　中日におけるパンダ交流の考察

賈玉龍（大阪大学大学院人間科学研究科博士課程後期1年）
草の根からの日中平和 ―紫金草平和運動を中心に―

特別賞（7編）

渡邊進太郎（日本大学商学部3年＝代表）、岡野正吾（同4年）、
河合紗莉亜（同2年）、橋本清汰（同2年）、山口掌（同2年）
ハイアールのネット化戦略を読み解く ―日立、アイリスオーヤマとの比較を中心に―

戴岑仔（上海外国語大学日本文化経済学院4年）　日中における東アジアFTA政策

小泉裕梨絵（日本大学商学部3年＝代表）、原田朋子（同4年）、林智英（同3年）、
池田真也（同3年）、伊東耕（同2年）、仲井真優豪（同2年）
アリババが生む中国的ビジネスイノベーション ―ビジネス・エコシステムの新展開―

岩波直輝（明治大学経営学部4年）　爆買いの衰退から見る日中関係

エバン・ウェルス（アメリカ・カナダ大学連合日本研究センターウィスコンシン大学
マディソン校歴史学部博士課程後期3年）
大豆貿易の政治的商品への過程 ―日中の協力と競争をめぐって―

勾宇威（北京師範大学歴史学院博士課程前期1年）
歴史認識と中日の未来 ～歴史に学び、歴史に束縛されないように～

村上昂音（東京外国語大学総合国際学研究科博士課程後期2年）
日中における生活系廃棄物減量化について
～ベストプラクティスに見るゴミを減らすためのソリューション～

■監修　宮本雄二（みやもと ゆうじ）

1969年外務省入省。以降3度にわたりアジア局中国課に籍を置くとともに、北京の在中華人民共和国日本国大使館駐在は3回を数える。90年から91年には中国課長を、2006年から10年まで特命全権大使を務める。このほか、85年から87年には軍縮課長、94年にはアトランタ総領事、01年には軍備管理・科学審議官、02年には駐ミャンマー特命全権大使、04年には沖縄担当大使を歴任。現在は宮本アジア研究所代表、日中友好会館副会長、日本日中関係学会会長。著書に『これから、中国とどう付き合うか』（日本経済新聞出版社）、『激変ミャンマーを読み解く』（東京書籍）、『習近平の中国』（新潮新書）、『強硬外交を反省する中国』（PHP新書）。

■編者　日本日中関係学会

21世紀の日中関係を考えるオープンフォーラムで、「誰でも参加できる」「自由に発言できる」「中国の幅広い人々と交流していく」をキャッチフレーズに掲げている。主な活動としては、①研究会・シンポジウムを随時開催、②毎年、「宮本賞」学生懸賞論文を募集、③学生を中心とした青年交流部会を開催、④ビジネス実務者による中国ビジネス事情研究会の開催、⑤ホームページ「中国NOW」で、中国の政治・経済などの情報を提供、⑥newsletter（年3回）の発行、などがある。会員は約480名。

若者が考える「日中の未来」vol.4

日中経済とシェアリングエコノミー

2018年3月31日　初版第1刷発行

監　修　宮本雄二（みやもと ゆうじ）
編　者　日本日中関係学会
発行者　段景子
発売所　株式会社日本僑報社
〒171-0021 東京都豊島区西池袋3-17-15
TEL03-5956-2808　FAX03-5956-2809
info@duan.jp
http://jp.duan.jp
中国研究書店 http://duan.jp

2018 Printed in Japan.　ISBN978-4-86185-256-5

日本僑報社好評既刊書籍

ご注文はhttp://duan.jp/

日中中日翻訳必携

武吉次朗 著

古川 裕（中国語教育学会会長・大阪大学教授）推薦のロングセラー。著者の四十年にわたる通訳・翻訳歴と講座主宰及び大学での教授の経験をまとめた労作。

四六判177頁 並製 定価1800円＋税
2007年刊 ISBN 978-4-86185-055-4

日中中日翻訳必携 実戦編

よりよい訳文のテクニック

武吉次朗 著

好評の日中翻訳学院「武吉塾」の授業内容が一冊に！
実戦的な翻訳のエッセンスを課題と訳例・講評で学ぶ。
『日中中日翻訳必携』姉妹編。

四六判177頁 並製 定価1800円＋税
2007年刊 ISBN 978-4-86185-160-5

日中中日翻訳必携 実戦編Ⅱ

脱・翻訳調を目指す訳文のコツ

武吉次朗 著

日中翻訳学院「武吉塾」の授業内容を凝縮した『実戦編』第二弾！
脱・翻訳調を目指す訳文のコツ、ワンランク上の訳文に仕上げるコツを全36回の課題と訳例・講評で学ぶ。

四六判192頁 並製 定価1800円＋税
2016年刊 ISBN 978-4-86185-211-4

日中中日翻訳必携 実戦編Ⅲ

美しい中国語の手紙の書き方・訳し方

千葉明 著

日中翻訳学院の武吉次朗先生が推薦する『実戦編』第三弾！
「尺牘」と呼ばれる中国語手紙の構造を分析して日本人向けに再構成し、テーマ別に役に立つフレーズを厳選。

A5判202頁 並製 定価1900円＋税
2017年刊 ISBN 978-4-86185-249-7

対中外交の蹉跌

―上海と日本人外交官―

片山和之 著

彼らはなぜ軍部の横暴を防げなかったのか？現代の日中関係に投げかける教訓と視座。大きく変容する上海、そして中国と日本はいかなる関係を構築すべきか？対中外交の限界と挫折も語る。

四六判336頁 上製 定価3600円＋税
2017年刊 ISBN 978-4-86185-241-1

李徳全

―日中国交正常化の「黄金のクサビ」を打ち込んだ中国人女性―

石川好 監修
程麻／林振江 著
林光江／古市雅子 訳

戦後初の中国代表団を率いて訪日し、戦犯とされた1000人前後の日本人を無事帰国させた日中国交正常化18年も前の知られざる秘話。

四六判260頁 上製 定価1800円＋税
2017年刊 ISBN 978-4-86185-242-8

中国人ブロガー22人の「ありのまま」体験記

来た！見た！感じた!! ナゾの国 おどろきの国

でも気になる国日本

中国人気ブロガー招へい
プロジェクトチーム 編著
周藤由紀子 訳

誤解も偏見も一見にしかず！SNS大国・中国から来日したブロガーがネットユーザーに発信した「100％体験済み」の日本論。

A5判208頁 並製 定価2400円＋税
2017年刊 ISBN 978-4-86185-189-6

新中国に貢献した日本人たち

中日関係史学会 編
武吉次朗 訳

元副総理・故後藤田正晴氏推薦!!
埋もれていた史実が初めて発掘された。登場人物たちの高い志と壮絶な生き様は、今の時代に生きる私たちへの叱咤激励でもある。
―後藤田正晴氏推薦文より

A5判454頁 並製 定価2800円＋税
2003年刊 ISBN 978-4-93149-057-4

中国人の日本語作文コンクール受賞作品集

① 日中友好への提言2005 段躍中編
② 壁を取り除きたい 段躍中編
③ 国という枠を越えて 段躍中編
④ 私の知っている日本人 段躍中編
⑤ 中国への日本人の貢献 段躍中編
⑥ メイドインジャパンと中国人の生活 段躍中編
⑦ 甦る日本！今こそ示す日本の底力 段躍中編
⑧ 中国人がいつも大声で喋るのはなんでなのか？ 段躍中編
⑨ 中国人の心を動かした「日本力」 段躍中編
⑩ 「御宅」と呼ばれても 段躍中編
⑪ なんでそうなるの？ 段躍中編
⑫ 訪日中国人「爆買い」以外にできること 段躍中編
⑬ 日本人に伝えたい中国の新しい魅力 段躍中編

習近平主席が提唱する新しい経済圏構想「一帯一路」詳説 王義桅
中国政治経済史論 毛沢東時代 胡鞍鋼
SUPER CHINA～超大国中国の未来予測～ 胡鞍鋼
中国の百年目標を実現する第13次五カ年計画 胡鞍鋼
中国のグリーン・ニューディール 胡鞍鋼
中国の発展の道と中国共産党 胡鞍鋼他
日本人論説委員が見つめ続けた激動中国 加藤直人

日本人の中国語作文コンクール受賞作品集

① 我們永遠是朋友（日中対訳） 段躍中編
② 女児陪我去留学（日中対訳） 段躍中編
③ 寄語奥運 寄語中国（日中対訳） 段躍中編
④ 我所知道的中国人（日中対訳） 段躍中編
⑤ 中国人旅行者のみなさまへ（日中対訳） 段躍中編
⑥ Made in Chinaと日本人の生活（日中対訳） 段躍中編